LE REVE ET L'ACTION

LE REVE ET L'ACTION:
UNE ETUDE DE
L'HOMME À CHEVAL
DE
DRIEU LA ROCHELLE

par

Thomas M. Hines

French Literature Publications Company
Columbia, South Carolina
1978

A mon épouse, S. W. H.

". . . ce n'est pas la hauteur: c'est la pente qui est terrible!
La pente d'où le regard se précipite vers l'abîme vide et
d'où la main se tend vers l'altitude. C'est là que le coeur
est pris de vertige devant sa volonté double. (. . .) Ceci,
ceci est ma pente et mon danger que mon regard se
précipite vers le sommet, tandis que ma main voudrait
s'accrocher et se soutenir—dans les profondeurs".

—Nietzsche, *Ainsi parlait Zarathoustra*

PRÉFACE

A des époques troublées on trouve toujours des personnages, soient-ils hommes de politique ou hommes de littératures, qui deviennent des carrefours humains des problèmes du monde actuel. Pierre Drieu la Rochelle était peut-être l'homme le plus significatif des années qui précédaient la deuxième guerre mondiale et de la période de l'occupation allemende de la France. Poète, théoricien du mouvement de la droite française, éditeur de la N. R. F. sous les Allemands, apologiste du régime de Vichy, et finalement, victime des contradictions morales qui faisaient la substance même de la vie française à cette époque, Drieu tombait dans un désespoir profond qui le poussait au suicide juste avant la Libération.

C'est bien Drieu qui représente de la façon la plus poignante les rêves et les déceptions des hommes de droite qui croyaient voir dans l'Allemagne de l'avant-guerre l'exemple que devait suivre la France. L'Allemagne semblait représenter le modèle même d'un pays unifié par un nationalisme vigoreux qui mettait en contraste frappant les troubles internes, les courants contradictoires qui rendaient la France faible, vacillante, et en fin de compte, prête malgré elle à être envahie par les forces allemendes.

Drieu se trouvait trop clairvoyant, trop conscient, et, comme il l'a remarqué souvent, trop sensible à l'avenir et aux abîmes que confrontait son pays. Il souffrait d'une souffrance morale et personnelle des circonstances de l'actualité. Le grand thème de presque tous les écrits de Drieu était celui-ci: il est bien difficile d'être prophète, il est dur d'être voyant.

Cette étude de M. Thomas Hines nous révèle d'une manière soigneuse et perspicace l'importance de *L'Homme à Cheval,* le roman qu'a publié Drieu en 1943, dans la pensée complexe et pénible de cet auteur jusqu'ici peu compris et encore peu apprécié à sa juste valeur. Hines nous montre par une analyse à la fois textuelle et intellectuelle de cette oeuvre le moment précis où Drieu commençait à se plonger dans le désespoir qui allait terminer dans son suicide. L'envers et l'endroit de la polarité qui informait l'oeuvre de Drieu jusqu'à ce moment se trouve mis en relief dans l'étude fine de M. Hines. Hines nous donne aussi des extraits inédits des manuscrits de Drieu, morceaux sans prix pour tous ceux qui s'intéressent à l'oeuvre de cet écrivain passionnément plongé dans un des moments les plus difficiles de l'histoire française de notre siècle.

Drieu reste encore à évaluer dans sa totalité. Ce ne sont pas seulement les données qui nous manquent en ce moment, ce sont aussi les intuitions critiques sur lesquelles sera fondé le portrait final de Drieu. Le travail de M. Hines constitue une étape solide et nécessaire dans l'élaboration de ce portrait.

Rima Drell Reck

AVANT-PROPOS

Dans la mesure où la présente étude de *L'Homme à Cheval* constitue, à notre connaissance, la première analyse en profondeur de ce roman, il conviendrait tout d'abord de communiquer au lecteur les motifs qui nous ont amené à choisir cet ouvrage— réputé à tort être si peu représentatif de l'oeuvre romanesque de Drieu. A cette fin, en mettant en valeur les qualités proprement littéraires de *L'Homme à Cheval,* nous avons cherché à dissiper un certain malentendu provoqué par le mythe (communément admis) d'un romancier-coureur de jupons dont la vie intime tend à fasciner encore plus que ses écrits: quoique le caractère "confessionnel" des romans de Drieu nous invite à découvrir la personnalité de l'artiste à travers sa création, il n'en est pas moins vrai que l'oeuvre elle-même existe en tant que présence esthétique. Nombreux sont les critiques, en effet, qui ont tenté— chacun à sa façon—de reconstituer le "vrai" visage de l'auteur d'après les confidences de ses écrits tout en passant sous silence, hélas, l'art du romancier. Suivant l'optique du lecteur, il en résulte tantôt le portrait d'un Drieu-martyr (diffusé par certains adeptes des mouvements d'extrême droite), soumis aux attaques d'une intelligentsia peu disposée à lui pardonner son engagement pro-allemand au cours de l'occupation (i. e. Jean-Paul Sartre et

Simone de Beauvoir), tantôt le souvenir, péniblement évoqué, d'un ami souvent difficile mais attachant et plein de charme (i. e. Emmanuel Berl et François Mauriac).

C'est entre ces deux tendances divergentes que se situe, nous semble-t-il, la critique universitaire—en principe soucieuse d'objectivité mais scindée en deux factions opposées à l'égard de la littérature dite "collaborationniste": d'un côté, les bons juges qui se refusent à prendre au sérieux, pour des motifs personnels, l'oeuvre d'un écrivain "fasciste" (si tant est qu'on puisse attacher au nom de Drieu une étiquette si restrictive) tout en reconnaissant ses mérites incontestables; de l'autre, les "grands timides" qui abordent, bon gré mal gré, l'engagement politique de Drieu avec une gêne perceptible, croyant sans doute mieux servir la renommée du seul artiste lorsqu'ils escamotent toute référence au fascisme ou, pis encore, lorsqu'ils tentent de réduire l'importance de l'adhésion de l'écrivain à ce mouvement totalitaire et s'efforcent d'en minimiser les conséquences.

Il va sans dire, à la lumière de ces refus et de ces réticences qui influent sur le jugement de tous, que l'image tracée de l'homme comme de son oeuvre ne saurait être au mieux qu'approximative. En conséquence, nous nous sommes proposé, comme objectif de base, de ne pas nous laisser leurrer sur le rôle joué par Drieu en tant que militant fasciste, tout en nous gardant d'exclure de notre analyse l'aspect purement littéraire de ses écrits. Dans une large mesure, c'est en vue de rétablir une sorte d'équilibre entre le Drieu légendaire et le Drieu artiste que nous avons choisi de faire cette étude de *L'Homme à Cheval*.

Malgré les déconvenues de sa vie sentimentale ou politique, il nous est impossible de nier le sérieux avec lequel Drieu la Rochelle s'est consacré à la littérature sous tous ses aspects: rien qu'à dépouiller les nombreuses variantes de *L'Homme à Cheval*, où abondent des modifications nuancées, attestant le soin que Drieu apportait à la forme de ses romans, le lecteur averti ne saurait guère ajouter foi au mythe usé du littérateur dandy, tout à sa paresse, peu soucieux au fond des manuscrits qu'il livrait indifféremment à son éditeur—légende, d'ailleurs, que Drieu lui-même se plaisait à entretenir par coquetterie d'écrivain. L'impression qui se dégage de l'étude des manuscrits de *L'Homme à Cheval*, au contraire, est celle d'un artiste conscient des exigences de son métier et pleinement maître des procédés de narration:

loin de gaspiller ses dons, Drieu a su en tirer le maximum de profit pour le plus grand bien de son oeuvre.

A notre sens, le choix du roman lui-même comme sujet d'étude se justifie en vertu de la place essentielle qu'il occupe dans l'évolution de l'oeuvre romanesque de Drieu. Marquant l'articulation entre deux "cycles" de sa vie littéraire, *L'Homme à Cheval* se caractérise comme un roman-charnière où se trouvent réunis les thèmes majeurs de l'oeuvre tout entière. Bilan lucide de l'effondrement du rêve totalitaire et ouverture sur le détachement spirituel de l'auteur (thème que Drieu élaborera dans ses deux derniers romans), *L'Homme à Cheval* a le mérite d'offrir au lecteur une perspective globale sur les forces contradictoires de la vie politique et intérieure de l'un des "princes" de la littérature d'entre-deux-guerres.

Quant à la méthodologie adoptée pour l'analyse de *L'Homme à Cheval,* d'aucuns ne manqueront pas de nous reprocher le caractère par trop "académique" d'une technique apparentée si étroitement à l'art de l'édition critique dont l'utilité foncière se voit de plus en plus contestée par les partisans de la "nouvelle" critique, nourrie en majeure partie des procédés inhérents à la linguistique et aux sciences humaines. A vrai dire, l'idée ne nous vient point à l'esprit de vouloir diminuer l'importance de ces méthodes d'analyse susceptibles d'ouvrir de nouvelles perspectives sur le phénomène de la création littéraire et ceci sous un jour plus conforme peut-être à la sensibilité contemporaine; de plus, nous n'avons aucunement l'intention dans cette étude de nous livrer à une polémique stérile et sans intérêt sur la valeur représentative de ces nouvelles disciplines par rapport aux vénérables orthodoxies du passé—en effet, quoi de plus ennuyeux que de renouveler la vieille controverse Barthes-Picard! Il nous est pourtant donné de déplorer la volonté chez les "modernes" de délimiter assez sévèrement l'étendue de la critique universitaire en la ramenant aux recherches situées, pour la plupart, au niveau du langage: une telle réduction du champ d'enquête aux éléments formalistes entraîne obligatoirement l'exclusion de toute référence biographique—au détriment, parfois, de la force d'éclaircissement que certaines données de la vie intime de l'auteur pourraient apporter à la pleine connaissance de l'ouvrage.

En effet, notre mode critique se justifie amplement à la lumière de la double réalité dont témoigne l'art de la création romanesque chez Drieu: puisqu'il servait lui-même de modèle à la plupart de ses personnages, l'auteur fait donc partie intégrante de l'oeuvre; à son tour, celle-ci ne pourrait être entièrement dissociée de l'être qui lui a insufflé la vie sous peine de nuire à l'intégrité du roman—c'est-à-dire de l'amputer des sources vives de l'inspiration individuelle. Etant donné que Drieu a souvent fait de sa vie intérieure l'objet de ses écrits fictifs (comme c'est le cas pour *L'Homme à Cheval*), il nous semble, par conséquent, que la meilleure façon d'aborder le livre—du moins, l'image primordiale à partir de laquelle le romancier a tenté de construire son édifice imaginaire—est d'utiliser de préférence la biographie, que ce soit la vie authentique de l'écrivain ou celle (déformée sous l'effet de la transposition artistique) que Drieu s'est acharné à nous transmettre par la voie du roman lui-même. Pour ce faire, nous avons donc choisi la méthodologie propre à l'établissement de l'édition critique, modifiée et augmentée à certains égards, en vue de mettre en valeur tous les éléments relatifs à l'élaboration de l'oeuvre d'art: loin de porter atteinte au sens profond du roman, nous avons la certitude que cette méthode d'analyse mi-littéraire mi-biographique se traduira par une meilleure perception de *L'Homme à Cheval* sous l'angle d'une oeuvre-miroir où se dessinent les reflets de l'homme Drieu et de son époque.

Qu'il me soit permis d'exprimer ma plus vive reconnaissance à M. Jean Drieu la Rochelle qui a gracieusement mis à ma disposition ses archives personnelles ainsi qu'à tous ceux qui, au cours des dernières années, ont bien voulu me parler de Drieu et de son oeuvre. Je voudrais également remercier Mlle Francine Fatoux d'Amherst College de son aimable collaboration dans la mise au point du manuscrit. Il va de soi que sans leur soutien je n'aurais jamais pu mener à terme la rédaction de cette étude. Qu'ils trouvent ici tous le témoignage de ma plus profonde gratitude.

RÉSUMÉ DE *L'HOMME A CHEVAL*

Distribution des personnages

Personnages principaux:

Jaime Torrijos: jeune lieutenant de cavalerie qui accède au poste suprême de la Bolivie par suite de l'assassinat du dictateur Ramirez. Rêve de restaurer l'ancien empire des Incas en Amérique du Sud.

Felipe: guitariste, poète, compagnon et confident de Jaime, le chef. L'homme de rêve qui finit par se retrouver en l'homme d'action, Torrijos.

Doña Camilla Bustamente: l'orgueilleuse aristocrate, déchirée entre son amour de Jaime, issu du peuple, et ses obligations envers les siens qui se montrent hostiles à l'usurpateur.

Conception ou Conchita: maîtresse indienne de Jaime; l'incarnation de l'âme indigène, libérée de toute contrainte imposée par la civilisation européenne des aristocrates.

Le Père Florida: jésuite intrigant qui se charge de fomenter des mouvements d'opposition au régime de Torrijos parmi les aristocrates et les Indiens. Ennemi implacable de Felipe.

Personnages secondaires et épisodiques:

Don Benito Ramirez: vieux dictateur qui se voit remplacer par les forces de rénovation qu'incarne Jaime Torrijos.

Le Docteur Belmez: grand maçon et mari d'une des soeurs Bustamente; voué entièrement à la préservation des privilèges de la société aristocratique dont lui-même tire profit.

Isabel Bustamente: soeur cadette de Camilla qui finit par trahir sa soeur aînée; confidente de Felipe.

Tamila: vieux sorcier indien qui aide Felipe à repérer l'agent provocateur chargé par Belmez de fomenter la rébellion des Indiens contre le régime de Torrijos.

Luis: jeune séminariste qui a le sens de l'intrique; amant d'Isabel qui obtient d'elle de précieux renseignements concernant les manèges de Camilla.

Ignacio: homme de main de Jaime; un des plus vaillants des cavaliers d'Agreda.

Fernandez: un autre cavalier d'Agreda qui sera promu au pouvoir lors de l'exil de Jaime.

Manuelito: cousin et amant de Camilla.

Antonio: guitariste et amant de Conchita.

Analyse du roman

Première partie: Le Cigare de don Benito

Jaime Torrijos, lieutenant de cavalerie dans le régiment d'Agreda à Cochabamba en Bolivie, était aimé des hommes et des femmes à cause de la force et de l'audace qu'il y avait dans son corps.

RÉSUMÉ

Felipe, guitariste de premier ordre et narrateur du récit, s'attache à Jaime qui "le voulait dans ses orgies". C'est un ancien séminariste qui se révèle aussi poète, grand liseur de livres de théologie et qui tient à mettre en oeuvre ses idées.

Don Benito Ramirez règne alors sur la Bolivie. Insidieusement, Felipe introduit dans ses chansons son mépris du Protecteur que Jaime, malléable et fougueux, ne tardera pas à partager. Le jeune lieutenant rebelle rencontre Conchita, la danseuse—"la plus belle putain de Bolivie"—dont il s'éprend aussitôt.

Le régiment d'Agreda rend un jour les honneurs à don Benito à l'occasion de sa visite à la garnison de Cochabamba. Juché sur sa mule, Felipe assiste au spectacle et constate avec plaisir que le Protecteur—petit et souffreteux—fait piètre figure en selle auprès de la belle prestance de Jaime.

Sur ordre de Ramirez, Jaime est promu capitaine et affecté aux dragons cantonnés à La Paz. En route vers la grande ville, Felipe réfléchit à l'instinct qui pousse les hommes à hâter leur destin: Ramirez prend donc le parti d'épargner Jaime, tout en sachant qu'il conspire contre lui.

A La Paz, Felipe se rend chez le Père Florida, son ancien maître au séminaire. Florida le prévient que Conchita est en train de tromper Jaime avec le colonel des dragons; Felipe s'efforce par l'intermédiaire de Conchita de solliciter l'intervention du colonel en faveur de Jaime qu'il sait menacé de mort par Ramirez.

Des intrigues se nouent; Jaime pousse "comme une plante vers le soleil de sa destinée". De son côté, Felipe ne cesse de fréquenter le Père Florida dont il met en doute cependant la fidélité envers Torrijos.

Sans préavis, don Benito rend visite un soir aux cavaliers réunis chez le colonel pour voir danser Conchita. Les deux rivaux profitent de l'occasion pour se mesurer l'un à l'autre.

Convoqué par le Protecteur, Felipe prend conscience de la trahison de Florida qui avait déjà renseigné don Benito sur les démarches de Jaime. Ramirez le prend presque en amitié et lui annonce la venue prochaine de Torrijos au pouvoir.

Felipe ne tarde pas à tout raconter à Jaime qui se méprend sur les véritables motifs de don Benito, croyant que celui-ci cherchait, par l'entremise de Felipe, à ouvrir une négociation. Felipe s'aperçoit ainsi de l'indépendance grandissante de Jaime et de sa perte d'influence sur les actions du jeune chef.

En route vers la résidence du Père Florida qui désirait le voir, Felipe se voit interpeller par un homme bien mis qui le fait entrer dans un petit jardin à côté. L'inconnu refuse de décliner son identité, il se déclare solidaire de Jaime contre Ramirez et prêche l'instauration imminente de la démocratie à la place de la tyrannie. En son for intérieur, Felipe émet de sérieuses réserves à l'égard de cette politique, n'y voyant au fond que la "foire d'empoigne" comme processus de sélection valable. A l'exemple des jésuites, ce sont maintenant les francs-maçons qui s'intéressent à l'avenir de Jaime. Ayant observé la scène depuis son balcon qui surplombe le jardin, le Père Florida annonce à Felipe que son interlocuteur était le docteur Belmez, chirurgien marié à l'une des soeurs Bustamente.

Un complot, mené par Jaime et le colonel des dragons, se trame contre Ramirez. Méfiant, Felipe fait part à Jaime du peu de confiance qu'il a en Florida; mais Jaime n'en fait pas grand cas car le Père Florida semble entièrement gagné à leur parti.

Un soir, au sortir du café El Dorado où il chantait, Felipe se fait interpeller par Jaime qui porte, en travers de sa selle, une Conchita ficelée et bâillonnée. Une fois arrivé à Cochabamba, Jaime raconte à Felipe qu'ayant mis sa maîtresse sous surveillance, il l'avait trouvée chez le colonel et qu'il a tué ce dernier dans un accès de jalousie. A présent, Jaime se propose de marcher sur La Paz en se joignant en chemin aux autres dissidents qui se sont aussi révoltés contre la tyrannie de Ramirez.

Les troupes rebelles chevauchent en haute montagne et Felipe, le poète, s'extasie devant la beauté de la nuit bolivienne et l'allure noble du chef qui, à la tête de ses hommes, s'apprête à livrer bataille le lendemain aux forces de don Benito. Ce jour-là, Felipe participe à un furieux combat d'avant-garde au cours duquel il se trouve désarçonné, légèrement blessé. Espérant retrouver le lieu des combats, Felipe est saisi par les hommes de don Benito qui l'entraînent dans le clocher d'une église où le Protecteur, fumant tranquillement son cigare, suit des yeux l'évolution de la bataille. Malgré une charge héroïque, le régiment d'Agreda—Jaime en tête—est pris en flanc par une fusillade et se trouve bientôt hors de vue, apparemment mis en pièces par les soldats gouvernementaux. Profitant d'un moment d'inattention, Felipe se rue dans l'escalier du clocher et prend la fuite.

Parmi les cavaliers en déroute, Felipe parvient à retrouver Jaime, toujours à cheval, mais démoralisé. Avec grande difficulté, il l'amène à rebrousser chemin en lui exposant un plan de contre-attaque. A la faveur de la nuit, Jaime et Felipe pénètrent clandestinement dans le village où les soldats de don Benito fêtent leur victoire; par des chemins détournés, les deux hommes se rendent au couvent où ils surprennent don Benito qui se recueille dans la chapelle. Là, à la lueur des cierges de l'autel, Jaime enfonce son poignard dans la poitrine du Protecteur et devient ainsi le chef de la Bolivie.

Deuxième partie: Doña Camilla Bustamente

La maison des soeurs Bustamente s'ouvrait sur l'abîme, dominant La Paz. Grâce à ses talents de guitariste, Felipe avait réussi à s'introduire dans la maison et à faire la connaissance des quatre soeurs Bustamente. Il initie Camilla, l'aînée—belle et orgueilleuse—à la musique indienne et elle lui fait connaître en échange la musique européenne qu'il ignore totalement. Bien qu'il soit sous le charme de Camilla, sa laideur le voue aux putains "du plus bas étage".

Felipe conçoit donc l'idée de rapprocher Camilla et Jaime. Mais Conchita, la maîtresse de Jaime à La Paz, constitue un sérieux obstacle à ce projet. Felipe se fait fort de convaincre Jaime de l'utilité d'une telle amitié qui lui donnera accès aux grands du pays. Informé des ambitions de Felipe, le Père Florida se mêle aussi de l'affaire et se montre favorable à l'union proposée ainsi que le docteur Belmez, beau-frère de Camilla.

Conchita, désoeuvrée et gourmande, tombe malade et doit quitter La Paz pour se soigner. C'est alors que Jaime consent à rencontrer Camilla. Au fil des jours, en présence de Felipe qui joue en sourdine de la guitare, une entente précaire s'établit entre le dictateur métis et l'aristocrate raffinée.

A son retour des hauts plateaux où il a séjourné parmi les Indiens, Felipe est convié au palais. Il s'étonne de n'y voir que les représentants des grandes familles boliviennes, y compris Camilla accompagnée de ses cousins. Sur l'estrade dressée dans un salon de réception, Conchita, habillée de noir, exécute une danse indienne aux accents funéraires. L'assistance se sent d'abord mal à l'aise, puis se laisse subjuguer par le spectacle. Sous les applaudissements des grands, Conchita se dénude jusqu'à la ceinture en laissant apparaître ses seins couverts de sueur. Pour comble d'humiliation, Jaime la présente ainsi aux femmes des nobles qui sont obligées de la saluer avec respect.

Le lendemain Felipe se rend chez Camilla pour en savoir plus long sur l'affaire. Elle refuse de le recevoir mais Isabel, la soeur cadette, l'accueille avec empressement. Camilla, paraît-il, aurait reçu un billet anonyme la prévenant des intentions de Jaime avant la réception; c'est donc par jalousie qu'elle s'est présentée au palais contre le gré de Jaime. Isabel dévoile le rôle joué par le Père Florida auprès de Camilla en l'absence de Felipe: il semble donc à celui-ci qu'une coalition des grands brigue le pouvoir aux dépens de Jaime et que Camilla doit y être pour quelque chose.

Revenant sur sa décision, Camilla reçoit Felipe et s'abandonne à une confidence qu'"aucune femme ne doit jamais faire à un homme". Amoureuse de Jaime, elle s'est livrée éperdument à lui un soir. Subitement, sans aucune explication, il s'est éloigné d'elle, alors qu'elle était persuadée de son amour! Auprès de la pureté du corps de Camilla, sa liaison avec Conchita, l'incarnation du peuple bolivien, a dû paraître sordide aux yeux de Jaime—attitude qu'il ne pouvait admettre en raison de ses aspirations idéologiques.

Au palais, Jaime affirme, en présence de Felipe, ne désirer qu'une chose: briser les grands et ce faisant refaire l'empire inca dans toute l'Amérique du Sud. En voyant Jaime esquisser un plan d'attaque contre le Chili pour avoir accès à la mer, Felipe s'aperçoit avec tristesse qu'il n'est plus en mesure d'exercer, comme autrefois, une influence déterminante sur les démarches de son chef.

Par l'entremise d'un séminariste ambitieux et rusé, Luis, Felipe apprend que le Père Florida s'est habilement arrangé pour brouiller les deux amants en multipliant à leur intention les faux billets qui laissaient croire à des intrigues spécieuses. En somme, un complot contre Jaime se noue, entretenu par les cousins de Camilla.

Un soir, sur ordre de Jaime, Felipe se trouve de nouveau en route—cette fois vers l'estancia de Camilla où se sont réunis tous les conjurés. Pris au dépourvu par les hommes de Jaime, les conspirateurs se laissent désarmer sans coup férir. A part le cousin, Manuelito, devenu entre-temps l'amant de Camilla, Jaime propose aux autres aristocrates, en guise de châtiment, de s'engager dans le régiment de cavalerie au cours de la guerre prochaine contre le Chili. A l'issue d'un duel au pistolet, Manuelito trouvera la mort, frappé d'une balle en plein front. Le lendemain, Jaime force la porte de la chambre de Camilla où il reste longtemps enfermé avec elle pendant que Felipe, guitare à la main, monte la garde.

Troisième partie: La Révolte des Indiens

Malgré la politique favorable menée par Jaime à leur égard, les Indiens se soulèvent avec violence contre son régime. Inquiet, Jaime fait appel à Felipe, le chargeant de mener une enquête personnelle auprès des Indiens afin de trouver les origines de la révolte.

Chez Tamila, vieux sorcier indien, Felipe essaie d'obtenir de précieux renseignements sur les agents de la révolte et sur leurs motifs. Tamila se borne à répéter que les exactions brutales des gouverneurs de Jaime ont tout déclenché, pourtant il fait allusion à "des drôles de gens" qui rôdaient dans les provinces juste avant les hostilités.

Par l'entremise de Luis, l'amant d'Isabel, Felipe apprend que, loin de haïr Jaime, Camllla a renoué avec lui le lendemain de la mort de Manuelito et le voit régulièrement dans une ferme à proximité des champs de bataille.

En mal de renseignements, parce que ses efforts auprès de Tamila n'aboutissent pas, Felipe prend le parti d'aller interroger Camilla elle-même—disposition que Jaime, s'il en avait eu vent, aurait vue d'un très mauvais oeil. Celle-ci lui fait un accueil chaleureux mais elle se met à donner raison aux adversaires de

Jaime; de surcroît, elle met Felipe en demeure de se méfier lui-même de Florida, confesseur de Conchita: ce dernier semble se rapprocher de Jaime, sur les instances de Conchita, qui déteste Felipe à cause de son rôle d'entremetteur dans la rencontre de Jaime et de Camilla.

Déçu par sa visite chez Camilla, Felipe se rend de nouveau chez Tamila qui, d'un air renfermé, lui apprend qu'il existe dans les parages des bandes d'insurgés menées par un homme difficile à repérer, toujours en déplacement.

Petit à petit Felipe prend conscience, à force d'entretiens avec les intéressés, de la culpabilité de Belmez dans l'affaire de la révolte des Indiens. En effet, Conchita lui affirme que Camilla et Belmez sont de mêche pour trahir Jaime en ternissant son image auprès du peuple—soutien principal de son régime.

Felipe arrive à s'emparer du sinistre agent provocateur de Belmez chez la prostituée que celui-ci fréquentait, en versant du narcotique dans son vin et il l'amène séance tenante au quartier général de Jaime. L'interrogatoire de l'agent révèle que Florida ainsi que Belmez se sont tous deux rendus coupables d'avoir fomenté la rébellion indienne. Alors, Jaime avoue à Felipe qu'il était depuis longtemps bel et bien au courant de tout: de la trahison de Camilla, du complot de Belmez, etc. Il n'attendait de Felipe qu'un acte de dévotion—en l'occurrence, la livraison de l'agent de Belmez—comme témoignage de sa fidélité dont il arrivait à Jaime de douter par moments.

A l'ermitage du Père Florida, tout le monde se trouve rassemblé à la demande de Jaime: Camilla, Belmez, Florida, Felipe (sans sa guitare) et Jaime lui-même. Ce dernier fait le bilan de son accession au pouvoir; en l'écoutant, Felipe se rend compte de sa maladresse, de la manière éhontée dont il avait inventé les ennemis de Jaime en se mêlant trop assidument de politique—là où il aurait dû laisser la voie libre à l'homme fort. Jaime réaffirme également les grandes lignes de sa politique qui lui a attiré l'hostilité des grands: rénover la race indienne aux dépens de l'aristocratie bolivienne, la rendre enfin maîtresse de toute l'Amérique du Sud comme par le passé. Tout compte fait, Jaime se décide à ne pas fusiller les conjurés en déclarant qu'il serait inutile de fusiller des institutions.

RÉSUMÉ

Le lendemain, alors qu'il quitte l'ermitage pour rentrer à La Paz, Felipe est interpellé par Ignacio, homme de main de Jaime, qui le prie de regagner la demeure de Florida sur ordre de Jaime. Tout en espérant retrouver Camilla qu'il n'a cessé de convoiter, Felipe ne rencontre—à son grand étonnement—que le Père Florida, pieds et poings liés au pied de l'autel d'un oratoire. Au terme d'un très long dialogue entre les deux adversaires, Felipe renonce, par lassitude et dégoût, à assassiner le jésuite. Il comprend dès lors les véritables intentions de Jaime: en lui livrant ainsi son pire ennemi, il voulait le contraindre à comprendre la signification du pardon accordé aux conspirateurs la veille, acte de clémence que Felipe avait désapprouvé.

Quatrième partie: Le Lac Titicaca

Bien des années ont passé. Après la défaite subie entre les mains des Chiliens, Jaime se décide à quitter La Paz pour se rendre sur les rivages du lac Titicaca où se trouvent les vestiges des temples incas, tombés en décadence comme la race elle-même. Là, sur le site des origines spirituelles des Incas, Felipe et Jaime se reconnaissent semblables l'un à l'autre et, dans une large mesure, interdépendants.

En respectant le rite propre à toute religion, Felipe demande à Jaime de faire un sacrifice comme jadis les prêtres indigènes. Le cheval de guerre, Brave, incarnation de la puissance militaire du chef, est sacrifié et brûlé sur le bûcher.

Après avoir rêvé d'établir un empire continental, Jaime n'a plus le coeur de rentrer à La Paz pour régner sur une nation privée de grandeur. A l'exemple des anciens Incas, il s'en ira vers le Nord en direction de l'Amazonie où il vivra en ascète; Felipe, quant à lui, est chargé de se rendre en Europe où il devra témoigner par ses écrits et sa musique de leurs aventures communes. Après vingt ans d'héroïsme, l'homme à cheval se retrouve sans monture.

Dans l'épilogue du roman, reprenant un procédé cher aux romanciers du dix-huitième siècle, l'auteur met en question l'authenticité du récit en déclarant que le manuscrit de L'Homme à Cheval, longtemps dans les affaires de son grand-père, semble avoir été écrit par quelqu'un qui n'aurait jamais mis les pieds en Bolivie, qui "tout au plus en a rêvé".

LISTE DES ABRÉVIATIONS

Voici, à l'usage du lecteur, la liste des oeuvres de Drieu le plus fréquemment citées dans cette étude, présentées par ordre chronologique et suivies des sigles correspondant aux titres indiqués. Désormais, à la suite de chaque citation relevée dans les oeuvres données ci-après ne figureront que les sigles du livre, suivis du numéro de la page où se trouve le passage dont il est question.

Toutes les oeuvres suivantes ont été éditées chez Gallimard, Paris.

L'Homme couvert de femmes, 1925 . . . . HCF

Drôle de voyage, 1933 . . . . DV

La Comédie de Charleroi, 1934 CC

Socialisme fasciste, 1934 . . . . SF

Béloukia, 1936 . . . . B

Gilles, 1939 . . . . G

Notes pour comprendre le siècle, 1941 . . . . NCS

L'Homme à Cheval, 1943 . . . . HC

CHAPITRE PREMIER

LA CREATION DE L'OEUVRE

La Genèse

Tout ce qu'on connaît actuellement de la genèse de *L'Homme à Cheval* se réduit à quelques brèves allusions parsemées à travers le journal intime de Drieu. D'après la première en date, l'idée du roman lui serait venue au cours d'une tournée de conférences qu'il effectuait en Argentine en 1932—voyage organisé par les soins de Victoria Ocampo dont il avait fait la connaissance à Paris en 1929. A ce propos, il écrivit dans son journal au mois d'avril 1942: " . . . je me suis mis à écrire un roman de fantaisie dont l'idée m'est venue en Argentine en écoutant Borgès me raconter des anecdotes sur un dictateur bolivien des environs de 70. J'en rêve depuis douze ans".[1] A première vue, l'affirmation de Drieu— "j'en rêve depuis douze ans"—semble inexacte, du moins en ce qui concerne le nombre d'années écoulées entre la rencontre avec Borgès et la date mentionnée dans son journal. A moins d'avoir fait une simple erreur de détail (sans grande importance d'ailleurs), il se peut que Drieu, en précisant l'intervalle de douze ans, ait voulu nous renvoyer consciemment au moment de la véritable conception du roman—antérieure donc de deux ans à son voyage en Argentine. De son côté, Mme Ocampo (dans une communication adressée à l'auteur de notre étude) doute fort de l'authenticité de la source d'inspriation citée par Drieu, étant donné que ni elle ni Borgès ne se rappellent avoir raconté à Drieu des anecdotes à propos du dictateur bolivien. Selon elle, c'est plutôt le célèbre ethnologue, Alfred Métraux, compagnon de voyage de Drieu en Argentine, qui lui aurait fait connaître à l'origine la vie et les aventures du personnage historique dont Drieu s'est en partie inspiré pour créer la figure romanesque de Jaime Torrijos.[2]

Quoi qu'il en soit, il convient de rappeler que le thème central de L'Homme à Cheval—l'interdépendance de l'homme de pensée et de l'homme d'action—était déjà présent dans le premier recueil de poésies de Drieu, Interrogation (1917).[3] A la lumière de ses écrits de jeunesse, il est donc évident que le désir de conjuguer le rêve et l'action n'est pas issu uniquement de l'entretien avec J. L. Borgès, ni peut-être des renseignements relatifs aux Indiens boliviens fournis par Alfred Métraux, mais dépend en majeure partie de la révélation quasi-mystique dont Drieu avait été l'objet à la bataille de Charleroi en 1914, et sur laquelle nous reviendrons ultérieurement. A ce titre, la vie du chef bolivien—loin d'être la source unique du roman—constitue pour Drieu une sorte de pôle d'attraction autour duquel gravitent les idées-forces de L'Homme à Cheval qu'on trouve parsemées, à l'état d'ébauche, dans d'autres ouvrages qui précèdent le voyage en Argentine.[4]

L'exécution de l'oeuvre semble d'autant plus rapide que sa germination fut très lente à s'accomplir. En effet, au bout d'un mois d'efforts acharnés, Drieu avait déjà rédigé une centaine de pages dont une partie ("Doña Camilla Bustamente") n'était pas satisfaisante: "J'ai écrit la première partie d'un roman Jaime Torrijos. La deuxième partie, après 50 pages, je la recommence".[5]

Tout en revêtant L'Homme à Cheval d'un caractère "fantaisiste", Drieu se souciait parallèlement de la réaction du lecteur au décor indécis dont l'inexactitude historique risquait de nuire à la vraisemblance du récit: "L'inconvénient d'un tel roman," déclare-t-il dans son journal, "c'est le peu de crédibilité pour le lecteur, la rareté des points de repère dans l'histoire et la géographie. Certes, ce n'est qu'apparence, mais cela compte.

L'avantage pour moi, c'est de ne pas m'encombrer de *faux* points de repère, de *fausses* allégations concrètes (c'est Drieu qui souligne) et de m'en tenir à l'essentiel de la trame morale et du lyrisme intérieur" (le 20 mai 1942). Par conséquent, n'étant point obligé de rester fidèle à la réalité historique, il se sentait allégé d'un fardeau narratif qui, au fond, s'accordait mal avec les forces directrices du roman—c'est-à-dire l'aventure héroïque et l'allégorie. Alors que dans ses romans de nature plus manifestement autobiographique (tels *Gilles* et *Rêveuse bourgeoisie*) on trouvait peu de divergence entre le cadre fictif et la vie intime de l'auteur, Drieu eut le soin de transporter l'action de *L'Homme à Cheval* dans une Bolivie de rêve où il pouvait se libérer provisoirement du drame d'un Paris occupé, favorisant ainsi—sous un éclairage romanesque rendu plus aigu par l'éloignement—l'analyse de l'effondrement du mouvement fasciste et du rôle qu'il y avait joué lui-même en tant que militant doriotiste.[6]

S'adonnant entièrement à la rédaction de son roman, Drieu avait achevé le premier jet avant le mois d'octobre 1942: "Complètement abandonné ce journal pendant des mois. Entre temps, j'ai fini Torrijos, devenu *L'Homme à Cheval*" (le 20 octobre 1942). A en juger par une autre référence du journal, datée du 8 février 1943, qui annonce la publication prochaine du roman, il n'aurait fallu que cinq ou six mois environ pour mener à bien la première ébauche de l'ouvrage: "Je vais publier *L'Homme à Cheval* écrit depuis le début de cette année jusqu'au mois d'août—et *Chronique Politique* où j'ai mis tous mes articles depuis 34".[7] Hanté à cette époque par le pressentiment de sa mort, soucieux en plus de confier à la postérité une image fidèle de sa pensée, Drieu s'acharnait à faire le bilan de son engagement politique par tous les moyens à sa disposition: le roman (*L'Homme à Cheval, Les Chiens de paille*), l'essai (*Chronique Politique, Le Français d'Europe*), le théâtre (*Charlotte Corday, Le Chef*) et surtout le journalisme (nombreux articles parus dans la *Nouvelle Revue Française* et *Révolution Nationale*).[8]

Deux mois à peine avant sa première tentative de suicide, Drieu se penchait dans son journal sur la conjoncture qui l'avait soustrait brièvement à l'empire des femmes et de la politique—court répit de la "drôle de guerre" dont il avait tiré profit pour mettre au point ses réflexions sur le détachement progressif de l'homme d'action à l'égard d'un public indifférent à ses plus hautes aspirations: " . . . merveilleux hiver de la guerre, délivré de la politique, croyant en être à jamais délivré—et délivré des femmes—justifié par les événements à ne rien faire, c'est à ce moment que je me suis vraiment cultivé; de là *L'Homme à Cheval,* mon petit fruit tardif" (juin 1944). Ce fut l'époque où Drieu se méfiait de tout engagement politique à la suite de sa démission du Parti Populaire Français—rupture entraînée tant par la révélation d'un Doriot asservi aux puissances étrangères que par sa propre déception à l'égard du parti fasciste français qui s'avérait trop faible pour faire la révolution nationale-socialiste dont il avait si ardemment rêvé.

En plus de ses désillusions politiques, les déboires de sa vie sentimentale (en particulier, une liaison difficile avec la femme adultère, Béloukia) avaient fini, à leur tour, par exacerber la misogynie de ce Don Juan boudeur qui, au fond, aimait peu le plaisir. Dans cette atmosphère de solitude et de délivrance, où régnait l'étrange impression de liberté provisoire, Drieu se mit à lire les textes sacrés des religions orientales en vue de donner à son existence la cohérence spirituelle et morale—c'est-à-dire l'unité intérieure—qu'il avait autrefois poursuivie dans l'érotisme et la guerre. C'est donc pendant cette période de désoeuvrement relatif et à quelques mois de l'occupation allemande que Drieu prit le parti d'écrire *L'Homme à Cheval* qui ne devait voir le jour que quelque deux ans et demi plus tard. L'itinéraire que suit le couple fictif, Felipe-Jaime Torrijos, correspondra effectivement à celui que Drieu lui-même avait parcouru dans les années trente, allant de l'engagement fervent à la conscience inévitable de l'échec du fascisme à l'échelle nationale.

A partir de ces quelques mois de réflexion sereine au cours desquels le sort de *L'Homme à Cheval* s'est sans doute déterminé, il est intéressant de voir s'affirmer dans le journal de Drieu les grandes lignes du roman—ébauchées pour la plupart sous forme d'aphorismes tranchants. De même que le corps et l'âme ne font qu'un dans les temps "forts" de l'histoire (cf. *Notes pour comprendre le siècle*), de même la pensée et l'action doivent se rejoindre dans le personnage héroïque: "Il n'y a pas la pensée et l'action. Il y a l'action qui est pensée et la pensée qui est action" (le 18 septembre 1941). Privée de tout contact avec les forces vives de l'action, la pensée s'enlisera dans un rationalisme étroit, aboutissant, selon Drieu, au dessèchement de la sève créatrice d'un peuple. Pour contrecarrer cette tendance, il faudra, non des êtres contemplatifs, mais des esprits vigoureux susceptibles de redresser l'homme décadent du vingtième siècle en lui insufflant l'élan pur des époques pré-rationalistes: "Les littérateurs sont les penseurs ordinaires, mais périodiquement ils doivent céder le pas à des penseurs extraordinaires qui renouant la pensée à l'action renforcent la pensée en train de s'isoler et de s'étioler dans l'isolement" (le 18 septembre 1941).[9] Ainsi chaque homme d'action se doit d'être penseur et chaque homme de contemplation se double d'un homme d'action: " . . . il y a beaucoup d'action dans l'homme de rêve et beaucoup de rêve dans l'homme d'action".[10]

A l'instar de sa caricature romanesque, Felipe—poète, théologien et confident de l'homme fort—Drieu se voit lui-même relégué à un rôle secondaire dans les coulisses de l'action en raison de son tempérament contemplatif: "Presque tout en moi s'est dérobé à la vocation de chef. Trop de pudeur, de discrétion, de mépris, de paresse: et puis je ne pressens qu'amertume à mener nos pauvres Français" (le 29 décembre 1941). A vrai dire, ce manque de vocation politique le condamne à s'affairer inutilement en marge de la grandeur héroïque des chefs (cf. son rôle d'éditorialiste à la solde de Doriot), puis, par esprit de compensation, à se contenter de la seule vocation qui lui convienne—celle de *mage:* "Il faut renoncer à être dans l'événement immédiat, mais accepter son sort de prophète. Le prophète crie dans le désert et pourtant est entendu" (le 3 janvier 1942). Au même titre que le prophète Isaïe (à qui Drieu se compare volontiers dans un article rédigé sous l'occupation) qui se rend odieux aux défenseurs de l'Etat autarcique par ses imprécations contre la faiblesse et la décadence des Hébreux,[11] Drieu ne cesse de croire—malgré la résistance de ses compatriotes à l'hégémonie allemande—à la nécessité absolue de faire l'Europe en s'en remettant à la puissance supérieure de l'Allemagne hitlérienne. Cette foi inébranlable dans la valeur et la justesse de ses dons prophétiques à l'égard de l'avenir de la France est illustrée par cette citation extraite de *Séraphita* de Balzac que Drieu a placée en exergue à *L'Homme à Cheval:* "Malheur à qui garderait le silence au milieu du désert en croyant n'être entendu de personne . . . " Ce sera donc Felipe—version appauvrie de l'auteur lui-même—qui se fera prophète et témoin des aventures du chef, Jaime Torrijos, et de l'inévitable échec essuyé par ce dernier dans ses tentatives pour instaurer une fédération sud-américaine.

Dans la mesure où Drieu n'avait de cesse le briguer de titre de chef (auquel, d'ailleurs, rien ne le disposait), il parvenait dans

L'Homme à Cheval à exaucer, sous forme romanesque, ses voeux les plus intimes—c'est-à-dire à s'identifier avec l'être "réussi" en qui s'unissaient la contemplation solitaire du clerc et la force brutale du soldat: "J'aurais voulu être le plus furieux guerrier et en même temps tenir au centre de moi une assise absolue, un détachement total," déclare-t-il dans son journal.[12] De cette volonté de réconcilier les antinomies de son caractère et d'atteindre à l'unité spirituelle du moi proviennent sans doute tous les malheurs d'une existence vouée (malgré une grande sensibilité artistique) à l'affirmation des valeurs fondées sur la puissance et la mort.

Ainsi que nous l'avons vu, *L'Homme à Cheval* se révèle le fruit d'une longue méditation sur les assises du dynamisme politique: déjà en germe bien avant son voyage en Argentine, ce désir ardent de Drieu de marier le rêve à l'action, de fondre le courage dans la peur (cf. "La Comédie de Charleroi") pour en tirer le magnétisme viril propre au chef, trouve sa meilleure expression sous la forme d'un récit allégorique—rempli de complots et d'aventures héroïques—à une époque où les charges de cavalerie n'avaient pas encore été supplantées par l'horreur anonyme de la guerre technologique moderne. Libéré ainsi des contraintes et des limites imposées par la forme autobiographique du roman qu'il avait adoptée pour ses oeuvres précédentes (telles *Drôle de voyage, Rêveuse bourgeoisie, Gilles,* etc.), Drieu a pu donner libre cours à sa verve romantique, mêlée de résonances nietzchéennes, dans cet hymne à la gloire du chef populaire.[13] Faisant preuve d'une grande habileté dans l'exécution de l'ouvrage (accomplie en quelques mois de travail forcené), l'auteur donne tort à tous ceux qui avaient reproché à sa technique romanesque un certain manque de souplesse et d'imagination.[14] Comme nous l'avons déjà signalé, l'examen attentif du journal intime de Drieu nous permet d'apprécier l'évolution du processus créateur du romancier qui s'exerce, depuis l'hiver 1939-40, à mettre au point les grands thèmes de *L'Homme à Cheval* avant de les intégrer définitivement à l'oeuvre.

Du vivant de Drieu *L'Homme à Cheval* n'a connu que deux tirages—le premier date de mars 1943 et fut suivi d'un deuxième tirage au mois de juillet de la même année.[15] Bien qu'ayant reçu un accueil favorable de la critique lors de sa parution (à ce propos, voir le chapitre IV, "Accueil de la critique"), *L'Homme à*

Cheval s'est tout de même heurté à l'indifférence d'un public peu disposé à sympathiser avec les exploits du héros totalitaire dans les jours les plus sombres de l'occupation. A l'heure actuelle, pourtant, les passions envenimées qui faisaient rage autour du Drieu "collaborationniste" se sont apaisées pour la plupart, nous permettant par conséquent de porter un jugement moins partial (du moins, nous l'espérons) sur la valeur globale de l'oeuvre. En raison de cet éloignement historique—c'est-à-dire de cette libération du purgatoire du "silence embarrassé" où avaient sombré l'homme et son oeuvre dans les années d'après-guerre—*L'Homme à Cheval* semble bénéficier d'un regain d'intérêt auprès d'une nouvelle génération de lecteurs qui l'apprécient en fonction de ses mérites comme oeuvre d'art et non pas uniquement comme panégyrique de l'homme fort.[16]

L'Origine des personnages

En analysant la manière dont Drieu créait ses personnages, Frédéric Grover a fait l'observation suivante: "C'est un fait que Drieu romancier et nouvelliste invente peu. Dès que l'on cherche dans la vie ce qui a pu inspirer telle ou telle situation, tel ou tel personnage de la fiction, on est sûr de trouver dans chaque cas une correspondance très exacte".[17] A la lumière, donc, de cette tendance à puiser sa richesse d'inspiration dans la biographie, il est inévitable, à première vue, que Drieu se fasse classer—selon la définition du romancier "authentique" proposée par Albert Thibaudet—parmi les romanciers "factices" qui créent leurs personnages avec "la ligne unique de (leur) vie réelle" et non pas, comme il convient au romancier authentique, "avec les directions infinies de sa vie possible".[18]

Et pourtant, pour peu que nous approfondissions l'étude de la création romanesque chez Drieu, nous nous apercevons que la prétendue "facticité" d'inspiration dont parle Thibaudet ne s'applique guère, à notre sens, à l'oeuvre de Drieu. Alors qu'il est vrai que Drieu s'inspirait d'abord d'un modèle choisi parmi ses amis ou ses connaissances, il ne se limitait pas pour autant à la simple caricature: à ses yeux, le prototype de la réalité ne remplissait qu'une fonction de catalyseur initial, servant de tremplin à l'essor de l'imagination du romancier. A mesure que l'oeuvre prenait forme, le personnage—à force d'être élaboré et enrichi dans son cadre fictif—se détachait peu à peu de sa source, se

7

dotant ainsi d'une certaine indépendance par rapport à la réalité d'où il était issu. C'est dire que l'imagination, soumise aux exigences de l'action du roman, finissait par remanier suffisamment les données de l'expérience personnelle de l'auteur pour faire du modèle un personnage autonome qui ne conservait que de faibles liens de parenté avec l'original. A cet égard, Drieu s'est expliqué dans la préface de *Gilles* avec une acuité remarquable:

> Il y a clé parce qu'on retrouve dans un personnage tel ou tel trait particulier d'une personne connue et même bien plus, tout un ensemble de traits; il n'en reste pas moins que ce personnage est un *autre* (c'est Drieu qui souligne), inventé mais aussi et surtout dans un monde neuf, dont la nouveauté se compose de la rencontre imprévue dudit personnage avec des hommes et des femmes qui ne sont là que par la fantaisie de l'auteur, c'est-à-dire qui ne sont là que pour satisfaire les besoins secrets et indicibles de l'auteur.
>
> (G, vii)

Ceci dit, si l'on tient absolument à qualifier Drieu de "romancier factice" par fidélité aux critères de Thibaudet, ce jugement ne saurait être valable que pour la manière de concevoir le personnage—toujours calqué sur Drieu lui-même ou sur l'un de ses intimes. Dans la mesure où il soumet, par l'entremise du personnage, une partie de son propre caractère à l'analyse de la fiction (comme c'est le cas dans *L'Homme à Cheval*), Drieu arrive à se voir métamorphosé, au gré des péripéties du roman, en quelqu'un de vaguement fraternel dont les défauts sont impitoyablement critiqués; au lieu de se conformer à l'image subjective du début, le personnage ainsi créé s'inscrit dans une réalité autre qui répond plus à la logique interne de l'oeuvre qu'au narcissisme facile du journal intime.[19]

Bien que chaque personnage de *L'Homme à Cheval*, à en croire Frédéric Grover, soit censé avoir son modèle dans la vie réelle, rien ne nous autorise, hélas, à désigner avec certitude l'individu qui aurait pu inspirer son homologue du roman en raison de la profonde transposition artistique subie par tous les personnages. Dans cette perspective, notre travail de dépistage des sources de *L'Homme à Cheval* s'avère d'autant plus ardu que la version romanesque risque, somme toute, de ne ressembler que de très loin au modèle de la réalité. Malgré ces difficultés incontestables (rendues encore plus fastidieuses par le fait que Drieu a rarement parlé de son oeuvre), nous estimons utile, à des fins de comparaison et d'éclaircissement, de fournir au lecteur les analogies et les correspondances qui s'imposent entre les amis de Drieu et les personnages de *L'Homme à Cheval*—tout en essayant d'éviter l'écueil par trop séduisant de vouloir définir l'oeuvre en fonction de ces références extérieures au véritable génie du roman.

Contrairement à ce qu'on vient d'affirmer au sujet de la création des personnages, le protagoniste de *L'Homme à Cheval*, Jaime Torrijos—chef métis, surgi de la foule pour mener son peuple à la gloire—ne semble correspondre à aucun membre de l'entourage de Drieu—à moins que ce ne soit peut-être le leader du Parti Populaire Français, Jacques Doriot, dont le caractère belliqueux peut par certains aspects faire songer au chef bolivien. Dans son pamphlet de propagande, *Doriot ou la vie d'un ouvrier français,* Drieu fait le portrait du fondateur du P. P. F. (seul parti fasciste français d'envergure) en ces termes dithyrambiques qui rappellent, par plus d'un côté, la prestance virile de Torrijos: "Doriot est grand et fort. Tout en lui respire la santé et la plénitude. (. . .) C'est un homme calme, lent, réservé, avec de soudaines détentes qui peuvent être extrêmement violentes et qui soudain cherchent la destruction rapide et totale de l'adversaire".[20]

Pourtant, tout en soulignant la force physique et la brutalité du chef populaire, Drieu se fait fort d'attribuer à Doriot un surcroît de qualités bourgeoises qui sont loin d'être celles du héros bolivien: "C'est un homme de famille, qui vit entre sa mère, sa femme et ses deux charmantes petites filles. C'est un homme simple".[21]

Assez vite revenu de son erreur sur l'avenir du fascisme français—ainsi que de son engouement naïf pour Doriot lui-même—Drieu ne tarde pas à démissionner du P. P. F. en janvier 1939, se démettant en même temps de ses fonctions d'éditorialiste de l'organe du parti, *L'Emancipation Nationale.* Quelques années plus tard, alors qu'il ne croit plus à la victoire de l'Allemagne en Europe, Drieu reprend, par une sorte de bravade désespérée, son adhésion au P. P. F. sous prétexte de vouloir "marquer à la face des Allemands, qui font ici une vaseuse politique, (sa) préférence fasciste" (*Journal,* 23 octobre 1942).[22] A l'occasion de sa "rentrée" chez Doriot (au début de novembre 1942), Drieu ne se fait plus d'illusions sur les capacités de son ancien chef: "Doriot se survit à lui-même depuis des années, il n'a peut-être jamais été lui-même. (. . .) Il est l'image de ce pauvre pays où rien ne peut surgir d'original, d'indépendant. (. . .) C'est un agent qui attend son heure dans le bureau de placement pour agents de l'étranger qu'est devenue toute la politique française" (*Journal,* 7 novembre 1942).

Malgré l'antipathie qu'il ressentait envers Doriot au moment de la rédaction de *L'Homme à Cheval,* il n'est tout de même pas exclu que Drieu se soit inspiré de ce dictateur en mal de conquête dont il avait autrefois subi le charme—de même que Felipe, séduit par le caractère dynamique de l'homme fort, s'attache entièrement au sort de Jaime Torrijos. Quoi qu'il en soit, Doriot fut un moment pour Drieu le grand chef politique qu'il avait toujours rêvé d'être lui-même; il se peut également que les nombreuses intrigues du roman doivent une part de leur vérité aux machinations des sectateurs fascistes que Drieu avait eu l'occasion d'observer de près au sein du P. P. F. En tout cas, il va sans dire qu'à l'époque de *L'Homme à Cheval* il ne manquait pas de ces brasseurs de foule—de part et d'autre des barrières idéologiques—susceptibles d'inspirer, ne serait-ce qu'en partie, le personnage de Jaime Torrijos.

Puisque Drieu lui-même, parlant dans son journal de la conception de *L'Homme à Cheval,* nous renvoie à un moment précis de l'histoire bolivienne, il importe donc de mettre en parallèle le héros du roman et le personnage historique (auquel Borgès est censé avoir fait allusion) à seule fin de savoir dans quelle mesure Drieu aurait pu faire usage de l'existence fougueuse du *caudillo* bolivien pour tracer le portrait de son homologue romanesque. D'après la référence du journal ("un dictateur bolivien des environs de 70"), il est fort probable que ce soit le général Mariano Melgarejo—dont le règne s'étendit de 1865 à 1871—qui ait servi, sinon de modèle exact, du moins de point de repère pour la création de Jaime Torrijos. A l'instar de ce dernier, Melgarejo était le fils naturel d'un Espagnol et d'une Indienne Quechua.[23] Ses admirateurs ainsi que ses détracteurs s'accordent à déplorer la place démesurée que tenaient l'alcool et la débauche dans une vie qui, paradoxalement, se caractérisait, dans ses moments de lucidité, par des actes de générosité et de noblesse. Manquant entièrement de formation scolaire, ce soldat de fortune, malgré sa nature sensuelle et violente, manifestait néanmoins un goût très sûr pour les lettres et surtout pour la musique: poète à ses heures, il savait jouer à merveille de la guitare tout en

chantant ses propres vers! A supposer donc que Drieu se soit
retrouvé en Melgarejo (ce qui, d'ailleurs, est loin d'être établi de
façon définitive), cela aurait été sans doute en raison de son
admiration pour le caractère foncièrement ambigu du général,
mélange de passion et de méditation, et non pas, comme nous
allons le voir, à cause des multiples intrigues du régime militaire
de ce dernier.

Alors qu'il était à même d'exhiber de temps à autre des
manières raffinées, Melgarejo, une fois ivre, se livrait le plus
souvent à des actes d'une brutalité insensée, semant partout la
terreur. Les anecdotes à ce sujet sont nombreuses; voici, à titre
d'exemple, l'une des plus bizarres: un jour sur le balcon du palais
présidentiel, alors qu'il avait trop bu, le général Melgarejo,
désireux de contrôler la précision de tir d'un nouveau fusil dont
on venait de lui faire cadeau, se mit à déclarer à la ronde qu'il
viserait au hasard le premier passant qui s'avancerait sur la place
publique s'étendant à ses pieds. Heureusement, personne ne se
présenta à cet instant. Il ne fut finalement détourné de ses
projets démentiels que par les supplications réitérées de sa maîtresse, Juana Sanchez.

Ses partisans comme ses ennemis étaient subjugués par sa
force de caractère peu commune. Grâce à la haute estime dont il
jouissait dans les rangs de l'armée où son héroïsme au combat lui
avait valu de nombreux fidèles, Melgarejo put s'emparer du
pouvoir par suite d'un coup de main exécuté contre le dictateur,
Achá; puis, à la tête des forces du gouvernement provisionnel, il
assassina l'ancien tyran, Belzu, revenu d'exil pour mener une
rébellion contre le régime du jeune usurpateur. A ce propos,
il existe peut-être une certaine filiation entre l'assassinat de
Belzu et la mort de don Benito Ramirez, le dictateur vieilli de
L'Homme à Cheval. Pendant la bataille de La Paz en mars 1865,
Melgarejo eut recours à une ruse pour s'introduire dans l'appartement de Belzu—de même, Jaime, accompagné de Felipe, se fait
conduire auprès de don Benito à la faveur de la nuit pour l'assassiner; croyant avoir définitivement remporté la victoire sur les
forces de Melgarejo, Belzu l'autorisa à pénétrer dans sa demeure
pour que ce dernier pût lui rendre les armes. Feignant, à son
tour, d'être prisonnier—Melgarejo, entouré de ses propres gardes
du corps déguisés en soldat insurgés, se fraya un chemin jusqu'à
la chambre de Belzu, puis l'abattit d'une balle en plein coeur; de
la même manière, c'est déguisé en mendiant que Jaime parvient

11

à prendre au dépourvu le vieux chef, Ramirez, alors que celui-ci se recueille dans une chapelle la nuit de sa victoire.

Outre ces correspondances entre la mort des deux dictateurs, Belzu et Ramirez, on pourrait également rapprocher leur attitude envers les ennemis acharnés à les chasser du pouvoir. Ainsi, dans *L'Homme à Cheval,* don Benito n'inflige aucune sanction au jeune lieutenant rebelle, Torrijos, et, ce faisant, il se sacrifie consciemment aux impératifs des forces de rénovation cycliques.[24] Parallèlement, Belzu—sans se douter qu'il commettait là une grave imprudence—avait grâcié Melgarejo (sur intervention du peuple de Cochabamba) lorsque celui-ci fut condamné à mort pour s'être insurgé contre la dictature du vieux chef. On ne saurait, certes, l'affirmer avec certitude mais tout porte à croire que la correspondance frappante entre ces deux actes de clémence relève plus du choix délibéré de l'auteur que d'une simple coïncidence.

Par ailleurs, les deux personnages ont tous deux connu un règne agité. Constamment en guerre contre les dissidents de son pays, Melgarejo devait transporter son gouvernement d'une province à l'autre au gré des foyers de rébellion. De même, Jaime Torrijos se trouve en proie à de nombreux complots tout au long du roman. Toutefois, au lieu d'appuyer sa politique sur les revendications des Indiens à l'exemple de Torrijos qui voulait restaurer l'ancien empire des Incas, Melgarejo s'avisa, arbitrairement, de mettre en vente leurs terres, provoquant ainsi un soulèvement général de la population indienne de la Bolivie. Dans *L'Homme à Cheval,* au contraire, la révolte des Indiens est fomentée, non par l'opiniâtreté intéressée de l'homme fort, mais par des agents provocateurs à la solde de l'aristocratie.

Contrairement à la guerre expansionniste que mènera Jaime contre le Chili pour avoir accès à la mer, Melgarejo se contentait de veiller prudemment sur l'intégrité de son propre pays tout en prônant à cor et à cri la dissolution des frontières nationales—en fervent défenseur de l'*americanismo*—et la réunion de tous les états sud-américains sous la même bannière fédérative. A ce titre, le général bolivien fait montre—à quelques nuances près—des mêmes aspirations politiques que celles de Jaime Torrijos, dont les tentatives pour instaurer la supra-nationalité en Amérique latine se solderont par un échec. Dans cette perspective, il serait vraisemblable de croire que ce fut en grande partie le "pan-américanisme" de Melgarejo qui attira d'abord l'attention de Drieu sur son cas.[25] Désespérant lui-même de voir aboutir ses espoirs d'une Europe unie au moment où il écrivait *L'Homme à Cheval*, Drieu n'aurait donc fait que transposer sur le plan romanesque ses propres velléités d'action ainsi que ses désillusions idéologiques afin d'illustrer les exploits et l'ultime défaite du héros populaire.

Les deux épisodes-clés par lesquels s'achève le roman—le sacrifice du cheval de guerre, Brave, suivi de l'exil de Jaime dans le désert de l'Amazonie—ne doivent rien à la réalité; après avoir subi une grave défaite militaire à La Paz, Melgarejo s'enfuit à Lima où, quelques mois plus tard, il trouva la mort, assassiné par son beau-frère. De toute évidence, la fin ignominieuse de Melgarejo ne correspond point à l'effacement quasi-mythique de Torrijos—l'homme-dieu qui se dévêt de son pouvoir temporel (faute de nouveaux mondes à conquérir) pour retrouver les véritables origines de sa race.[26]

Si nous considérons l'ampleur du rôle joué par la vie de Melgarejo dans la création de Jaime Torrijos, il est indéniable (à en juger par les correspondances étroites entre les deux hommes d'action) que le modèle historique ait exercé une influence particulièrement sensible sur l'élaboration du personnage fictif; et pourtant, il semble que Drieu n'ait pas uniquement pris pour modèle le *caudillo* bolivien pour créer la figure de Torrijos. En effet, si nous consultons toute la documentation relative à Melgarejo, il paraît évident que Drieu n'a recueilli que les anecdotes les plus susceptibles de mettre en valeur la physionomie du "vrai" chef populaire dont les traits saillants avaient déjà été dessinés bien avant son voyage en Argentine, à travers ses écrits de jeunesse. Bien qu'il s'appuie initialement sur la vie de Melgarejo selon ses habitudes de composition (voir *supra*), Drieu apporte de nombreuses retouches à l'image primitive du dictateur en fonction des besoins de l'action du roman. En raison de cette accumulation de traits fictifs, Jaime Torrijos s'érige en véritable type romanesque (plus encore que tout autre personnage de *L'Homme à Cheval*). Il incarne aux yeux de son créateur les qualités essentielles de l'homme fort destiné à revigorer l'âme d'un peuple tombé en pleine décadence.[27]

Au lieu de s'inspirer exclusivement d'un ami ou d'un personnage historique en créant Felipe, il semble que Drieu ait plongé un regard au plus profond de lui-même pour dégager les traits de cet être "hugolien" en qui se mêlent le grotesque et le sublime : à la fois bouffon et vicieux, tendre et vengeur, naïf et rusé au besoin, velléitaire et agent secret, ce penseur-guitariste, dont le caractère s'avère foncièrement inadapté à la vie héroïque, sert de complément indispensable à la personnalité hautaine et virile de Jaime Torrijos, l'homme d'action. C'est donc en Felipe, l'homme de penseé, que Drieu se retrouve avec le plus d'affinité bien qu'il s'obstine à nous tracer son portrait sous un jour peu flatteur.

A cet égard, le personnage de Felipe, contrastant avec la noble stature de Jaime Torrijos, correspond dans une large mesure à ce que Frédéric Grover qualifie de "double inférieur" de l'auteur. Selon ce critique, Drieu prend assez souvent un de ses amis comme "pilotis" d'un personnage de roman lorsqu'il lui trouve une certaine ressemblance avec lui-même : dans le *Feu follet* par exemple, il s'est inspiré de son ami Jacques Rigaut pour le personnage d'Alain, le drogué ; ensuite, il se met à nourrir cet être de tout ce qu'il y a en lui de "dangereusement" semblable au modèle, étant donné qu'il choisit d'ordinaire une version appauvrie de lui-même, une manière de double inférieur.[28] Cette tendance à se peindre tout en noir, prétend Grover, aurait pour but d'"exorciser" les traits nuisibles de son caractère (selon la recette gidienne) en leur accordant un maximum d'éclairage au détriment des aspects "positifs" de sa nature : " . . . pour se débarrasser d'une tendance de sa personnalité qui gêne l'auteur, celui-ci doit isoler et incarner dans un personnage cette tendance en lui donnant ainsi tout son développement possible à l'exclusion de toutes les autres".[29]

Comme Grover l'a bien fait remarquer dans son étude, Drieu avait recours à la littérature (surtout en temps de crise personnelle) afin de "voir plus clair en lui, pour s'analyser, pour dégager les constantes de son moi".[30] En ce qui concerne le prototype du personnage de Felipe, il va sans dire que Drieu s'est servi d'un des aspects les plus "gênants" de sa personnalité—la propension exagérée à la réflexion—à des fins d'auto-analyse ; en isolant et en enlaidissant, sous forme romanesque, cet "intellectualisme de cabinet" qu'il réprouvait tant en lui-même, il se soumettait, à sa façon, à un examen de conscience destiné à lui donner accès au mystère de son être qui se dérobait sans cesse à ses efforts de compréhension.[31]

En dépit de son rôle de collaborateur à l'époque de *L'Homme à Cheval,* Drieu était pleinement conscient de la déchéance du fascisme en Europe comme force de révolution sociale. C'est pourquoi il s'interrogeait douloureusement sur les motifs qui l'avaient engagé dans cette voie extrémiste pendant une dizaine d'années.[32] En vue d'élucider les tendances opposées de son moi (l'homme de pensée/l'homme d'action) et d'ouvrir en même temps de nouvelles perspectives sur son destin, Drieu s'en est remis à l'éclairage de la fiction sous la forme de deux camarades apparemment dissemblables mais liés intimement l'un à l'autre par les mêmes affinités. A ce titre, la tentative de Felipe pour s'assimiler la force et la prestance virile de Jaime n'est autre que la figuration romanesque de l'auteur à la découverte de son âme dans toute sa plénitude.

Les autres personnages de *L'Homme à Cheval* n'ont pas toujours leur contrepartie dans la réalité; il n'empêche, cependant, que Drieu ait pu se référer à quelqu'un de précis, selon son habitude, en ébauchant les traits de certains d'entre eux. A cet égard, l'héroïne du roman, doña Camilla Bustamente—riche aristocrate pleine de passion et de mépris—cadre assez bien avec ce qu'on sait de l'Argentine, Victoria Ocampo, femme de lettres et directrice de la revue, *Sur,* qui était très liée avec Drieu dans les années trente. A en juger par le portrait suivant que René Etiemble a tracé d'elle, il existe des correspondances très nettes entre cette aristocrate cosmopolite de Buenos Aires et l'orgueilleuse rivale de la Conchita (maîtresse indienne de Jaime) dans *L'Homme à Cheval:* à la suite d'un court séjour passé à l'*estancia* de Victoria Ocampo à San Isidro (près de Buenos Aires), Etiemble nous fait part de ses impressions: "Une ravissante ravisseuse, mais une maîtresse femme aussi, autoritaire, véhémente à l'occasion, une feinte affranchie qui jamais ne se délivrerait tout à fait de ses tares originelles: des noms d'hommes prestigieux jalonnaient son chemin, mais justement, trop prestigieux: pas un philosophe méconnu, pas un terrassier inconnu. (. . .) Une des légendes, un des mythes de Victoria: la milliardaire sud-américaine, ou la femme couverte d'hommes, voilà surtout ce qui se colportait d'elle à Paris, vers 1935".[33]

En fait d'associations littéraires, il convient de nous rappeler que Drieu se trouvait effectivement en visite chez Victoria Ocampo au moment où il entendit parler de Melgarejo pour la première fois; selon toute vraisemblance, cette grande dame de la littérature sud-américaine a pu inspirer certains traits marquants du personnage de Camilla Bustamente. Au sujet du patronyme de cette dernière, il est intéressant de noter que l'un des ministres de Melgarejo s'appelait Bustamente—nom d'ailleurs assez répandu en Amérique latine. Malgré cette analogie—plutôt fortuite à notre sens—entre les noms patronymiques, rien ne nous assure, pourtant, que Drieu ait poussé sa documentation sur la vie de Melgarejo jusqu'à tenir compte des menus incidents de son régime. A tout prendre, il se peut que Camilla ne soit au fond que l'amalgame des qualités et des défauts de toutes les mondaines qui ont jalonné l'itinéraire sentimental de cet "homme couvert de femmes".[34]

Dans une communication récente à l'auteur de notre étude, Frédéric Grover énonce l'hypothèse séduisante que, pour créer le père Florida, Drieu se serait inspiré de son collègue, Jean Paulhan, qui servait de co-directeur de la *Nouvelle Revue Française* au cours de l'occupation.[35] Directeur en chef de la revue depuis décembre 1940, Drieu se lassa peu à peu des exigences de son poste qui mordaient inéluctablement sur le temps qu'il aurait pu consacrer à ses propres oeuvres. A l'époque où il se mit à écrire *L'Homme à Cheval,* il en était même au point de s'absenter, contre toute bonne logique, de son bureau à intervalles réguliers. Profitant donc de cette négligence abusive, Paulhan, assisté de Marcel Arland, se livra à des manoeuvres clandestines en vue de faire évincer Drieu de son poste de directeur. Prévenu, de son côté, de ces agissements suspects, Drieu riposta avec brio en confiant le plus gros du travail à son secrétaire, déjouant ainsi le bien-fondé des accusations de ses adversaires.

Sous le prétexte d'une pénurie d'articles (due en grande partie à son apathie), Drieu finit par "lâcher" la revue au numéro de juin 1943—se libérant d'un fardeau devenu trop accablant. Il est donc fort probable que les intrigues du roman, mettant aux prises Felipe et le père Florida, doivent beaucoup à l'animosité qui régnait au sein de la *N. R. F.* entre Drieu et Jean Paulhan.[36]

Bien qu'il cherchât, au début de l'occupation, à jouer un rôle de premier ordre dans la constitution du nouveau gouvernement à Vichy, Drieu dut se contenter à la longue d'une place de faible importance auprès du quelques amis haut placés. Composé pour la plupart d'anciens démissionnaires du P. P. F., ce groupe se réunissait à un déjeuner hebdomadaire afin de discuter de l'avenir de la France. A leur tête se trouvait le banquier, Gabriel Leroy-Ladurie, que son ambition dévorante et son goût de l'intrigue poussaient à rechercher le rôle d'éminence grise dans les coulisses du gouvernement.[37] Le portrait que nous en trace Drieu dans son journal évoque à coup sûr certains aspects de la personnalité du père Florida:

> G. L. L. est un nerveux, un timide, éperonné par l'ambition. Cette ambition est bridée par la timidité et aussi les nécessites de ce métier qu'il préfère finalement à ses velléités politiques. (. . .)

> Eminence grise, mais éminence grise indépendante de son chef politique, il ne peut que défaire ce chef autant qu'il le fait. Plutôt pape gris, plutôt qu'éminence grise. (. . .) il est pape d'un libéralisme impénitent, sournois, refoulé (le 4 janvier 1942).

Au fond, il importe peu que ce soit Paulhan ou peut-être Leroy-Ladurie (ou maints autres) qui aient servi de modèle pour le père Florida, le personnage lui-même s'élève au-dessus des particularités d'inspiration individuelle pour revêtir un caractère *autre,* détaché de ses origines dans sa fonction romanesque. Etant le représentant d'une institution hostile au mouvement socialiste et figée dans un conservatisme atavique, Florida incarne, aux yeux de Drieu, l'impuissance du christianisme à s'adapter aux structures de la société moderne.

A l'instar de Drieu lui-même (comme de Felipe), le père Florida se sent incessamment attiré vers le monde de l'action bien que sa vraie nature le destine à la vie solitaire et contemplative; au lieu de s'engager dans les affaires du siècle avec l'élan généreux digne du vrai chrétien, il s'y laisse entraîner par ses ambitions refoulées et par sa jalousie à l'égard de son rival, Felipe, qui le remplace auprès du Protecteur de la Bolivie. Tout compte fait, il nous est loisible de voir dans le personnage de Florida une autre incarnation, tournée au plus noir, de l'homme de pensée rongé par des velléités d'action, convoitant servilement la force mâle du héros national pour féconder son âme femelle.[38]

En raison de leur manque de relief, les personnages secondaires et épisodiques ne semblent correspondre à aucun modèle précis, à l'exception peut-être du maçon Belmez, dont les traits finement dessinés suggèrent l'existence d'un prototype dans la vie réelle—lequel, hélas, nous reste inconnu dans l'état actuel de nos connaissances. De toute manière, nous pouvons affirmer sans crainte que ce personnage antipathique—aux antipodes de l'auteur lui-même—ne ressemble en rien à Drieu et, de ce fait, ne saurait constituer une version appauvrie ou un double inférieur de ses propres défauts.

Une fois terminée la présentation de Belmez, Drieu ne tarde pas à lui conférer un rôle subalterne—le faisant intervenir dans la trame du récit au hasard des péripéties—sans autre fonction que celle de rendre plus évidente, grâce à ses maladresses, l'incapacité de la politique maçonne de faire la révolution sociale et morale qui s'impose. En Belmez ainsi qu'en Florida, Drieu nous présente, sous un angle réel et symbolique à la fois, deux représentants de la décadence moderne: la maçonnerie, dernière crispation d'une bourgeoisie agonisante, et l'Eglise, éloignée de la volonté populaire et liée aux structures archaïques de l'aristocratie terrienne.

En revanche, la danseuse Conchita incarne, à la manière de Jaime lui-même, la vitalité du peuple indien; la franche sensualité de son corps sert de contrepoint aux passions refoulées des classes dirigeantes. Par sa volupté, elle se fait le symbole de l'âme bolivienne—enchaînée aux rythmes profonds de la terre nourricière. En possédant Conchita, dont le sang indien est plus pur que le sien, Jaime Torrijos, le métis, renoue avec les sources vives de la race inca, destinée à conquérir comme autrefois toute l'Amérique du Sud.

Quelle fut la source d'inspiration de Drieu lorsqu'il créa cet être exotique qui, asservi aux instincts bestiaux, semble offrir l'exemple éclatant de l'anti-héroïne—l'envers de la femme occidentale, civilisée à l'excès? S'agit-il d'Emma Besnard, l'Algérienne (demi-espagnole du côté maternel), qui devint, pendant quelques mois en 1921, la maîtresse de Drieu et fut sans doute le modèle de la Pauline de *Gilles*? La façon dont il évoque le souvenir d'Emma dans son journal nous invite à rapprocher, par certains côtés, les deux femmes, issues d'un milieu populaire: "Fille (Emma Besnard) d'un Normand et d'une Espagnole, d'origine quasi populaire, née à Alger. Peut-être un peu arabe. (. . .) Une fierté et une furie de mouvement. La vitalité était déjà minée, quant je l'ai connue. (. . .) Elle était la maîtresse d'un homme d'affaires, qu'elle lâcha pour moi en un instant. Elle l'avait déjà lâché pour un gigolo juif. Elle avait dû frôler les maisons de passe" (le 24 mars 1944). La souplesse du corps qui respire la volupté, le regard insolent et la spontanéité des gestes, voilà les traits de caractère qu'ont en commun Pauline dans *Gilles* et Conchita dans *L'Homme à Cheval*.[39]

En plus du souvenir remanié d'une femme du peuple que Drieu aurait connue (et dont les exemples dans la réalité ne manquent pas, vu ses préférences passionnées pour les "belles de nuit"), la Conchita se révèle par ailleurs l'essence de la femme, libérée de sa carapace mondaine, dont la féminité trouve sa meilleure expression dans les rythmes de la musique et de l'amour. En vertu donc de cet élan d'émotion pure, elle s'élève, sur le plan moral, au-dessus même de Camilla, l'aristocrate inféodée aux faiblesses inhérentes à sa classe sociale. De tous les personnages féminins de *L'Homme à Cheval*, il n'y a au fond que Conchita, la prostituée, qui soit authentique—c'est-à-dire filède aux impératifs de ses passions et non aux hommes.[40]

Les Sources

D'après les résultats de nos recherches, il n'est guère probable que Drieu se soit longuement documenté pour écrire *L'Homme à Cheval*. Les nombreuses inexactitudes de l'ouvrage, sur le plan géographique et historique, nous font croire que l'auteur, conformément à son style romanesque, était plus soucieux de son "lyrisme intérieur" (voir *supra*) que du soin de faire revivre une époque donnée.[41] Cette indifférence à l'authenticité du cadre historique de l'oeuvre se manifeste surtout dans le dernier roman de Drieu, les *Mémoires de Dirk Raspe;* au cours de la rédaction, Drieu s'est peu soucié de la vie de Van Gogh bien qu'elle lui ait servi de point de repère pour dresser l'armature du roman. Ce que Drieu recherchait dans l'existence de ce génie tourmenté c'était sans doute des affinitées qui lui auraient permis de rapprocher son propre destin de celui du peintre hollandais. A cette fin, Drieu n'a probablement consulté que les *Lettres de Vincent Van Gogh à son frère Théo,* y compris quelques préfaces à des albums de ses tableaux, d'ailleurs sans grand intérêt littéraire. En dépouillant sa documentation, Drieu en retirait uniquement les épisodes ou les traits de caractère relatifs à son aventure personnelle, car il ne voulait pas être prisonnier de ses sources. Dans une lettre où il remercie Mme Suzanne Tézenas de lui avoir envoyé un livre sur Van Gogh, Drieu exprime sa méfiance à l'égard d'une trop grande érudition en matière de création romanesque: "Du reste, il ne faut pas que je regarde tout cela de trop près: cela ligote."[42] Il semble donc que Drieu s'intéressât à ces vies fraternelles à seule fin d'y retrouver le fil obscur de ses propres angoisses et de leur conférer dans ses écrits une nouvelle dimension esthétique.

A la lumière de cette réserve manifestée par Drieu vis-à-vis de la documentation, il ne nous est pas donné de préciser avec certitude les sources dont il aurait pu s'inspirer pour donner naissance à *L'Homme à Cheval*. A vrai dire, aucun livre sur la Bolivie ne figure dans l'inventaire de la bibliothèque personnelle de Drieu au moment de sa mort; pourtant, en qualité du directeur de la *N. R. F.*, il n'aurait pas eu de peine à se procurer (même sous l'occupation) les livres susceptibles de compléter ses connaissances au sujet de la vie et du régime de Melgarejo. En effet, liseur vorace aux goûts très éclectiques, Drieu n'aurait pas manqué de consulter, par acquit de conscience, des oeuvres sur l'histoire de la Bolivie ou de l'Amérique latine—dans le simple but de reconstituer l'ambiance de l'époque avec une certaine vraisemblance.

Soucieux de dresser un cadre romanesque adapté aux besoins de l'allégorie, Drieu a recours, dans *L'Homme à Cheval,* au roman-fable—genre qu'il avait déjà utilisé dans *Béloukia* (1936). Déchiré entre l'amour et la politique, le poète Hassib (autre version de Drieu) renonce à l'univers des femmes adultères et s'engage dans le monde de l'action. Ainsi, donc, sous le voile d'un faux orientalisme, à la manière de Barrès dans le *Jardin sur l'Oronte,* Drieu a procédé à l'analyse d'un grand tournant de sa vie intime dans un récit de pure fantaisie, loin du décor parisien habituel.[43]

Sept ans plus tard, lorsque dans *L'Homme à Cheval* Drieu cherche à remettre en question les mérites de son adhésion au fascisme, il reprend la même formule éprouvée pour élucider les passions confuses de son engagement politique sous un jour foncièrement indulgent. De cette manière, il s'appuie sur l'éclairage du récit "philosophique" (bien distinct, pourtant, du conte voltairien!) pour tirer au clair les complexités de son être en prenant de plus grandes distances envers lui-même.[44]

A première vue, une certaine parenté semble s'établir entre *L'Homme à Cheval* et le *Don Quichotte* de Cervantès: il suffit, toutefois, d'apprécier à leur juste valeur les rares correspondances entre les deux oeuvres pour s'apercevoir de leur grande disparité en matière de forme et de fond. Alors que Cervantès cherche à mettre en évidence la profonde dualité de l'homme par l'entremise du chevalier errant et de son compagnon bouffon—c'est-à-dire l'aspiration vers l'idéal par opposition à la sagesse

populaire nourrie des dures réalitées de l'existence terrestre—
Drieu s'efforce de nous présenter la nature double de sa propre
individualité (cf. l'amitié entre Jaime et Felipe: l'action et le rêve)
et non pas, comme c'est le cas du *Don Quichotte,* une représentation exemplaire de la condition humaine.

Sans doute est-il vrai que l'oeuvre de Drieu témoigne des malheurs de son époque (l'ère des totalitarismes) de même que les
aventures de Don Quichotte nous dévoilent incidemment, sous la
façade austère et héroïque de la morale chevaleresque, les misères
de l'Espagne d'alors; cependant, la *Weltanschauung* de Drieu,
rongée par son esprit nihiliste et soumise à un pessimisme global
issu de sa foi en la décadence, s'oppose catégoriquement à
l'humanisme optimiste dont Cervantès, par l'intermédiaire de son
protagoniste, se fait le partisan fervent.

En dépit de ces oppositions, il n'est toujours pas exclu que
Drieu se soit indirectement inspiré du chef-d'oeuvre espagnol en
établissant les rapports maître-disciple entre Jaime et Felipe: l'un
à cheval, auréolé de gloire, l'autre, juché précairement sur un
âne—tantôt sûr de dominer son maître par le simple jeu de l'intelligence, tantôt ébloui par la faculté d'adaptation de l'homme
d'action. Toutefois, l'analogie fondée sur ces données ne tient
qu'aux apparences et non à une véritable équivalence de fonctions: en réalité, ce n'est pas Jaime, maître hautain, qui se lance à
la poursuite de l'idéal dans *L'Homme à Cheval* (du moins en
toute connaissance de cause), mais Felipe, le poète rêvant d'absolu dont la quête de la force n'a pas de commune mesure avec
le pragmatisme gaillard d'un Sancho Pança. Jaime Torrijos, quant
à lui, est loin d'incarner l'aspiration de tout homme vers le bonheur spirituel: en tant que surhomme nietzschéen, il revêt orgueilleusement les qualités qui le distinguent du commun des mortels:
en cet être exceptionnel, nous voyons l'élan du héros vers le
triomphe terrestre sur la médiocrité, vers l'apothéose de la force
dans un dépassement de soi continu.

A vrai dire, chez Cervantès, l'idée du dépassement de soi est
d'une nature tout autre que celle manifestée par Jaime Torrijos.
Pour l'auteur du *Don Quichotte,* la capacité de se dépasser est
profondément enracinée dans tout être humain et c'est par
l'oeuvre d'art que l'homme-artiste trouve un champ d'expérimentation propre à l'exercice de ses talents. Dans le *Don Quichotte,*
le dépassement de soi se différencie donc du dépassement nietz-

schéen chanté par Drieu dans *L'Homme à Cheval* et dans lequel l'homme doit se jeter à la pointe extrême de l'existence pour forger de nouvelles valeurs dans un monde dénué de sens. Aux yeux de Cervantès, en effet, l'effort pour se dépasser constitue un mouvement vers l'amour universel à travers la charité—tendance aux accents chrétiens qui n'a rien de commun avec la dynamique de la force dont Drieu s'est inspiré. Il apparaît de la sorte que les liens susceptibles de rattacher *L'Homme à Cheval* au *Don Quichotte* s'évanouissent dès que nous mettons en parallèle les deux ouvrages.

Pour ce qui est des analogies littéraires évoquées par la critique à l'égard de *L'Homme à Cheval,* il est intéressant de faire remarquer que le nom de Stendhal revient sous la plume de trois écrivains qui, à quelques mois d'intervalle, ont rendu compte du roman de Drieu (voir plus loin le chapitre, "Accueil de la critique"). Ainsi, Jean Turlais, jeune auteur qui mourut au front dans les rangs de la Ière Armée en 1944, établit une correspondance assez nette entre Fabrice del Dongo et Jaime Torrijos, reprenant à son actif l'idée déjà formulée par Audiberti (dans un long article consacré à *L'Homme à Cheval* dans la *N. R. F.*), puis élaborée davantage par Michel Mohrt dans son article, "Statue équestre du dictateur" (un mois, toutefois, après celui de Turlais).[45] Hormis cette première vague de références à la *Chartreuse de Parme* (sans doute d'inspiration mutuelle), il faut signaler qu'aucun autre critique, depuis lors, ne s'est avisé de soulever ni d'approfondir les soi-disant affinitées entre les deux oeuvres.

Bien qu'il ait souvent parlé de Stendhal (voir *Sur les écrivains)* dans ses articles de critique littéraire, Drieu n'a jamais mentionné, à notre connaissance, les liens de parenté qui auraient pu rapprocher sa propre oeuvre (en particulier, *L'Homme à Cheval*) de celle de Stendhal; en général, il s'est contenté d'y faire de brèves allusions à seule fin d'éclaircir ou de mettre en relief ses commentaires relatifs aux autres écrivains du XIXe siècle. Conformément à ses habitudes d'analyse personnelle, si Drieu s'était en effet retrouvé en Stendhal, il n'aurait pas manqué d'en parler et longuement, comme il l'a fait pour les oeuvres de Barrès (*Un Homme libre*), de Claudel (*Les Cinq Grandes Odes* qui ont inspiré son premier recueil de poèmes, *Interrogation*), de Nietzsche (*Ainsi parlait Zarathoustra*) et de Gide, dont l'influence a surtout marqué les premières années de son évolution littéraire.[46]

Nous pouvons certes rapprocher les personnages ainsi que l'atmosphère de *La Chartreuse de Parme* et de *L'Homme à Cheval;* pourtant, une fois bien analysés, les points communs semblent relever davantage des impératifs de l'action romanesque que de l'influence littéraire proprement dite: à titre d'exemple, le parallèle Fabrice-Jaime présente, au premier abord, quelques correspondances séduisantes. Ainsi, "le culte de l'énergie" est incarné dans *La Chartreuse* par un personnage impétueux que son audace et son goût de l'intrigue entraînent, presque malgré lui, dans un grand mouvement vers la gloire (en l'occurrence vers le pouvoir ecclésiastique). Ce vaste élan d'âme rappelle, à certains égards, la volonté de puissance nietzschéenne qui anime Jaime Torrijos. En plus de ce déploiement d'énergie vitale vers l'accomplissement d'un destin héroïque, l'allure noble et passionnée de Fabrice trouverait, à la rigueur, sa contrepartie dans l'attitude altière du dictateur bolivien, écrasant de mépris tous ceux qui s'opposent à son ascendance politique.

A part ces deux traits saillants de ce qu'on appelle communément le héros nietzschéen (dont les exemples ne manquent pas dans la littérature moderne), il est difficile de faire ressortir, chez les deux protagonistes, d'autres affinités susceptibles d'établir une parenté littéraire entre *L'Homme à Cheval* et *La Chartreuse de Parme*. Force de la nature, Jaime Torrijos n'est qu'à demi conscient d'abord de la grandeur du rôle qu'il est destiné à jouer auprès du peuple indien. Contrairement à la lucidité implacable qui règle les actions de Fabrice, c'est l'intuition, alliée à la clairvoyance de Felipe (son mentor omniprésent), qui constituent en Jaime les éléments d'un dynamisme primitif, dénué de tout apport rationaliste; par contre, le héros stendhalien, victime de ses passions comme de son intelligence, se voit constamment engagé dans une lutte pour s'arracher de force à son état de timidité naturelle: il lui faut donc se dominer pour être en mesure d'agir. Dans cette perspective, tout s'accomplit à force de raisonner: sous l'égide de la volonté, les passions refrénées du personnage sont dûment canalisées vers un but déterminé. Dans une large mesure, par contraste au caractère fortuit de l'univers romanesque de Drieu, l'action se déroule chez Stendhal en fonction de l'ordonnance imposée par le jeu de deux intelligences qui s'affrontent (cf. la Sanseverina face au prince de Parme, Fabrice s'opposant au comte Mosca, etc.). Sous cet angle, l'effort conscient déployé par Fabrice pour se surpasser—sa quête volontaire du pouvoir—ne ressemble aucunement à la poussée de "plante aveugle" qui caractérise l'ascension de Torrijos, héros totalitaire, vers sa destinée. Sur le plan idéologique, il n'y a pas de commune mesure entre l'ambition politique de Fabrice, axée essentiellement sur l'affirmation de la liberté individuelle, et le rôle symbolique, incarné par Jaime, du chef populaire régnant en maître absolu sur toute la Bolivie.

A notre avis, il serait invraisemblable de vouloir établir des correspondances étroites entre les autres personnages des deux romans: la Sanseverina et doña Camilla, par exemple, jouent un rôle tout à fait différent auprès de l'homme d'action. Profondément amoureuse de Fabrice, la duchesse Sanseverina cède aux instances du prince de Parme en vue de sauver la vie de son neveu: aussi accepte-t-elle de se déshonorer pour assurer le bonheur d'un ingrat qui lui préfère une autre femme. Camilla, au contraire, se donne à Jaime, non par amour désintéressé, mais plutôt par désir de vengeance à la suite du meurtre en duel de son cousin, révolté contre l'autorité de Torrijos. Chez la femme du monde, selon Drieu, la sexualité n'est point don de soi, elle se révèle trahison et souillure—geste insouciant de l'animalité pure repliée sur elle-même.

Quant au bien-fondé d'un rapprochement éventuel entre le comte Mosca et le père Florida, il nous paraît en tous points dénué de fondement étant donné la grande divergence de traits qui les différencient l'un de l'autre. A la fois homme d'action et intrigant consommé, le comte Mosca s'érige en rival ardent de Fabrice auprès de la Sanseverina—contrastant ainsi avec le caractère sournois et dérobé du jésuite qui s'affaire comme une ombre dans les coulisses du pouvoir, dominé entièrement par la prestance noble de l'homme fort, Jaime Torrijos.

S'il fallait établir des correspondances entre *L'Homme à Cheval* et *La Chartreuse de Parme,* sans doute les trouverait-on en grande partie dans l'ambiance de brigue et d'héroïsme flamboyant dont participe tout roman de cape et d'épée. Teintée de nostalgie et de tendre indulgence à l'égard des aventures de Fabrice, *La Chartreuse* constitue d'ailleurs, chez un Stendhal aux abords de la vieillesse, un effort de compensation pour réaliser, par la voie de l'oeuvre d'art, les hautes aspirations politiques qu'il n'était jamais parvenu à combler lui-même comme diplomate. Pareillement, ayant déjà pris le parti de se donner la mort "en temps utile", Drieu s'attache à donner forme, en rédigeant *L'Homme à Cheval,* à ses rêves impossibles de grandeur militaire et politique.

Sous cet angle, les deux écrivains font partie de la même confrérie de clercs itinérants, rejetons nostalgiques de l'ère napoléonienne en mal de grandes actions à la hauteur de leurs ambitions refoulées. Dans son étude de l'homme totalitaire, *Notes pour comprendre le siècle* (1941), Drieu caractérise ainsi l'auteur de *La Chartreuse* en qui il trouve sans doute un tempérament fraternel mais trop attaché, à son goût, au rationalisme du dix-huitième siècle: "Stendhal jeune, l'homme d'avant 1750, est certes touché par le mal du siècle, mais il contient ce mal par la tendance à l'action, le mouvement du voyage et de la curiosité, le goût du plaisir fin et des idées claires et praticables" (NCS, 70).

Si les liens qui rattachent *L'Homme à Cheval* à *La Chartreuse* ou même au *Don Quichotte* sont des plus éphémères, les affinités qui s'établissent entre l'oeuvre de Drieu et la philosophie de Nietzsche sont, par contre, des plus profondes. Lecteur de Nietzsche dès sa plus jeune adolescence et même dans les tranchées de la Grande Guerre (où il portait un exemplaire de *Zarathoustra* dans son havresac de fantassin), Drieu s'est nourri de la volonté de puissance nietzschéenne à la manière de toute une génération de jeunes Européens qui avaient rejeté la morale chrétienne en faveur de l'exaltation du moi et des valeurs fondées sur l'épreuve de la force.

Très tôt initié à la prophétie messianique de Zarathoustra, Drieu n'a jamais démenti l'influence exercée par Nietzsche sur sa propre formation intellectuelle—même quand la conjoncture n'admettait aucune manifestation de sympathie à l'égard de tout ce qui touchait à l'Allemagne. Dans un article paru dans le journal de Robert Brasillach, *Je Suis Partout,* Drieu reconnaît sa dette envers le philosophe allemand (à ses risques et périls, étant donné que la France s'apprêtait à entrer en guerre avec l'Allemagne à cette époque): "En tout cas, c'est autour de cette vie, autour de cette oeuvre, autour de ce nom que ma sensibilité intellectuelle a toujours gravité. Et chaque année, à chaque nouvelle lecture, j'ai pu me dire avec bonheur qu'une certitude plus dense, une connaissance plus nombreuse de la réalité se pressait pour moi autour de ce point de ralliement".[47] Deux ans après cette "profession de foi" germanophile, Drieu définit, à titre personnel, le véritable héritage légué par Nietzsche à l'homme du vingtième siècle dans son essai, *Notes pour comprendre le siècle:* "Il (Nietzsche) brise la morale en tant que refuge truqué du rationalisme. Il remet le corps—et ses résistances et ses exigences, ses disciplines et ses rigueurs propres, son ascétisme indispensable—à sa place au milieu de la vie de l'esprit. Il démasque et déblaie toutes les tendances du XIXe siècle et apporte ainsi au XXe siècle des directions toutes prêtes pour l'action" (NCS, 194). De l'avis de Drieu, donc, Nietzsche se révèle l'un des grands prophètes de l'ère moderne, annonçant la fin du rationalisme scientiste et la restauration de l'être total dans lequel s'équilibreront le rêve et l'action, l'âme et le corps, Apollon et Dionysos.

Plus encore que tout autre roman de Drieu, *L'Homme à Cheval* illustre avec éclat les thèses majeures du chef-d'oeuvre de Nietzsche, *Ainsi parlait Zarathoustra.* Malgré les correspondances irrécusables entre les deux oeuvres, il n'est pas certain, toutefois, que Drieu ait consciemment essayé d'adapter les idées de Nietzsche (telles qu'on les trouve dans *Zarathoustra*) aux besoins de son roman; en cherchant à rendre vivante l'idéologie du chef sous les aspects d'un *lider* bolivien, Drieu aurait dû, selon toute vraisemblance, se souvenir des aphorismes de Zarathoustra sur le surhomme et la race des seigneurs—sans se laisser entraîner pour autant à l'imitation servile de son maître à penser. Pour voir donc dans quelle mesure *L'Homme à Cheval* n'est que le reflet atténué des grandes lignes de *Zarathoustra,* il convient de faire ressortir les points communs entre les deux ouvrages en vue de mettre en évidence l'ampleur véritable de la présence nietzschéenne au sein de l'oeuvre de Drieu.

Ayant décidé de quitter la caverne de haute montagne où il avait passé une dizaine d'années à se recueillir dans un isolement total, le sage Zarathoustra, prophète et fauteur de troubles, descend dans la vallée livrer les fruits de ses réflexions à un peuple frivole et ingrat, plus soucieux de divertissement que d'élévation spirituelle. En annonçant l'ère du Surhomme ainsi qu'un ordre moral nouveau, les discours de Zarathoustra mettent en accusation une société figée où règnent l'apathie et le conformisme dans tous les domaines: conscient de la mort de Dieu, Zarathoustra s'en prend à l'ascétisme chrétien qui empêche l'homme de porter son regard vers la terre et d'y vivre joyeusement. A son tour, en disciple fidèle de Zarathoustra, Drieu tourne en dérision le prétendu ascétisme du père Florida et la stérilité de l'institution qu'il représente en faisant valoir la robuste foi païenne des Incas, anciens maîtres du continent sud-américain.

Alors qu'il ne ressent que du dédain pour ces "prédicateurs de la mort" et ces "contempteurs du corps", Zarathoustra loue les âmes énergiques—les "hommes supérieurs"—qui annoncent l'avènement du Surhomme: chez les esprits créateurs, donc, il importe de mêler le sang à l'encre, de faire de la pensée une arme vivante destinée à transformer le monde. A cet égard, il n'est pas douteux que Drieu ait subi, de façon marquante, l'influence de Nietzsche dans la mesure où il tenait à rejeter le rôle traditionnel de l'intellectuel cloîtré dans son cabinet, éternel spectateur des événements, au profit de l'engagement politique. L'aphorisme de Zarathoustra, "Ecris avec du sang et tu apprendras que le sang est esprit", [48] trouve sans doute sa contre-partie dans l'aveu suivant de Felipe—l'esprit faible qui convoite la force mâle du chef: "Mais je n'étais habile qu'aux idées ou à l'action seulement dans ces moments de l'action qui sont si intenses que celle-ci s'épure et devient aussi prompte et simple que la pensée" (HC, 158). En effet, à l'exemple de Nietzsche, Drieu avait revendiqué, bien avant *L'Homme à Cheval,* le rôle dynamique de l'écrivain dans son essai, *Le Jeune Européen* (1927), dont la première partie s'intitule "Le Sang et l'encre".

En faisant l'éloge de la guerre comme stimulant des énergies humaines, Zarathoustra énonce une idée chère aux miliaristes de la fin du dix-neuvième siècle qui sera reprise d'abord par Maurice Barrès (un des maîtres à penser de Drieu) dans *L'Ame française et la guerre* (1914-1920), puis fera écho dans l'oeuvre de Drieu, surtout dans le recueil de contes, *La Comédie de Charleroi* et dans *L'Homme à Cheval.* Epris de la noble stature de Jaime Torrijos et des cavaliers d'Agreda, chevauchant en haute montagne la veille de la bataille avec les forces de don Benito Ramirez, Felipe s'exclame avec orgueil: "Ah, si tu n'as pas entendu chanter à pleine gorge des hommes qui, par la grâce de la guerre, savent enfin qu'ils allaient tous les jours à la mort, tu ne peux connaître la fugitive beauté d'être leur frère" (HC, 42).

De même que dans un autre discours de Zarathoustra ("De l'ami") le dédoublement de soi, fruit de la solitude et de la méditation, est présenté comme la forme la plus exquise de l'amitié, de même *L'Homme à Cheval* se construit autour du thème du dédoublement, mettant en opposition les deux aspects antagonistes du caractère de Drieu—le rêve et l'action—avant de les rapprocher et de les assimiler à la fin: liés indissolublement l'un à l'autre malgré leurs différences.

Dans les rapports entre le héros et les femmes, il nous paraît incontestable que Jaime Torrijos, en tant que chef militaire, partage les mêmes sentiments misogynes que Zarathoustra: aux yeux de ce dernier, la femme ne saurait remplir qu'une fonction subalterne auprès de l'homme: "L'homme doit être élevé pour la guerre, et la femme pour le délassement du guerrier: tout le reste est sottise" (Z, 80). A son tour, après avoir abandonné ses rêves d'empire, Jaime Torrijos se détourne avec amertume des femmes qu'il trouve "menteuse(s) et traîtresse(s)", préférant en fin de compte s'exiler dans le désert de l'Amazonie.[49]

C'est surtout dans le discours où Zarathoustra célèbre la victoire de l'homme sur lui-même ("Le Chemin du créateur") par l'affirmation joyeuse de sa propre volonté que Drieu, à la quête lui-même de la grandeur du chef, a dû se retrouver le plus profondément: le tracé du destin héroïque de Jaime Torrijos (l'incarnation romanesque de la volonté de puissance nietzschéenne) se dessine dans l'appréciation suivante de Zarathoustra: "...j'aime celui qui veut créer en se dépassant lui-même et qui périt ainsi" (Z, 78).

Ailleurs Zarathoustra formule avec hardiesse le concept de "l'Eternel Retour" où, contrairement à l'idée du progrès scientiste en vogue, l'histoire tout entière se retourne sans cesse sur elle-même: "Tout meurt, tout refleurit, le cycle de l'existence se poursuit éternellement" (Z, 251). S'inspirant de cette vision "cyclique" de l'histoire (qui doit beaucoup, d'âprès Nietzsche lui-même, à Héraclite ainsi qu'aux philosophes védantistes[50]), Drieu cherche à actualiser, par le rite du sacrifice du cheval de guerre, l'image de la vie qui renaît éternellement de ses cendres: "Le neuf naît de l'ancien, de l'ancien qui fut si jeune" (HC, 231). Dans la même perspective, Felipe annonce, par voie de compensation, au moment de se séparer de son maître déchu que "le temps des empires viendra" (HC, 240), que l'homme totalitaire s'affirmera en dépit de la défaite éphémère essuyée par la politique impériale de Torrijos (c'est-à-dire, par extention, que la victoire des forces démocratiques en Europe se verra un jour désavouée par la recrudescence éventuelle du mouvement fasciste).

Avec la collaboration des "hommes supérieurs", Zarathoustra organise dans sa caverne montagneuse le banquet en l'honneur du Surhomme—cet être de l'avenir qui, par le courage et la force, surgira de la masse pour imposer à la société de nouvelles valeurs créées "par delà le bien et le mal". Dans *L'Homme à Cheval*, il est bien évident que Drieu tente de faire de Jaime Torrijos une version du surhomme nietzschéen—une "belle plante aveugle" qui jaillit spontanément des entrailles populaires de la nation bolivienne afin de conférer à la vie du peuple une destinée majestueuse qui lui faisait défaut avant son passage.

Annonciateur d'une éthique anti-rationnelle, fondée sur l'énergie vitale et l'épreuve de la force, Nietzsche a pressenti dans *Ainsi parlait Zarathoustra* la désagrégation morale du monde technologique moderne ainsi que l'avènement de l'homme nouveau, affranchi de tout interdit religieux en vertu de la mort de Dieu, mais contraint de donner forme, par l'affirmation de la volonté de puissance, à cette liberté nouvellement acquise. Il va sans dire, à la lumière des correspondances établies entre *L'Homme à Cheval* et *Zarathoustra,* que Drieu a choisi délibérément de nous présenter le personnage de Jaime Torrijos sous les traits d'un membre de cette "race des seigneurs", destinée à régner sur la terre en raison de leur dynamisme inné. Ainsi donc, les cris de guerre poussés par le héros bolivien font écho, sur le plan littéraire, aux imprécations de Zarathoustra, chantre prophétique de la solitude et de la grandeur de l'homme sans dieu. En définitive, *L'Homme à Cheval* se révèle, de tous les romans de Drieu, le plus apte à s'introduire dans la lignée nombreuse de Friedrich Nietzsche.

Pour mettre au point les rapports entre Jaime et Felipe (c'est-à-dire sous l'angle du maître et disciple), Drieu s'est inspiré, selon toute probabilité, du roman de Diderot, *Jacques le fataliste,* de même qu'il est possible qu'il se soit rappelé également certains traits saillants du *Don Quichotte* au moment de tracer la physionomie de chaque protagoniste. De toute manière, il nous semble que l'intérêt manifesté par Drieu—lui-même fervent du libre-arbitre à l'instar de Nietzsche—pour l'oeuvre de Diderot relève essentiellement de l'ambiguïté des liens unissant Jacques et son maître et non pas du problème de la responsabilité de l'homme, en tant qu'être moral dans un univers pré-déterminé, qui constitue le fond philosophique de l'ouvrage. Tout comme le maître doit finalement céder le pas à son serviteur arriviste, dans un

processus d'assimilation sociale, Jaime Torrijos sera amené, à la
fin de *L'Homme à Cheval,* à se reconnaître le frère spirituel de
son compagnon-disciple, Felipe—une fois conscient de leur interdépendance essentielle.[51] Dans cette évolution romanesque vers
une sorte d'égalité de condition, Drieu a dû trouver sans doute
certaines idées relatives à la psychologie du nivellement social qui
se produit entre maître et disciple, de sorte que l'homme du
peuple, à force de briguer la place de l'aristocrate, finit par le
gagner de vitesse dans un grand déploiement d'énergie et d'intelligence.[52] A ce titre, il conviendrait toutefois de faire remarquer
que la liste des valets intrigants, rivaux de leurs maîtres, est fort
longue: en plus de *Jacques le fataliste,* il est donc concevable que
Drieu, recherchant des points de repère pour la création de ses
personnages, se soit penché sur les nombreux exemples de ces
types littéraires, si courants dans la littérature du dix-huitième
siècle, depuis Lesage jusqu'à Beaumarchais.

Quelles que soient les véritables sources de *L'Homme à
Cheval,* force nous est de constater que les éléments fictifs em-
pruntés par Drieu aux oeuvres extérieures se confondent dans
l'amalgame des traits divers dont chaque personnage est revêtu: à
mesure que la critique s'efforce d'isoler ces composantes et de
leur attribuer une origine particulière, elle a parfois tendance à
négliger les puissantes capacités d'assimilation et de refonte qui
permettent à Drieu de rendre inséparables de son propre moi ses
créations romanesques. Ceci dit, toute recherche d'une soi-disant
"clé" des personnages de *L'Homme à Cheval* nous ramène
inéluctablement au caractère protéen de l'auteur lui-même.

Etude des variantes

(1) L'état des manuscrits:

A notre connaissance, il n'existe que deux manuscrits de
L'Homme à Cheval, lesquels se trouvent actuellement dans les
archives personnelles de Jean Drieu la Rochelle, frère et exécu-
teur testamentaire de l'auteur. Puisque nous n'arrivons à trouver
les épreuves du roman ni chez son éditeur Gallimard ni dans les
archives de son frère ni entre les mains de ses anciens amis, nous
serions en droit de supposer que Drieu les ait détruites ou peut-
être jetées, n'y attachant pas d'importance.

Etant donné qu'aucun des manuscrits ne porte de date, il est impossible de préciser avec certitude le moment où Drieu les a achevés. En nous reportant aux références du journal, nous pouvons avancer, sous toutes réserves, le mois d'août 1942 comme date d'achèvement du premier jet de *L'Homme à Cheval;* pour ce qui est de la deuxième version, le manuscrit M-2, Drieu l'aurait terminée, selon toute vraisemblance, vers la fin de l'année 1942—en tout cas, pas plus tard que janvier 1943 car il annonce dans son journal, le mois suivant, la publication imminente de son roman (à ce sujet, voir plus haut "Genèse").[53]

A en juger par les références du journal ainsi que par la sûreté d'exécution dont témoignent à la fois la première ("Le Cigare de don Benito") et la dernière partie de l'oeuvre ("Le Lac Titicaca"), il semble que Drieu ait dû mener à bien le premier jet de *L'Homme à Cheval* en un laps de temps relativement restreint; puis, conformément à ses habitudes de travail, il a repris le texte dactylographié, y ajoutant de nombreuses corrections: au besoin, en vue d'élaborer une idée ou de prolonger un développement important, il a introduit à la trame du récit des passages écrits à la main sur becquets.

Dans la mesure où il existe une grande divergence entre le texte du manuscrit autographe (sans doute la première ébauche du roman) et le manuscrit dactylographié (très proche de la version définitive), il est probable qu'un troisième manuscrit ait pu s'intercaler entre les deux versions que nous possédons à l'heure actuelle, ou du moins qu'il y ait eu d'amples remaniements du premier jet.

En ce qui concerne les variantes entre le texte définitif (l'édition de mars 1943) et le manuscrit dactylographié (M-2), tout porte à croire que celui-ci serait la version que Drieu aurait livrée à son éditeur; en conséquence, toute modification textuelle serait due aux retouches que Drieu aurait apportées aux épreuves—à l'exception de l'avant-dernier chapitre du roman, "La Révolte des Indiens", dont une partie manque au manuscrit M-2. Cette lacune s'explique, semble-t-il, par le fait que Drieu, une fois la version M-2 terminée, aurait pris le parti de donner plus de relief aux rapports d'égalité établis entre Felipe et le père Florida: au cours de l'ultime confrontation entre les deux hommes de rêve, Felipe prend douloureusement conscience de leur équivalence dans le mal—idée essentielle que Drieu aurait difficilement communiquée au lecteur sans intégrer cette scène-clé à l'action, ce qu'il a pu effectuer par un simple ajout au manuscrit M-2. Ceci dit, il nous est donc permis d'affirmer que ce document représente la dernière étape dans l'évolution de l'oeuvre vers sa forme définitive.

(2) Vers un style dépouillé:

Dans leurs commentaires sur *L'Homme à Cheval*, bien des critiques ont mis en évidence (parfois à regret) le caractère sobre et dépouillé du style de cet ouvrage dont la froideur apparente contraste si vivement avec l'allure plus déliée et naturelle des autres romans de Drieu où se fait sentir, de façon moins détournée, la présence envoûtante de l'auteur lui-même (cf. *L'Homme couvert de femmes, Drôle de voyage, Gilles,* etc.). Il est vrai d'ailleurs qu'en rédigeant *L'Homme à Cheval,* contrairement à l'ampleur qu'il avait donnée à ses oeuvres dites "confessionnelles", Drieu a fait un effort conscient pour réduire au strict minimum l'expression verbale: à force de débarrasser la phrase de tout élément non-essentiel, il en vient à créer un *nouveau ton romanesque*—imbu d'un lyrisme discret et dénué d'exotisme gratuit ou d'allusions évidentes à sa vie intime. Renouant en cela avec le symbolisme onirique de son autre roman-fable, *Béloukia,* Drieu parvient, grâce au dépouillement stylistique, à établir le décor de rêve et d'abstraction qui convient à ce récit allégorique où se déroule, sur le fond d'une Bolivie mythique au dix-neuvième siècle, l'épopée solennelle de l'avènement au pouvoir du héros totalitaire.[54] Dans ce drame de l'engagement et de l'ascèse, le style tend donc à revêtir une importance singulière—il sert à canaliser les forces intérieures du roman vers le renoncement et l'exil du guerrier loin du monde, dans le dénuement de la sainteté.[55]

Afin d'élucider la manière dont s'accomplit cette technique d'épuration linguistique dans *L'Homme à Cheval,* nous nous proposons de faire une analyse comparée de certains extraits—relevés à la fois dans les deux manuscrits (M-1 et M-2) et dans le texte définitif du roman—où s'illustrent le mieux les différentes tentatives vers l'extrême concision en matière de style. A cette fin, nous n'avons retenu que les variantes susceptibles de faire valoir le mécanisme de la création artistique chez Drieu dans sa progression d'une image brute, souvent touffue et indécise, à la précision de la forme achevée.

En premier lieu, nous voudrions soumettre à l'examen les trois passages suivants (rangés par ordre de composition) dans lesquels l'auteur s'efforce de mettre au point sa conception des liens équivoques qui relient l'homme de rêve à l'homme d'action dont l'association irréductible constitue l'axe principal de l'oeuvre. Dans le premier de ces extraits, tiré du manuscrit M-1, nous voyons se dessiner l'idée de la communauté du destin qui unit, sous le signe du mystère fatal, le chef et son confident. Indécis, ne sachant encore quel sens attribuer à leurs rapports, Drieu tentera de conférer au personnage de l'homme fort, Jaime Torrijos, le caractère intuitif et puissant d'une force de la nature—soumise, toutefois, aux incitations séduisantes de la guitare de Felipe, le poète-compagnon du jeune dictateur:

> Il étendait sa chair vers le soleil de sa destinée avec une inconscience admirable. Bien sûr, il ignorait que je l'avais suscité comme il ignorait toute profondeur autour de lui; mais pourtant son instinct me conservait dans ses voies comme une mascotte, et le son de ma guitare était l'éclat mystérieux d'un talisman. (M-1)

Lorsqu'il remanie ce texte dans le manuscrit M-2, Drieu prend soin de remplacer ou de supprimer chaque mot qui ne sert pas à renforcer les attributs d'inconscience et de malléabilité chez Jaime:

> Il étendait les bras vers le soleil de sa destinée avec une inconscience admirable. Bien sûr, il ignorait que je l'avais suscité comme il ignorait toute profondeur autour de lui, du moins semblait-il, mais pourtant son instinct me conservait dans ses voies et le son de ma guitare était l'éclat d'un talisman. (M-2)

Dans la première phrase, l'auteur remplace le vocable sensuel "chair" par l'image plus évocatrice et dynamique de "bras", soulignant ainsi l'élan pris par Torrijos—cette "belle plante aveugle"—vers l'accomplissement de sa grandeur. Un peu plus loin, l'insertion de la locution qualificative, "du moins, semblait-il", nous fait part, rétrospectivement, de cette évidence dont Felipe, l'être contemplatif, prendra conscience à son tour: l'homme d'action est doué d'une puissance d'assimilation qui lui permet, en absorbant les pensées de l'homme de rêve (c'est-à-dire Felipe), de s'affranchir dès lors de la dépendance intellectuelle à laquelle il se voyait astreint au début de leur amitié. Ce que Felipe avait pris pour de l'ingénuité dans la conduite de Jaime n'était au fond que la torpeur d'un esprit asservi aux passions du moment—susceptible, néanmoins, de s'élancer brutalement vers la gloire sous l'impulsion des idées ambitieuses de son compagnon—l'homme "délicat" en quête de la puissance mâle du chef.

Dans le texte définitif du roman, Drieu arrive donc à parfaire le sens qu'il voulait conférer aux rapports de réciprocité et de dépendance mutuelle entre l'homme d'action et l'homme de contemplation. Au lieu d'établir—ainsi qu'il le faisait dans les deux versions intérieures—l'état d'infériorité de Jaime envers Felipe, Drieu finit par créer une certaine ambiguïté quant à la nature de leur association lorsqu'il élimine du texte la bribe de phrase où Felipe affirmait que c'était lui qui avait donné naissance à l'essor de Jaime Torrijos:

> Il étendait les bras vers le soleil de sa destinée avec une inconscience admirable. Bien sûr, il ignorait toute profondeur autour de lui, du moins semblait-il, pourtant son instinct me conservait dans ses voies et le son de ma guitare était comme la lueur prometteuse d'un talisman. (HC, 20)

A mesure qu'il tâche de rendre moins précise l'essence des liens rapprochant les deux protagonistes par l'omission de la proposition, "que je l'avais suscité . . .", Drieu s'efforce également de nuancer le caractère du rôle de mentor dévolu au poète-guitariste en mettant l'image de "la lueur prometteuse" à la place du terme moins suggestif, "l'éclat", qui s'accorde mal avec l'ambiance mystérieuse évoquée par le mot "talisman".

D'après ces trois versions du même passage, il est évident que Drieu, en tant que romancier, apporte le plus grand soin à l'expression des moindres subtilités de sa pensée. Cette recherche d'une parfaite coïncidence entre la forme et le fond de l'oeuvre s'oppose aux jugements défavorables formulés par ceux qui reprochaient à Drieu—surtout dans les années trente—d'avoir abusé de sa facilité créatrice en livrant à son editeur des manuscrits à moitié achevés dont il se serait lassé. Contrairement à cette légende d'insouciance en matière de composition, L'Homme à Cheval se révèle une oeuvre habilement conçue et façonnée selon une très sûre connaissance des procédés de narration. Dans une large mesure, cette quasi-maîtrise de l'art romanesque se manifeste dans la façon dont l'auteur a su rythmer chaque phrase en fonction de l'idée directrice de l'ouvrage: l'union indissoluble de l'homme d'action et l'homme de rêve.

Un autre passage, tiré du manuscrit M-2, témoigne à son tour du même souci d'amenuisement stylistique chez Drieu, exercé toutefois dans un sens qui va à l'encontre de sa technique d'analyse habituelle. Conformément à la pure tradition du roman psychologique, Felipe, le narrateur, procède à une auto-interrogation assidue au cours de laquelle il passe en revue, dans un développement rigoureusement enchaîné, toutes les péripéties de l'énigme soulevée par le spectacle de danse humiliant que Conception, la maîtresse indienne de Jaime, avait infligé aux aristocrates de La Paz. Drieu évite toutefois de retomber dans l'ornière d'un procédé narratif rebattu, et il prend le parti, dans la version définitive, de supprimer ce long discours intérieur en vue de reporter la force de l'exposition sur les gestes et paroles de Camilla, l'aristocrate délaissée par son amant d'un jour, Jaime Torrijos:

J'avais l'obligation tacite vis-à-vis de Camilla de lui faire connaître les véritables sentiments de Jaime à son égard. Aussi dès le lendemain matin, je [me rendis] retournai à sa haute maison.

/ / Pendant la nuit, j'avais fait le compte de tout ce que j'avais appris et je m'étais aperçu qu'on ne m'avait pas livré tous les éléments de la situation telle qu'elle s'était dénouée—ou avait semblé se dénouer—après les danses de Conception. Ce que Jaime avait dit à Camilla faisait allusion à des faits qui ne m'étaient pas expliqués. Pourquoi mettre en avant Conception, alors que ce n'était pas elle qui avait été déterminante aussi bien d'après le récit de Camilla que par celui de Jaime?

[La réponse de] Là-dessus Camilla n'était pas plus claire non plus que Jaime.

Ceci me permit de dire à Camilla en guise d'entrée en matière:

—Il m'est difficile d'être utile à l'un et à l'autre dans cette affaire, car je n'ai pas une connaissance suffisante des circonstances. D'ailleurs, inutile de m'en conter plus. La décision de Jaime restera inébranlable.

J'étais décidé à lui faire un récit exact et cru de ma conversation avec Jaime, la cruauté étant la charité./ /

Pendant que je lui parlais, je voyais qu'elle tombait des nues. (M-2)[56]

Là où d'ordinaire il aurait conservé, voire approfondi, l'examen patient de tous les méandres d'une situation identique, Drieu se décide à supprimer la longue rumination de Felipe, confiant ainsi aux réactions de Camilla le soin de laisser deviner ce qu'auraient pu être à ce sujet les réflexions de ce dernier. Tout le passage compris entre "pendant la nuit . . ." et " . . . étant la charité" se résume avec éclat dans la simple tournure: "elle tombait des nues". En abrégeant l'étendue de la narration de cette manière—c'est-à-dire par le truchement d'une ambiguïté savamment dosée—Drieu réussit à accélérer l'allure du récit. Dans la mesure où les mobiles furtifs des personnages ne sont qu'à demi sondés, l'action se déroule de façon à traduire à la fois l'indécision et la hâte du guitariste qui cherche, à tâtons, le fil directeur des événements dont le sens profond lui échappe.

Dans sa peinture du père Florida, l'adversaire de Felipe, Drieu préfère recourir à l'abstraction du détail concret, comme en témoignent les deux remaniements du portrait qui précèdent la version définitive. A en juger par la netteté et le relief donnés aux traits physiques dans l'extrait suivant, il est fort possible que Drieu se soit d'abord inspiré d'un modèle précis, selon ses habitudes, pour créer son personnage.[57] Au fur et à mesure des modifications apportées à la figure primitive de Florida, religieux intrigant et machiavélique, la précision du dessin s'atténue, l'attention du lecteur se porte sur le regard du père et non plus sur sa physionomie elle-même. De cette manière, ce qui était au début le portrait d'un être particulier, croqué sur le vif, se ramène, dans le texte définitif, à la présence stylisée d'un esprit maléfique:

> Il vint vers moi avec son oeil énorme, sombre. . . (mot illisible dans le manuscrit) de pointes de feu qu'il portait dans une bourse de chair bistrée et fripée. L'autre oeil, on ne le voyait pas, car il s'avançait toujours vers vous presque de profil, jetant en avant sa main droite comme pour vous écarter. (M-1)

Dans la deuxième version de ce portrait, toute allusion à l'excentricité du geste disparaît, le visage tout entier s'efface devant l'effet éblouissant du regard de l'homme:

> . . . je vis dans le grand oeil du Père Florida, un oeil d'éperdu casuiste rempli d'acuités brûlantes comme clous dans le feu, que quelque police lui avait déjà rapporté ma liaison avec Jaime. (M-2)

La version définitive n'amène que quelques changements de détail: le caractère pénétrant de l'oeil se charge d'un surcroît de traits lumineux, animé par l'intelligence sournoise du prêtre mondain:

> . . . je vis dans le grand oeil du Père Florida, un oeil sombre rempli par la casuistique d'acuités brûlantes comme des fers chauffés à blanc sous les charbons, que quelque police lui avait rapporté ma liaison avec Jaime. (HC, 17)

De même que Drieu cherche à donner au père Florida un caractère flou et menaçant, enrobé de mystère, de même il tente d'élever l'homme Torrijos à un niveau surhumain, libéré des angoisses et des faiblesses qui affligent ses inférieurs. Dans le passage suivant, nous trouvons un exemple précis de cette tentative d'ennoblir—en la rendant moins barbare—la figure de Torrijos, conspirateur fougueux, en éliminant certains traits vulgaires:

> Jaime se mit à dessiner avec un crayon si brutal que le papier crevait et que la future action apparaissait comme une chiure de mouche. Alors, agacé, Jaime d'un revers de main balaya la table et sortant un poignard de sa botte balafra la table. Conception applaudit; elle aimait qu'on gâchât toute chose. (M-2)

En ôtant au texte définitif les deux dernières phrases de l'alinéa cité ("Alors, agacé . . . toute chose"), Drieu prend soin de ne pas surcharger son personnage d'incartades grossières ou infamantes. Parce qu'il refuse d'envelopper Jaime d'un exotisme factice, digne d'un *caudillo* d'opérette, l'auteur finit par créer une présence symbolique qui s'érige en chef nietzschéen, dominant de haut l'humanité moyenne.

Cet autre épisode, tiré du manuscrit M-2, témoigne lui aussi de la manière dont Drieu a procédé à une sorte d' "assainissement" des rapports troubles établies entre Jaime, le Protecteur de la Bolivie, et Felipe, son émissaire et *alter-ego:* une fois matée la révolte des Indiens (fomentée par les adversaires du régime populaire de Torrijos), l'animosité hargneuse qui s'est déclarée entre les deux amis est remplacée, chez Jaime, par l'attitude noble et détachée propre au chef légendaire qui se doit de surmonter ses émotions. En proie d'abord aux affres de l'inquiétude suscitée par sa méfiance envers Felipe, dont il lui arrive de mettre en doute la fidélité, l'homme fort se transforme, dans la version définitive du roman, en puissance inébranlable, maître absolu de lui-même (les phrases mises entre parenthèses ne figurent pas dans le texte définitif):

> Quand même, une grande tristesse tombait sur moi. (Je voyais que la vie, pour durcir tout à fait Jaime, devait le durcir aussi contre moi.)

> —Que vas-tu faire de Belmez?

> (—Cela, je vais voir, dit-il en sursautant comme s'il craignait mon indiscrétion.)

Dans le texte définitif, nous trouvons à la place de la dernière réplique donnée ci-dessus la déclaration suivante:

> —Tu verras, dit-il, avec son grand calme. (HC, 183)

Et encore, dans le manuscrit M-2:

> (Je devinais quelle mouche le piquait et je ne me refusai pas à ajouter à la piqûre:)

> —Crois-tu vraiment que Camilla était au courant de toute cette action de son beau-frère?

> (Il marqua de l'amertume, mais l'amertume se dilua en ironie:) (M-2)

Dans la version définitive, la phrase précédente a été remplacée par:

> Rien ne pouvait le départir de son grand calme. (HC, 183)

Ainsi dans ce passage extrait du manuscrit M-2, partout où se trouve la moindre allusion à la rancune que ressent Jaime envers Felipe, Drieu s'arrange pour l'atténuer ou la supprimer au profit de l'image d'un chef désabusé mais tranquillement conscient de la perfidie de sa maîtresse, Camilla, et du complot qu'elle a mené contre son régime. Malgré l'existence d'une rivalité amère qui mettait aux prises l'homme d'action et l'homme de rêve dans les versions primitives du roman, Drieu a préféré, dans le texte définitif, différer toute diminution de la grandeur de l'homme fort jusqu'à la dernière partie de l'oeuvre, "Le Lac Titicaca", où enfin les deux camarades d'armes se reconnaissent inextricablement liés l'un à l'autre. A la manière du père Florida, réduit au seul attribut du regard brûlant, Jaime Torrijos, à son tour, subit le même processus d'abstraction en passant du stade d'être fougueux, en chair et en os, au rang du héros national—incarnation suprême de la volonté du peuple bolivien: "le corps d'un cavalier . . . l'âme d'un solitaire . . . l'esprit d'un chef" (HC, 204).

D'après notre étude des variantes des manuscrits de *L'Homme à Cheval,* il paraît évident que Drieu s'est donné pour tâche majeure de réduire les divers traits de chacun de ses personnages à l'expression d'une force unique—leur donnant ainsi une cohérence purement symbolique. De même qu'il essaie, sur le plan stylistique, d'établir une tonalité floue adaptée au cadre du récit par le resserrement de la phrase, de même Drieu s'efforce, en réduisant le personnage à son élément fondamental, de créer un être aux contours incertains—une vague présence, animée d'une force intérieure et détachée de toute prise directe sur la réalité.

Dans ce roman-fable où l'engagement du héros fait place à son ultime exil dans le désert de l'Amazonie, le caractère détaché et indécis de la narration sert à structurer cette lente progression vers l'ascèse du saint par delà l'effondrement du rêve totalitaire. En dernière analyse, l'adoption dans *L'Homme à Cheval* d'un style dénudé et abstrait ne constitue pour Drieu qu'un *nouveau mode d'auto-interrogation destiné à éclairer le fond obscur d'une conscience toujours en quête d'équilibre et d'unité.*

(3) Deux versions annulées: deux tournants

A force de dépouiller les quelques remaniements de *L'Homme à Cheval,* nous en venons à discerner, à travers les multiples changements de fond et de détail, deux grands "tournants" dont chacun constitue, à sa manière, l'amorce d'une nouvelle orientation de l'action romanesque, qui sera très vite abandonnée pour des motifs que nous chercherons à préciser. En fait d'épisodes supprimés, nous nous proposons d'analyser la première version annulée de "Doña Camilla Bustamente" ainsi que la version primitive de "*La* Révolte des Indiens" à seule fin de mettre en lumière le processus de sélection et d'assimilation artistiques tel qu'il s'opère dans l'élaboration de *L'Homme à Cheval.*

A ce sujet, il est intéressant de constater que Drieu avait tendance—surtout dans ses romans de longue haleine (cf. *Gilles* et *Rêveuse bourgeoisie*)—à réaliser avec éclat la première partie de l'oeuvre, suscitant l'admiration unanime des critiques; et pourtant, à en croire ses détracteurs, la force de l'imagination tendait à s'affaiblir dans les chapitres suivants de sorte que l'auteur, par lassitude ou même par manque de vrai souffle narratif, se résignait souvent à mettre fin au roman de façon purement expéditive (en effet, la soi-disant "facticité" de la dernière partie de *Rêveuse bourgeoisie* a déjà fait couler beaucoup d'encre). Aux dires de ces lecteurs désabusés, donc, l'élan créateur du romancier Drieu s'inscrirait dans une courbe montant en flèche, atteindrait prématurément son apogée, puis, au milieu de l'oeuvre, ferait une chute abrupte et achèverait sa trajectoire à la fin du roman.

Pour injuste qu'elle soit à plusieurs égards (les exceptions ne manquent pas), une telle appréciation n'est pas entièrement dénuée de fondement quant à la composition de *L'Homme à Cheval*. Comme dans *Gilles* (i.e. "La Permission"), la première partie de *L'Homme à Cheval* constitue, par rapport aux épisodes ultérieurs, une unité presque autonome susceptible d'être détachée de l'ouvrage et publiée à part. Drieu lui-même semble avoir pris conscience de cette qualité d'indépendance dramatique car il intitule chaque partie du premier jet "nouvelle"—titre qu'il décide toutefois d'abandonner dans la version définitive du roman. En effet, il est possible que l'épisode, "Le Cigare de don Benito", ait été rédigé d'une seule traite—à en juger par la grande sûreté d'exécution dont témoignent de nombreux feuillets du manuscit M-1 qui ne portent aucune rature. Par ailleurs, en lisant la première version annulée de "Doña Camilla Bustamente" (laquelle appartient au premier jet du roman), nous avons nettement l'impression que la force de l'inspiration—si évidente dans la partie précédente—commence à baisser. Drieu, semble-t-il, s'en aperçoit, renonce péremptoirement à cette version jugée inacceptable (voir plus haut "Genèse") et repart à zéro dans un tout autre sens, se contentant d'incorporer à la version remaniée certains attributs de la première ébauche qu'il avait rejetée.

Dès que nous mettons en parallèle la version primitive de "Doña Camilla Bustamente" et sa forme définitive, la grande disparité entre les rôles dévolus aux personnages principaux se fait remarquer de façon tranchante. Au lieu de masquer sa passion pour Camilla sous les apparences d'un compagnon-amateur de musique (comme c'est le cas dans le roman proprement dit), Felipe ne tarde pas, une fois introduit dans la maison "Oporto", à devenir l'amant de "Sephora", nom attribué à la première version de Camilla.[58] En proie à des accès de jalousie et d'orgueil, les deux amants se disputent sans arrêt; en conséquence, la misogynie latente de Felipe éclate sous une forme virulente: " . . . il n'y a rien à comprendre en une femme, pas plus que d'une touche de couleur ou un son isolé" (M-1). Contrairement à l'empressement dont il fait preuve auprès de Camilla dans le texte définitif, Felipe se lasse vite de sa maîtresse et se met à courir les mauvais lieux en quête de distractions et d'aventures.

De même, il existe un certain décalage entre le portrait imprécis que Drieu a tracé du personnage de Sephora/Camilla dans l'épisode primitif et la représentation achevée du texte définitif. En premier lieu, Drieu met l'accent, dans le manuscrit M-1, sur l'ascendance juive de Sephora—frôlant, de cette manière, l'anti-sémitisme dont ses oeuvres antérieures portent l'empreinte (cf. *Drôle de voyage* et *Gilles,* en particulier). A vrai dire, l'absence de toute référence aux Juifs dans le roman lui-même—vu le soin que Drieu avait mis à établir l'héritage israélite de l'héroïne dans le manuscrit M-1—constitue, à notre sens, un des points obscurs de la composition de *L'Homme à Cheval.* Il se peut donc que Drieu, très dépité à l'égard de la politique européenne de l'Allemagne dans les derniers mois de 1942 (l'époque où Drieu mettait sans doute la dernière main à son oeuvre), ait tenu à manifester par cette omission sa désapprobation envers l'hitlérisme et son extrémisme raciste.[59]

Alors que Camilla est censée (d'après le texte définitif de *L'Homme à Cheval*) avoir pris des amants au cours d'un voyage en Europe, Sephora se voit liée—dans la version primitive de l'épisode—à un homme de son pays bien avant sa liaison avec Felipe; celui-là s'entête à vouloir assister à l'enterrement de sa première femme, contre le gré de Sephora, ce qui finit par provoquer leur rupture. De toute évidence, ce dépit amoureux a été refondu, puis réintégré à la trame du récit juste au moment où Jaime est amené à se brouiller avec Camilla pour des motifs semblables: en dépit de l'opposition violente de Camilla, Jaime décide de se rendre au chevet d'une Conchita malade, mettant fin par ce geste à leur entente. De cette manière, Drieu parvient à transformer en confrontation majeure ce qui n'avait tout d'abord qu'une valeur minime sur le plan dramatique.

Contrairement aux raisons politiques et affectives avancées par Felipe en faveur d'un rapprochement entre Jaime et Camilla dans la version définitive du roman, c'est par désir de vengeance que Felipe se propose, dans le manuscrit M-1, de jeter Jaime dans les bras de Sephora, laquelle jalouse profondément le rôle d'éminence grise que tient Felipe auprès de son chef. Enervé par les tracasseries incessantes de Sephora au sujet de ses ambitions politiques, Felipe rêve, par conséquent, de se débarrasser de sa maîtresse, devenue vulgaire et inopportune. Sous cet angle, donc, Felipe se met sur un pied d'égalité avec l'aristocrate hautaine, tandis que, dans le texte définitif, il n'ose jamais, par excès de timidité, la contrarier ou même lui avouer son amour—étant contraint de vivre dans l'ombre de l'homme fort, victime également de sa laideur qui lui interdit l'intimité des belles femmes et le voue à la musique par compensation.

De même que les liens entre Felipe et Sephora se tendent jusqu'à la rupture, de même les rapports établis entre Felipe et Jaime (dans la version annulée du chapitre) vont s'affaiblissant, tournant à la méfiance et au dédain. Selon Felipe, leur amitié cède la place à une antipathie naissante: "Il faut dire d'ailleurs que depuis la nuit d'Aguadulce ses dispositions à mon égard, qui avaient longtemps fondées (sic) sur une indifférence amicale compliquée d'attachement superstitieux, s'étaient muées en une répulsion rancunière qui n'était pas bien différente de celle que j'éprouvais" (M-1). Il s'ensuit donc que la fonction dramatique remplie par Felipe est loin d'être celle qu'il exerce dans le texte définitif—où il se révèle le confident, voué corps et âme à la gloire de son maître. Dans cette première version, au lieu de s'épanouir sous la tutelle bénévole de son mentor, Jaime s'enferme dans une bouderie hargneuse qui ne fait qu'élargir le fossé d'incomprehension qui les sépare. D'après les données de cette ébauche de "Doña Camilla Bustamente", il paraît évident que Drieu avait conféré (inconsciemment peut-être?) à Felipe trop d'autonomie en tant que rival de Jaime, alors qu'il aurait dû présenter l'homme de rêve sous un jour moins indépendant, plus lié à la destinée de celui qui était effectivement la moitié de lui-même. Tout compte fait, c'est sans doute en vue de rectifier ce déséquilibre romanesque entre l'homme d'action et l'homme de rêve que Drieu a repris cet épisode, reléguant Felipe à un rôle secondaire, celui d'émissaire auprès des pouvoirs établis—médiateur ardent mais peu efficace entre la montée des forces populaires (c'est-à-dire l'accession au pouvoir de Torrijos) et la décadence de l'aristocratie bolivienne.

Ainsi que notre étude stylistique des variantes de *L'Homme à Cheval* nous l'a révélé, Drieu a tout d'abord eu l'intention de revêtir Jaime Torrijos d'un caractère barbare, sinon amoral, de faire de lui une sorte de brute mal dégrossie, livrée aux plus bas instincts à l'imitation de son modèle historique, Melgarejo; puis, se ravisant, il a élevé son personnage au-dessus des petitesses du vulgaire en en retraçant un portrait plus héroïque, plus conforme en somme à la tâche révolutionnaire qu'il doit entreprendre: restaurer la grandeur impériale d'autrefois de la race des Incas. Dans la version annulée de "Doña Camilla Bustamente", fort de son pouvoir absolu en qualité de Protecteur de la Bolivie, Jaime exige que tous ceux qui ont pris part au meurtre de don Benito Ramirez, y compris Felipe, s'avouent tout aussi coupables de sa mort que lui-même, le véritable assassin: selon le nouveau dictateur, donc, pour se montrer solidaires les uns des autres, il faut être liés dans le mal comme dans le bien. D'ailleurs, afin de s'assurer que personne ne puisse dénoncer l'auteur de l'assassinat, Jaime se décide à massacrer ses compagnons d'armes (avec l'aide de Felipe) alors que, d'après la version définitive de *L'Homme à Cheval,* les soldats d'Agreda (les gardes du corps de Torrijos) ne divulguent jamais le secret de ce jour néfaste. A ce propos, il est intéressant de voir se découper sur le fond ténébreux de la guerre et ses atrocités le spectre de la culpabilité et de la trahison—deux thèmes qui trouveront leur pleine expression dans le roman suivant, *Les Chiens de paille,* bilan de la collaboration et du rôle que Drieu y avait joué.

Bien que don Benito, dans le texte définitif, convoque Felipe au palais présidentiel pour "éprouver son monologue avec lui-même" (HC, 29)—c'est-à-dire avec l'être contemplatif qu'incarne Felipe—cette rencontre entre le vieux chef et l'émissaire de son rival suscite chez celui-ci, dans la première version de "Doña Camilla", de profondes réflexions quant aux véritables motifs du Protecteur: "N'avait-il pas un peu arrangé sa propre perte et ne m'avait-il pas invité comme témoin de sa tentation d'être défait et délivré?" (M-1) Dans cette perspective, Felipe finit par remplir la fonction de catalyseur dans la déchéance de don Benito dont l'immolation aux mains de Torrijos, le nouveau tyran, s'accomplit conformément au rite millénaire de rénovation politique par le recours à la force. De même que Judas (d'après l'interprétation de Drieu dans *Les Chiens de paille*) prit le parti de livrer le Christ aux autorités romaines non par haine mais par nécessité, de même Felipe se voit contraint de précipiter la mort de don

Benito en servant de guide à Jaime dans la nuit d'Aguadulce, conscient à tous moments du caractère irréparable de son geste. A l'exemple du Christ, en effet, don Benito Ramirez (dans la version primitive) se doute que c'est Felipe, son admirateur et son âme soeur, qui le vendra à ses ennemis; en conséquence, la convocation de Felipe au palais ne sert, aux yeux de don Benito, qu'à accélérer l'inévitabilité de sa propre mort: sa perte se consommera par l'adversaire qui lui ressemble le plus: "le seul ennemi qui pouvait vraiment le perdre, car le seul qui l'aimait" (M-1).

Selon Drieu, qui dans les dernières années de l'occupaton avait longuement médité sur le rôle de Judas auprès du Christ, le disciple aurait voulu que Jésus devînt roi des Juifs pour triompher sur les forces conservatrices de la société et pour insuffler un nouveau dynamisme aux structures désuètes du pays. Dès qu'il s'aperçut, toutefois, que le royaume dont parlait le Christ n'était point celui qu'il avait envisagé lui-même, Judas—en tant que fervent de la volonté de puissance (cf. *Les Chiens de paille*, p. 148)— aurait décidé de vendre le Messie aux Romains pour que s'accomplît son destin véritable: fils d'un peuple vaincu, rejeté en marge de l'histoire, Judas n'avait aucun autre moyen que la trahison pour agir sur les hommes et mettre fin à leur servitude en leur ouvrant la perspective d'une existence nouvelle. Dans *Les Chiens de paille,* Drieu s'explique ainsi sur la dénonciation du Christ par Judas: "Judas renonçant à faire de Jésus un roi, se résignait à en faire un dieu: n'y avait-il pas là une terrible déchéance?"[60] De même que Judas aurait cherché à justifier sa perfidie sous le prétexte que la mort du Christ était la seule façon d'assurer le rayonnement de son idéologie, de même Drieu, qui s'était retrouvé en Judas, aurait conçu sa propre trahison de la France comme une démarche indispensable à la rénovation des vieilles institutions du pays au sein d'une Europe unifiée sous l'hégémonie de l'Allemagne hitlérienne. A ce titre, le rôle que Drieu avait joué comme collaborateur et militant fasciste se caractérisait—à ses yeux au moins—par le désir ardent de revivifier l'âme des Français en laissant s'achever la destruction d'un républicanisme suranné, atteint de décadence et mal adapté aux exigences de l'homme totalitaire.[61]

A la lumière de cette analyse de la première version annulée de "Doña Camilla Bustamente", nous voyons mieux se dessiner les contours narratifs que Drieu aurait songé, dans un premier temps, à donner à *L'Homme à Cheval;* et pourtant, au lieu d'approfondir la question de la trahison soulevée par le dialogue entre Felipe et don Benito, Drieu se contente, semble-t-il, de détourner l'intérêt du récit vers la nécessité du sacrifice rituel: dans l'univers des chefs, le sang versé par les tyrans vieillis sert à consacrer l'avènement au pouvoir de la nouvelle génération d'hommes forts. La mort de don Benito, se justifie donc dans la mesure où elle sert à revigorer la puissance du chef qui lui succède, puisque la légitimité du règne se détermine par l'épreuve de la force. Alors que Drieu aurait sans doute eu envie de dresser, face à un Jaime satanique, la voix angoissée de l'homme de rêve, rongé par le remords, il a préféré, en dernière analyse, établir une équivalence morale entre les deux compagnons, faisant taire de ce fait tout sentiment de culpabilité à l'égard de la collaboration.[62] De cette manière, *L'Homme à Cheval* constitue pour Drieu une oeuvre de compensation dans laquelle il s'acharne à conférer un dénouement idéal à l'aventure tragique du fascisme—tout en étant conscient des séquelles funestes qu'entraînerait sa propre adhésion au mouvement.[63]

A la différence des relations entre les personnages dans le texte définitif du roman, la première version de "La Révolte des Indiens" donne beaucoup plus de relief aux rapports ambivalents qui s'établissent entre Felipe et le père Florida (s'accordant au développement du premier épisode de "Doña Camilla") qu'aux liens qui rattachent Felipe à son maître, Jaime Torrijos. En effet, l'examen attentif des brouillons nous a fait prendre conscience du fait que le grand thème de l'union indissoluble de l'homme d'action et l'homme de rêve ne serait, à proprement parler, que le fruit des remaniements ultérieurs du texte. Il nous semble par ailleurs que l'auteur, peu sûr encore de sa matière, s'évertue à isoler les forces directrices de l'action à travers ces péripéties disparates en vue de trouver le centre de gravité autour duquel il serait possible de dresser l'armature définitive de l'oeuvre.

Hormis ces tentatives pour mettre en équilibre les structures de base de *L'Homme à Cheval,* nous pouvons de plus discerner le souci de renforcer les attaches politiques et historiques du cadre romanesque par rapport à l'actualité européenne: sur un ton presque dithyrambique, Felipe discute des affinités qui existent entre la rénovation de la religion inca et la naissance du mouvement socialiste en Europe dans le but d'établir une filiation directe entre le drame du dictateur bolivien et le sort du national-socialisme: "(. . .) il y a eu une grande religion, celle des Incas, qui a possédé tous les trésors de l'esprit et des trésors sans doute plus profondément précieux que la religion de Rome qui a perdu ses sources. Il y a donc par là un chemin merveilleux pour renouer avec la tradition de cette terre ruinée et nouer à cette tradition ce mouvement nouveau de socialisme qui s'étend en Europe et qui finira par atteindre notre continent" (M-1). Néanmoins, dans le texte définitif de *L'Homme à Cheval,* Drieu renonce à toute allusion évidente à la politique européenne de l'époque au profit d'un parallèle ferme mais voilé entre l'épopée fabuleuse du chef Torrijos et la trajectoire du mouvement fasciste.

Dans cet épisode annulé de "La Révolte des Indiens", tout tend, sur le plan dramatique, vers la guerre prochaine avec le Chili en vue d'obtenir un accès à la mer: dans le texte définitif du roman, par ailleurs, cet incident perdra de sa valeur, se trouvant réduit à un rôle épisodique, tandis que la conjuration des aristocrates contre le régime de Torrijos, menée par Camilla elle-même, prendra une importance essentielle.

Sous un autre rapport, nous voyons se profiler, de façon rudimentaire, dans la première version du chapitre, l'idée du sacrifice et du martyre dans ces propos tenus par Felipe à Camilla: "Vous ne pouvez reconnaître la loi des hommes, n'être qu'une femme qui fait des enfants pour que plus tard ils soient tués dans les guerres et dans les révolutions. Le sacrifice du sang au soleil, qui est l'antique religion de nos Indiens" (M-1). C'est dire que la guerre, ultime épreuve de la puissance et de la virilité de l'homme, réclame sa suffisance de vies humaines de même que les Incas, maîtres du continent sud-américain, offraient leurs victimes aux divinités solaires comme source de revigoration spirituelle. Tout bien considéré, l'idée du sacrifice rituel du héros totalitaire—déjà formulée en partie par la mort de don Benito—ne s'affirmera pleinement que relativement tard dans l'évolution de l'oeuvre, exception faite de l'image héroïque du guerrier se précipitant au-devant de la mort dans un acte d'immolation gratuite—telle la charge de cavalerie de la première partie, "Le Cigare de don Benito". Ceci dit, il est fort possible que Drieu, qui n'aurait eu d'abord que l'intention de composer une sorte de panégyrique de l'homme fort, doublé de la quête du moi (voir le chapitre suivant), ait fini par concevoir le roman tout entier sous l'angle d'une apologie de son engagement personnel en matière politique—à la fois désillusion quant à la valeur régénératrice du fascisme et réaffirmation de ses croyances en un monde totalitaire (à ce propos, il convient de nous rappeler que Drieu se trouvait, au moment de la Libération, plus disposé à s'entendre avec le communisme russe qu'avec les démocraties républicaines des Alliés).

En dernière analyse, la version primitive de "La Révolte des Indiens" témoigne, hélas, d'une certaine hâte dans la rédaction, entraînée sans doute par le besoin urgent d'établir les grandes lignes de l'épisode au détriment de l'élégance du style; par conséquent, au lieu de s'emboîter dans l'action de la partie précédente (comme c'est le cas dans la version définitive), les incidents se succèdent un peu au hasard, reflétant en cela la précipitation de l'écrivain. Il en résulte inévitablement que les personnages manquent de relief et de vraisemblance, que le dialogue se charge d'un ton emprunté et terne où le discours tend à l'emporter sur la vivacité et la spontanéité des paroles—à l'exception, bien entendu, de quelques passages isolés où s'accusent des traits brillants.

Nettement inférieure à la première ébauche de "Doña Camilla Bustamente" (laquelle, à son tour, n'est pas à la hauteur du "Cigare de don Benito"), la version annulée de "La Révolte des Indiens" traduit par ses tâtonnements l'incertitude de l'artiste qui s'acharne à canaliser les lignes de force du roman vers un dénouement à peine déterminé. Examinée sous cet angle, plus encore que les autres variantes dépouillées, la première version de "La Révolte des Indiens" a le mérite de nous faire connaître, à l'état brut, le mécanisme quelque peu inégal de l'inspiration romanesque chez Drieu la Rochelle.

L'HOMME A CHEVAL

Notes

[1]*Journal,* inédit, 23 avril 1942.

[2]Au sujet des rapports entre Drieu et Alfred Métraux, voici ce que raconte Mme Ocampo dans sa lettre: "Connaissant Alfred Métraux et son imagination, je soupçonne que c'est plutôt lui qui a dû raconter à Drieu des histoires plus ou moins véridiques sur les indigènes du pays (Argentine et Bolivie). J'aimais beaucoup Métraux et si je dis 'plus ou moins véridiques' c'est simplement parce que je me rappelle des histoires racontées par lui (il ne s'agit pas des Indiens qu'il étudiait le plus sérieusement du monde)." (lettre datée du 1er février 1971)

[3]Citons, à titre d'exemple, les vers suivants tirés de "Paroles au départ": "Et le rêve et l'action/ Je me payerai avec la monnaie royale frappée à croix et à pile du signe souverain./ La totale puissance de l'homme il me la faut" (*Interrogation* [Paris: Gallimard, 1917]).

[4]On pourrait—presque à volonté—multiplier les exemples des préoccupations "fascisantes" avant la lettre (dont Drieu lui-même était pleinement conscient à l'époque de *L'Homme à Cheval*); il suffira, à cet égard, de ne signaler que les oeuvres les plus richement pourvues d'indices de ce genre: *Interrogation* (1917); *Fond de cantine* (1920); *La Suite dans les idées* (1927); *Le Jeune Européen* (1927).

[5]*Journal,* 20 mai 1942.

[6]Nous reviendrons plus amplement sur la question du choix de la Bolivie comme lieu d'intrigue aux chapitres II et III.

[7]Il s'agit, bien entendu, de l'année 1942 et non pas de l'année 1943 comme pourrait nous le faire croire l'inscription du journal. Pour ce qui est de la fonction remplie par un journal intime, il est frappant de constater l'attitude de Drieu à l'égard de ce mode d'introspection si cher aux moralistes français: au lieu d'être un moyen de voir plus clair en lui-même (rôle qu'il semble avoir attribué à ses romans), l'acte de tenir un journal tiendrait davantage pour Drieu à un aveu de faiblesse—l'ultime épuisement de la sève créatrice, donc, signe de décadence: "C'est une grande faiblesse que de tenir son journal au lieu d'écrire des oeuvres. Quel aveu chez Gide qui y a concentré peut-être le meilleur de lui faute de trouver en lui-même quelque chose de meilleur que ce meilleur pour en faire des romans ou des pièces. Quel aveu sur la fin de la littérature française" (*Journal,* 18 septembre 1941).

[8]*Les Chiens de paille,* l'avant-dernier roman de Drieu, parut en 1944 (mis au pilon par les autorités du gouvernement provisoire après la Libération; réédité en 1964); *Le Français d'Europe,* comprenant les articles mi-littéraires mi-politiques de la *Nouvelle Revue Française* ainsi que les

éditoriaux de *Révolution Nationale* (dirigée par Lucien Combelle, son "dernier copain"), date de la même année; *Charlotte Corday*, pièce composée en 1939-40 et qui fut jouée en 1941 en zone libre; *Le Chef,* l'autre pièce publiée avec *Charlotte Corday* en 1944, fut joué en 1934, l'année de la conversion de Drieu à l'idéologie fasciste.

[9]Nous nous proposons de ne relever que les références du journal qui traitent des grands thèmes du roman afin de mettre en relief, par ordre chronologique, l'élaboration de ces conceptions au cours des années qui précèdent la rédaction de *L'Homme à Cheval.* Nous reviendrons au chapitre II sur la thématique de l'oeuvre.

[10]Citation de Drieu tirée d'un résumé de *L'Homme à Cheval* qui figure dans l'oeuvre de Frédéric Grover, *Drieu la Rochelle* (Paris: Gallimard, 1962), p. 164.

[11]Dans l'article, "Entre l'hiver et le printemps" (*N. R. F.,* avril 1942), Drieu raconte comment son amour de la force l'entraîne à se désolidariser du sort de la France vaincue—toujours désireuse, pourtant, d'autonomie nationale—en vue d'embrasser la constitution d'une Europe fédérale sous la bannière fasciste. Il incombe donc à l'écrivain-prophète qu'il s'imaginait être de dévoiler au peuple, bercé d'illusions, toute l'étendue de son malheur: ". . . ces prophètes, ces hommes qui ont le sens de la force parmi un peuple introverti et affaibli, ce ne sont que des prêtres et des poètes qui lamentent, qui insultent, qui font de la littérature avec la défaite de leur patrie, car ils savent qu'ils ne seront pas entendus; ils ne veulent même pas être entendus puisqu'ils savent qu'il est trop tard et que le temps des empires est venu." (Cet article a été repris dans *Sur les écrivains,* édité par F. J. Grover [Paris: Gallimard, 1964]) Trois mois auparavant, Drieu abordait ainsi le cas d'Isaïe et de la collaboration dans son journal: "En lisant les prophètes, je découvre qu'ils étaient 'collaborationnistes', ils savaient que tout était perdu d'une certaine forme. Isaïe savait que rien ne pouvait prévaloir de Judas contre Assur; et ce lui était une source d'amertume et l'amertume était une source de lyrisme. Il chantait la défaite, faute de pouvoir chanter autre chose" (*Journal,* 3 janvier 1942).

[12]Ibid., 27 décembre 1942. Le jugement porté sur *L'Homme à Cheval* par Pierre-Henri Simon témoigne de cette volonté chez Drieu de se réaliser par la voie de la fiction: ". . . un Drieu détendu, détaché de lui-même et libéré de l'anecdote, a su imaginer, dans une Bolivie de rêve, le symbole de la haute destinée qu'il a manquée: une vie de héros militaire et politique, livrée à la gloire et à l'amour" (Pierre-Henri Simon, *Procès du héros* [Paris: Editions du Seuil, 1950], p. 114). Cf. l'aveu suivant de Drieu lui-même: "Si j'avais à recommencer ma vie, je me ferais officier d'Afrique pendant quelques années, puis historien, ainsi je satisferais aux deux passions les plus profondes de mon être et j'éviterais les seuls refoulements dont j'ai souffert" (Préface de *Gilles,* p. vi).

[13]A tout prendre, l'élément autobiographique est loin d'être exclu du roman. Conformément à sa méthode d'analyse habituelle, Drieu s'examine par l'entremise de ses personnages, cependant cette fois d'une manière beaucoup moins directe en nous présentant sous forme symbolique la dualité profonde d'un moi divisé. Il sera question de ce procédé romanesque au chapitre II.

[14]Outre les références du journal déjà mentionnées, il conviendrait de proposer une autre hypothèse relative à la genèse de L'Homme à Cheval qui mérite d'être retenue quoique difficilement soutenable faute de preuves sûres: en raison des réserves de la critique à l'égard de ses dons de narrateur, il se peut que Drieu ait choisi de rompre avec la facture des romans autobiographiques de longue haleine (cf. Rêveuse bourgeoisie, Gilles) pour relever, en faisant L'Homme à Cheval, le défi que lui avaient lancé, pour ainsi dire, ses détracteurs. A ce propos, Drieu s'explique dans la préface de Gilles: ". . . cela a été l'un de ces lieux communs qu'on se repasse de feuilleton en feuilleton que de mettre en doute ma vocation de romancier" (p. iii). Etant donné que la préface date du mois de juillet 1942 (la première édition, parue en 1939, avait été mutilée par la censure française), il n'est pas inconcevable que Drieu ait voulu faire ses preuves en tant que "vrai" écrivain par la voie d'un roman d'aventures détaché de son milieu habituel. Rappelons-nous en effet qu'à cette époque (où parut la deuxième édition de Gilles, augmentée d'une préface) Drieu était plongé dans la composition de L'Homme à Cheval.

[15]L'édition du 15 juillet 1943 est celle dont nous nous servons dans cette étude.

[16]Il existe trois éditions "modernes" du roman, ce qui témoigne suffisamment de la popularité dont il jouit auprès du grand public de nos jours; l'édition de poche, dont le premier tirage date de 1965, se vend particulièrement bien.

[17]Frédéric Grover, Drieu la Rochelle (Paris: Gallimard, 1962), p. 112.

[18]Voici donc la citation intégrale: ". . . le romancier authentique crée ses personnages avec les directions infinies de sa vie possible; le romancier factice les crée avec la ligne unique de sa vie réelle. (. . .) Le génie du roman fait vivre le possible; il ne fait pas revivre le réel" (Albert Thibaudet, Réflexions sur le roman [Paris: Gallimard, 1938], p. 12).

[19]Pour s'analyser à fond, Drieu se représente lui-même dans L'Homme à Cheval sous l'aspect d'un dédoublement fictif qui correspond de près à la dualité de son propre caractère: d'une part, l'homme de pensée incarné par Felipe; d'autre part, l'homme d'action en la personne de Jaime Torrijos. Nous traiterons plus loin de ce procédé d'analyse romanesque.

[20]Drieu la Rochelle, *Doriot ou la vie d'un ouvrier français* (Saint-Denis: Les Editions Populaires Françaises, 1936), p. 31.

[21]Ibid.

[22]En plus de ses désillusions sur l'hitlérisme, il y avait peut-être une autre raison susceptible de justifier ce retournement insolite à l'égard de Doriot. Comme Drieu lui-même l'a expliqué à un ami, Pierre Andreu, deux mois après sa réadhésion au P. P. F.: "Il y a cinq ans que je n'ai plus aucune illusion sur Doriot; au fond c'était un homme politique radical; mais alors qu'il y a tant de gens qui me haïssent, j'ai voulu leur donner une raison bien claire de me haïr et de me tuer" (Ces propos ont été rapportés par Pierre Andreu dans son livre, *Drieu, témoin et visionnaire* [Paris: Grasset, 1952], p. 77). Au sujet de cette volonté suicidaire exprimée par ce témoignage public de solidarité avec les occupants, la référence suivante du journal est particulièrement révélatrice: "Ma légère intromission dans les affaires politiques, c'est pour mieux me rapprocher de la mort, pour intensifier ma préparation à l'au-delà. Sans cela, mes 'études' de ces dernières années resteraient lettre morte" (*Journal*, 20 septembre 1941). A la lumière de ce rapprochement entre le fascisme et la mort, il est surtout permis de s'interroger sur les vrais motifs qui auraient entraîné l'engagement de Drieu dans la collaboration: malgré ses déclarations optimistes à l'égard de l'hégémonie allemande en Europe, ne pourrait-on déceler sous cette bravoure un esprit désespéré qui poursuivait la mort à travers une association qu'il savait d'avance vouée à l'échec? Nous reviendrons plus loin sur cette question de la politique et du suicide chez Drieu.

[23]Tomas O'Connor d'Arlach, *El General Melgarejo: hechos y dichos de este hombre célebre* (La Paz: Gonzales y Medina, 1913), p. viii.

[24]Les rapports établis entre les deux chefs feront l'objet d'une plus ample discussion au chapitre II, "Les Grands Thèmes de l'oeuvre".

[25]A vrai dire, les efforts de Melgarejo pour mettre en oeuvre ses projets relatifs à l'*americanismo* se limitèrent pour la plupart à des actes de faible envergure: par exemple, la signature d'un traité d'alliance avec le Chili et le Pérou en cas d'attaque par l'Espagne; l'asile accordé aux révolutionnaires argentins, etc. Quant à ses différends avec le Brésil, Melgarejo fut obligé de céder une grande portion du territoire bolivien aux Brésiliens sans y opposer la moindre résistance. En réalité, c'est à son secrétaire général, Mariano Justo Munoz, que l'on doit la paternité de la plupart de ses idées en matière de politique étrangère. A ce sujet, voir *South American Dictators*, A. Curtis Wilgus, éditeur (New York: Russel & Russell, Inc., 1963), p. 345.

[26]Pour faciliter un plus grand rapprochement entre Melgarejo et Jaime Torrijos, nous offrons, à titre d'exemples supplémentaires, les deux analogies suivantes: de même que Jaime s'appuie sur la fidélité du régiment

d'Agreda dans les épreuves de force, de même Melgarejo s'entourait de la compagnie *Rifleros,* composée de soldats d'élite qui lui étaient entièrement dévoués. En plus de cette correspondance (plutôt vague d'ailleurs) entre les gardes du corps, le dédain manifesté par les classes dirigeantes de La Paz à l'égard de Conchita, la maîtresse indienne de Jaime Torrijos, trouve sa contre-partie dans l'hostilité témoignée par l'aristocratie de la capitale envers Juana Sanchez, la maîtresse de Melgarejo (pour qui il avait abandonné sa première femme). Afin de se venger de leur indifférence vis-à-vis de sa maîtresse, Melgarejo fit arrêter les fils des meilleures familles de La Paz en les accusant à tort de conspirer contre son régime. De cette manière, les épouses et les mères des détenus furent, à leur tour, contraintes à supplier doña Juana d'intervenir auprès du Protecteur en faveur de leurs hommes. A la suite de cette humiliation, Melgarejo donna l'ordre de remettre en liberté les prisonniers; désormais, sa maîtresse passait pour la première femme de la Bolivie. Cet incident, dans une certaine mesure, peut être rapproché de la séance de danse indienne exécutée par Conchita dans le but d'humilier les aristocrates de La Paz.

[27]Pour une plus ample discussion du thème de la décadence chez Drieu, se reporter au chapitre II, "Les Grands Thèmes de l'oeuvre".

[28]Frédéric Grover, op. cit., p. 114.

[29]Ibid., p. 113.

[30]Ibid., p. 112.

[31]A part la valeur purement thérapeutique de ce négativisme en matière d'art littéraire, il nous est pourtant donné de voir dans ce procédé d'auto-dégradation non pas exclusivement le désir de mieux se connaître (bien que cette volonté d'introspection soit déterminante dans la méthode de structurer les personnages), mais plutôt l'envie de s'abaisser en se rendant méprisable aux yeux du grand public (nous reviendrons plus loin sur cette haine de soi qui couve au fond de l'art romaneque chez Drieu). En ce qui concerne son système d'enquête littéraire, Drieu s'est toujours réclamé (voir la préface de *Gilles*) d'un objectif foncièrement moral en réponse à ses critiques qui lui tenaient rigueur d'un manque de discrétion dans ses oeuvres: parce qu'il se considérait comme le baromètre du malaise social de son temps, Drieu envisageait ses excès de sévérité envers lui-même et ses amis sous l'angle d'un exercice salutaire, témoignant de l'extrême décadence qui avait frappé son époque. Ceci dit, il nous est donc possible d'attribuer à la création négativiste de Drieu au moins trois interprétations valables: 1) l'effort thérapeutique de pénétrer au fond de lui-même pour cerner et peut-être même corriger les traits nuisibles de son caractère par le biais de l'amplification fictive (cf. Frédéric Grover); 2) le souci moral de se donner en exemple de tout ce qu'il y avait de décadent dans la société française de son temps; 3) et finalement,

le désir suicidaire de creuser jusqu'au fond de son désespoir pour mieux goûter son propre néant (cf. *Récit secret*).

[32]Dans ses *Mémoires politiques*, Drieu fait le point sur la profonde dualité de son tempérament. Il se montre à la fois clairvoyant et impétueux à l'égard de ses préférences politiques: "Il y a toujours eu en moi deux hommes: l'un est un observateur impitoyable et qui n'est que trop enclin à percer les faux-semblants, à atteindre le germe de mort en tout être et en toute situation, et l'autre qui n'est pas intelligence mais sensibilité, qui est animé par des passions et des colères, des pitiés et des espoirs indéfectibles et qui par périodes resurgit, fait fi des sinistres avertissements et constatations de l'observateur et repart dans des mouvements dont il croyait la source tarie en lui" (*Mémoires politiques*, inédits, 1943; le passage cité ci-dessus figure dans le livre de Frédéric Grover, *Drieu la Rochelle*, op. cit., pp. 105-106).

[33]René Etiemble, *Hygiène des Lettres (V). C'est le bouquet!* (1940-1967) (Paris: Gallimard, 1967), p. 411.

[34]A la rigueur, on pourrait établir une sorte de parenté entre Béloukia (la princesse adultère de la fable du même nom) et Camilla: toutes les deux revêtent en effet le même caractère hautain et voluptueux qui fait le désespoir de l'homme de pensée; le haut rang qu'elles occupent dans la société les place au-dessus de leurs poètes-soupirants, etc. Etant donné que la maîtresse de Drieu, surnommée "Béloukia", avait servi de modèle pour la princesse orientale, il se peut bien que la même femme ait prêté également au personnage de Camilla quelques-unes des ses qualités essentielles.

[35]Sur les instances d'Otto Abetz, l'ambassadeur allemand en France pendant l'occupation, Drieu fut nommé directeur de la *Nouvelle Revue Française* qui réapparut en décembre 1940 après avoir cessé de paraître lors de la chute de la France en juin 1940. En raison de son amitié pour l'ambassadeur Abetz (dont il avait fait la connaissance bien avant la guerre), Drieu disposait à la revue d'une liberté totale à l'égard du choix des collaborateurs et du contenu des articles. Selon Paul Léautaud, qui avait suivi de près l'évolution de Drieu comme directeur de revue, la censure allemande avait l'habitude d'affixer à chaque numéro le visa d'autorisation sans le moindre contrôle tant elle faisait confiance à la discrétion de Drieu en matière de propagande. Drieu avait donné à la *N. R. F.*, dès le premier numéro de l'occupation, une orientation nettement "collaborationniste"; il en résulta que les meilleurs des anciens collaborateurs—notamment Gide, Mauriac, Claudel et Valéry—refusèrent de prêter leur concours à l'entreprise. Dans une dépêche célèbre, Gide pria Drieu d'enlever son nom à la couverture dès qu'il prit conscience des sympathies pro-allemandes de la direction. Pour de plus amples renseignements sur le rôle que Drieu avait joué dans l'affaire de la *N. R. F.*, voir le *Journal* de Paul Léautaud: tomes 13, 14 et 15.

[36]Entre Drieu et Jean Paulhan, il existait une sorte d'entente précaire, mêlée d'admiration et de mépris à la fois. Malgré son rôle très actif dans la Résistance (il était l'un des fondateurs des *Lettres françaises,* journal clandestin), Paulhan n'a jamais désavoué Drieu, restant à ses côtés tant que ce dernier était directeur de la revue. A la manière de Felipe qui reconnaît finalement en Florida une caricature de lui-même, Drieu a dû voir également en Paulhan une version adoucie de ses propres tendances vers la contemplation pure aussi bien que vers la ruse. En effet, les deux adversaires ont fini par se comporter en amis: arrêté en mai 1941 par la Gestapo, Paulhan a été libéré sur intervention de Drieu; dans les années de l'Epuration qui suivaient la Libération, Paulhan à son tour s'en est pris aux "directeurs de la Résistance", les accusant d'avoir abusé de leur autorité en persécutant indifféremment tout Français suspect de "vichyssisme".

[37]Ce groupe était connu sous le nom de "la bande de la banque de Worms" dont trois membres furent appelés au gouvernement par l'amiral Darlan en mai 1941.

[38]Sur la propension à se compléter par l'alliance avec une puissance supérieure, Drieu s'explique ainsi dans son journal: "Mes ennemis ont très bien senti—c'est assez visible—le caractère féminin, inverti, de mon amour de la force" (4 janvier 1942). Il paraît donc évident que Florida, au même titre que Felipe, ne constitue qu'un "double inférieur" de Drieu lui-même—en l'occurrence une caricature brutale de son amour de la force (voir plus loin à ce sujet).

[39]Dans *Gilles,* Pauline nous apparaît comme une femme, dénuée de toute contrainte puritaine, incarnation de l'animalité ingénue: "Il y avait du mouvement dans ce corps, du feu dans ce visage. (. . .) Elle n'avait aucune ruse, aucun calcul, était toute impulsion" (G, 352-353).

[40]La misogynie de Drieu (dont il sera question plus loin) allait s'aggravant à cette époque; très évidente dans *L'Homme à Cheval* (y compris la plupart de ses oeuvres précédentes), cette hargne contre les femmes atteint son paroxysme dans le roman suivant, *Les Chiens de paille.* A ce propos, il est intéressant de faire remarquer, en marge de cette aversion à l'égard des femmes dans ses romans, que Drieu lui-même était victime d'une impuissance sexuelle intermittente au cours des années de guerre—ce qui a dû sans doute exacerber le mépris qu'il épouvait pour les femmes.

[41]A en croire l'épilogue de *L'Homme à Cheval,* le narrateur (c'est-à-dire Felipe-Drieu) n'aurait jamais voyagé en Bolivie: ". . . ce récit, qui renferme de monstrueuses inexactitudes, semble avoir été écrit par quelqu'un qui n'a jamais mis les pieds en Bolivie, qui tout au plus en a rêvé" (HC, p. 243). Serait-on en droit, à la lumière de cette affirmation, de prétendre que Drieu lui-même n'a jamais connu les lieux de son roman? Faute de preuves, la question est loin d'être tranchée; pourtant, les passages suivants, tirés de la

correspondance de Drieu, peuvent nous renseigner plus amplement sur l'éventualité d'un voyage en Bolivie: 1) dans une lettre du 20 juin 1932 à sa seconde femme, Olesia Sienkiewicz, Drieu écrit: Je compte rester jusqu'au 15 juillet, mais n'ai rien décidé encore pour le voyage de retour. Chili ou Bolivie. Peut-être rien du tout comme je n'ai pas d'argent". Et encore, dans la même lettre (postée de Buenos Aires): "Après mes conférences, j'irai dans la pampa et dans les montagnes du Nord. Mais je n'aurai pas assez d'argent pour revenir par New York, j'en ai peur".

2) Le 2 août 1932, il se trouve à Montevideo et il écrit à sa femme: "Je vais encore rester un peu ici. Je vais voyager dans le pays du Nord, dans la région subtropicale où l'archéologue Mettraux (sic) va me balader. Peut-être irai-je voir la guerre entre le Paraguay et Bolivie. Drôle de petite guerre financée par les compagnies de pétrole américaines.

"Entre-temps je vais écrire un peu sur l'Argentine et mettre au point *Drôle de voyage*. Puis je rentrerai en France, sans doute par le Brésil—car le voyage par le Pacifique est décidément trop cher". (Nous tenons à remercier Frédéric Grover de nous avoir confié les extraits cités de la correspondance de Drieu)

[42]Lettre à Mme Suzanne Tézenas, décembre 1944. Cet extrait à été cité par Pierre Andreu dans sa préface à *Dirk Raspe* (Paris: Gallimard, 1966), p. 9.

[43]A ce sujet, voir l'analyse de *Béloukia* dans l'oeuvre de Frédéric Grover, *Drieu la Rochelle and the Fiction of Testimony* (Berkeley: University of California Press, 1958), pp. 154-161.

[44]Bien que les personnages de *L'Homme à Cheval* aient, à proprement parler, une valeur symbolique, ils dépassent en cela le caractère satirique et démonstratif dont Voltaire a doté ses pantins romanesques. A force d'élaborer ses passions et ses idées sous la forme du récit allégorique, Drieu parvient à rendre vivantes ses propres contradictions en leur conférant une dimension psychologique qui, en majeure partie, manque aux personnages voltairiens. A tout prendre, il y a très peu de *vraisemblance* chez Felipe: il ne nous reste pourtant pas étranger, malgré sa fonction symbolique, grâce au caractère protéen et ambigu qu'il revêt dans cette recherche de l'unité intérieure. En matière de parenté littéraire, il est beaucoup plus légitime de rapprocher Drieu de Barrès dont la ferveur égotiste et l'amour de la patrie ont séduit toute une génération d'écrivains au début du vingtième siècle.

[45]Voici donc les articles où il était question de *L'Homme à Cheval* en 1943: Jacques Audiberti, "A Propos de *L'Homme à Cheval*," *Nouvelle Revue Française*, juin 1943, pp. 744-757; Jean Turlais, "L'Homme à Cheval," *Les Cahiers Français*, no. 8, 30 octobre 1943, pp. 137-142; Michel Mohrt, "Statue équestre du dictateur," *Idées*, novembre 1943, pp. 233-236.

[46]A en juger par les références de son journal ainsi que par d'autres commentaires, l'écrivain du dix-neuvième siècle avec qui Drieu se sentait le plus étroitement lié était sans aucun doute Benjamin Constant. Quelques mois avant sa première tentative de suicide, Drieu se penchait dans son journal sur les affinités qui le rapprochaient de cet homme de lettres-député en qui se disputaient de même le rêve et l'action: "Comme lui (Constant) je passe ma vie dans les jupons des femmes du monde tout en préférant les putains. Ne pouvant me passer des femmes et les haïssant, les méprisant, et parfois les comprenant, m'apitoyant sur elles. (. . .) Le même goût de la solitude, mais beaucoup plus déterminé et se défendant beaucoup mieux. (. . .) La même rigueur politique sous les apparences du sophisme ou les tempéraments de l'indulgence individuelle. Le même goût malheureux et inachevé pour les spéculations philosophiques, l'histoire des religions. Deux Français du Nord, somme toute. Le même cosmopolitisme et le même regard sévère sur l'étroitesse française" (*Journal*, 8 février 1944). A ce propos, voir également l'article de Douglas Gallagher, "Drieu et Constant: une parenté," *Revue d'Histoire Littéraire de la France*, vol. 73, 1973, pp. 666-675.

[47]Drieu la Rochelle, "Encore et toujours Nietzsche," *Je Suis Partout*, 3 mars 1939.

[48]Friedrich Nietzsche, *Ainsi parlait Zarathoustra*, traduit par Maurice Betz (Paris: Gallimard, 1947), p. 51. Désormais, toute référence à cette oeuvre sera indiquée par le sigle Z, suivi du numéro de la page où figure la citation relevée.

[49]Au sujet de la misogynie comme thème du roman, voir plus loin au chapitre II.

[50]Cf. l'affirmation suivante de Nietzsche lui-même: "En ceci que je considère le monde comme un jeu divin par-delà le bien et le mal, j'ai pour précurseurs la philosophie de Vedante et Héraclite" (Z, 394).

[51]Au lieu de prévoir la lutte des classes (d'après les exégètes marxistes de *Jacques le fataliste*), Diderot voyait dans cette ronde incessante du maître et de l'esclave, se défaisant et se reconstituant sans arrêt, une des forces motrices de l'équilibre social: sa vision déterministe du monde ne l'autorisait pas à entériner le recours à la révolution malgré les injustices du régime.

[52]Chargé de faire le chapitre sur Diderot dans *L'Anthologie de la littérature française*, Drieu envisage le philosophe sous un angle éminemment personnel: assez sévère dans ses jugements sur la qualité de l'oeuvre, il partage néanmoins avec Diderot le désir de vivre sa vie à des fins purement littéraires: ". . . il (Diderot) appartient quelque peu à ce type français qui veut la vie avant la littérature, en sorte que par la suite, la littérature sera un compte rendu de la vie, ce qui exclut toute imagination, toute divination" (*Anthologie de la littérature française* [Paris: Gallimard, 1939], p. 338).

[53]Pour la commodité de l'analyse, le manuscrit autographe (le premier jet) portera l'étiquette M-1, alors que le manuscrit dactylographié sera désigné par l'étiquette M-2.

[54]Malgré cette recherche de l'éloignement sur le plan romanesque, Drieu n'abandonne pas pour autant la quête autobiographique de l'unité intérieure qui caractérise si bien ses autres écrits; sans doute préfère-t-il, en raison du drame de la collaboration, s'élever au-dessus des passions soulevées par la guerre pour mieux apprécier, dans *L'Homme à Cheval,* la valeur et les conséquences du rôle qu'il avait joué en tant que militant fasciste.

[55]Pour ce qui est du passage du héros au saint, nous renvoyons le lecteur à l'excellent article de F. J. Grover, "Le Dernier roman de Drieu la Rochelle," *Critique,* no. 228 (mai 1966), pp. 426-437.

[56]Dans la citation donnée, tous les mots mis entre crochets sont ceux qui ont été raturés dans le manuscrit par l'auteur; le passage encadré de traits en diagonale (/ /) représente à son tour la partie du manuscrit que Drieu a supprimée dans le texte définitif.

[57]A ce sujet, voir *supra,* "L'origine des personnages".

[58]Il est intéressant, à ce propos, de suivre l'évolution des noms propres à travers les manuscrits: le premier prénom de Jaime était Jacopo (M-1), abandonné en cours de rédaction, sans doute pour des motifs d'euphonie; la famille Oporto ne devient pas Bustamente avant la reprise de la première version annulée de "Doña Camilla Bustamente"; la soeur cadette de Camilla restera Florica jusqu'au manuscrit M-2 où Drieu le remplacera par Isabel— pour éviter toute confusion, semble-t-il, avec le nom de Florida. En plus des hésitations relatives aux noms propres, Drieu s'est contenté de laisser en blanc les noms de lieu boliviens, faisant état, par ces lacunes, de son manque de connaissances quant à la géographie du pays.

[59]En ce qui concerne l'attitude de Drieu à l'égard du racisme, il importe de rappeler que, malgré ses déclarations anti-sémites, Drieu ne s'est jamais accommodé, sur le plan idéologique, de la déportation des Juifs sous l'occupation. Il lui est même arrivé d'intervenir auprès des autorités allemandes pour faire libérer sa première femme, une israélite, et ses enfants d'un autre mariage, lors de leur arrestation par la Gestapo.

[60]Drieu la Rochelle, *Les Chiens de paille* (Paris: Gallimard, 1944), p. 149. A cet égard, il convient de faire remarquer que Drieu avait déjà mis en chantier à cette époque une pièce intitulée *Judas ou L'Homme qui se pend* qu'il a laissée inachevée.

[61]A propos des aspirations européennes de Drieu sur le plan politique, voir Plumyène et Lasierra, *Les Fascismes français* (Paris: Editions du Seuil, 1963).

[62]Dans *Les Chiens de paille,* effectivement, Drieu aborde le drame de la collaboration sous un jour plus sombre et désespéré: loin de plaider le dossier du héros nietzschéen (ainsi qu'il le faisait dans *L'Homme à Cheval*), il trouve dans le personnage maudit de Judas l'image de la déchéance et du martyre: le frère lointain qui s'était sacrifié, en connaissance de cause, à l'avènement de l'ordre nouveau—quitte à se faire condamner toutefois aux yeux de la postérité, irrémédiablement.

[63]Voir, au sujet de la valeur compensatrice de *L'Homme à Cheval,* l'article de Frédéric Grover, "Le Dernier roman de Drieu la Rochelle", op. cit.

CHAPITRE II

LES GRANDS THEMES DE L'OEUVRE

En vertu de la place qu'il occupe dans l'évolution de l'oeuvre romanesque de Drieu, *L'Homme à Cheval* pourrait être défini comme un roman-charnière qui marque l'articulation entre deux périodes de sa vie littéraire.[1] Encadré d'un côté par le grand roman d'apprentissage, *Gilles* (1939), qui retrace l'itinéraire sentimental et politique d'un jeune fasciste pendant les années de l'entre-deux-guerres, et de l'autre côté par les deux romans d'éloignement et d'ascèse, *Les Chiens de paille* (1944) et les *Mémoires de Dirk Raspe* (1944-45), *L'Homme à Cheval* dresse le bilan de l'aventure ratée du fascisme de même qu'il annonce, sous forme symbolique, le chemin que Drieu lui-même fut destiné à prendre (à l'exemple du protagoniste, Jaime Torrijos) vers la solitude et la mort.

Sur le plan thématique, nous pouvons distinguer dans ce roman "pivot" deux mouvements complémentaires qui témoignent en grande partie du drame personnel de l'auteur: à savoir d'une part, la mystique du chef (ou de l'homme fort) et son avènement au pouvoir (avide de gloire, Drieu comble ainsi ses rêves de jeunesse en s'imaginant être le leader populaire qu'il n'a jamais été) et, d'autre part, le renoncement aux valeurs héroïques en faveur de l'ascétisme propre au saint et au martyr—détachement spirituel qui s'accusera de plus en plus dans les deux derniers romans à mesure que Drieu se libère de tout ce qui le rattache à la vie. Dans cette progression menant de l'engagement au refus du monde s'inscrivent d'autres thèmes, axés pour la plupart sur les rapports établis entre l'homme d'action et l'homme de rêve et qui constituent les assises dramatiques de l'oeuvre.[2] L'action du roman se déroule, donc, à deux niveaux de signification: primo, la représentation romanesque de la grandeur et de la décadence du mouvement fasciste dont Jaime, l'homme fort, sera le symbole éclatant; secundo, la tentative chez Drieu d'élucider les contradictions de son propre moi en recourant au récit allégorique.[3]

Pour la commodité de l'analyse, nous nous proposons de ranger les divers thèmes de *L'Homme à Cheval* sous deux rubriques générales qui correspondent au mouvement ascendant et descendant du roman—l'engagement et l'ascèse. Dans la première catégorie, nous voudrions considérer d'abord les thèmes de l'action et du rêve en tant que figurations symboliques de la recherche du moi, ensuite le rôle dévolu à la musique (à la fois cadre narratif et force de transposition) et, en dernier lieu, le concept de la décadence—fléau social et moral que l'homme totalitaire se doit de combattre de toutes ses forces. La seconde catégorie, par contre, regroupera les thèmes relatifs à l'acte de renoncement chez le clerc et le guerrier: en premier lieu, il sera question de la misogynie ou de la distance prise à l'égard des femmes qui témoigne du dégoût charnel ressenti par Drieu lui-même dans les dernières années de sa vie; en second lieu, l'accent sera mis sur l'abandon de l'idéal héroïque dans le passage du héros au saint à travers le sacrifice et le martyre.[4]

Le Rêve et l'action

Dans une large mesure, l'oeuvre romanesque de Drieu la Rochelle antérieure à *L'Homme à Cheval* se caractérise par le désir ardent de recréer, sur le plan fictif, "l'homme réussi"—c'est-à-dire l'être complet en qui doivent s'équilibrer, voire fusionner, les qualités essentielles du clerc et du guerrier à seule fin de refaire l'unité originelle du rêve et de l'action: il importe donc de

fondre en un tout viril la contemplation et le courage, de reconstituer cet état d'équilibre spirituel entre l'âme et le corps que les
époques pré-rationalistes (notamment le Moyen Age) avaient su
maintenir.

Parce qu'il se croyait lui-même incomplet—victime de l'ère
moderne, un intellectuel qui rêvait de donner forme à ses pensées
par l'action—Drieu avait toujours la nostalgie de la guerre. En particulier, il ne cessait de regretter la révélation quasi mystique de
son unité intérieure qu'il avait eue à Charleroi au cours d'une
charge à la baïonnette (voir *supra*). L'extase de ces quelques
moments d'épanouissement sous le feu des mitrailleuses allemandes l'avait si profondément transformé (ce fut là effectivement
l'amorce de sa "vocation de chef") qu'il se sentait dès lors
inachevé, divisé à l'égard de ses aspirations intimes. Depuis ce
jour fatidique, Drieu se mit inlassablement à la recherche d'une
nouvelle convergence de ces forces vitales que la guerre et le
spectre de la mort avaient libérées à l'intérieur de lui-même. Dans
une lettre ouverte qu'il adressa aux surréalistes (avec qui il s'était
déjà brouillé) quelque treize ans après l'engagement militaire de
Charleroi, Drieu met en évidence le rôle primordial joué par la
guerre et l'amour de la force dans ses tentatives pour conjuguer le
rêve et l'action: "Moi, de mon côté, d'ailleurs, j'étais sans cesse
relancé par ce problème de l'action qui m'apparaissait comme
une antinomie: le rêve ou l'action. Je me désolais de croire que
ce que je donnais au rêve je le retirais à l'action, et inversement.
J'avais aimé la guerre parce que pendant quatre ans j'avais pu
rêver une action et agir assez pour que mon rêve me parût marcher sur ses pieds".[5]

A partir de cette prise de conscience d'une nature profondément *double,* Drieu commença à concevoir l'existence sous
l'angle "nietzschéen" d'une succession d'accidents où l'homme
est soumis à l'épreuve de la force pour dégager de la gangue
sociale la pureté des instincts primitifs.[6] Que l'individu soit
astreint à s'affirmer par la lutte afin de recouvrer la totalité de
son être, c'est dans l'ordre universel des choses. Le protagoniste
de *Gilles,* porte-parole de l'auteur, fait état de cette croyance à la
nécessité de la violence pour rendre plus intense la vie elle-même:
"Il avait trouvé dans la guerre une révélation inoubliable qui avait
inscrit dans un tableau lumineux les premiers articles de sa foi:
l'homme n'existe que dans le combat, l'homme ne vit que s'il
risque la mort" (G, 75). Dans un monde dénué de transcendance

spirituelle,[7] l'homme est obligé de se lancer à la pointe extrême
de l'existence (cf. "La Comédie de Charleroi") en vue de forger
sa propre essence à partir du train chaotique des choses;[8] dans ce
mouvement de dynamisme héroïque, il parviendra à connaître
les ressources profondes de son moi (la dualité rêve-action) tout
en chargeant ses actes d'une cohérence nouvelle.

De cette volonté de réintégrer les forces contraires de l'être
dans un corps robuste et sain, il est facile de déduire comment
Drieu—dégoûté d'un parlementarisme inefficace qui, croyait-il,
affaiblissait la France vis-à-vis de ses voisins—a pu se laisser
séduire par l'esprit totalitaire du fascisme. A quelques semaines
de sa première tentative de suicide, il s'expliqua ainsi dans son
journal intime sur les caractères du fascisme qu'il avait le plus
appréciés: ". . . fierté physique, poussées du sang commun dans
un groupe, hiérarchie vivante, échange noble entre les faibles et
les forts" (le 29 juillet 1944). Pour Drieu, comme pour tant
d'autres "déclassés" de sa génération, venus à l'âge d'homme en
temps de guerre, le fascisme semblait la voie la plus sûre vers la
restauration de l'homme complet au sein d'une collectivité cor-
poratiste et rigoureusement hiérarchisée.[9] C'était donc par
l'entremise du national-socialisme que ces pessimistes sans vocation démocratique—ennemis et victimes à la fois du monde
moderne—entendaient réaliser derechef, sous la tutelle "bénévole" de l'Allemagne hitlérienne, la belle harmonie entre l'âme et
le corps qui régnait au Moyen Age. Dans son étude sur l'homme
totalitaire, *Notes pour comprendre le siècle,* Drieu fait l'éloge de
cet être total, libéré des entraves du rationalisme ainsi que des
effets nocifs de la décadence: "L'homme nouveau part du corps,
il sait que le corps est l'articulation de l'âme et que l'âme ne peut
s'exprimer, se déployer, s'assurer que dans le corps. C'est l'âme
qui appelle, qui réclame le salut, qui se sauve en retrouvant le
corps" (NCS, 153). En adoptant l'idéologie fasciste, Drieu aurait
donc visé, surtout dans les premiers jours de sa ferveur, à insuffler une nouvelle vigueur à ses compatriotes—à les rendre plus
résistants aux méfaits de l'égalitarisme républicain—de même
qu'il souhaitait sans doute réconcilier en lui-même le rêve et
l'action en prêtant son concours à la direction du P. P. F.[10]

Comme nous l'avons déjà vu, Drieu avait recours à la littérature pour voir plus clair en lui lorsqu'il sentait que la vie
devenait trop complexe et qu'il y perdait pied. Bien que le décor
sud-américain de *L'Homme à Cheval* ne semble guère se prêter à

ce genre d'auto-analyse, Drieu a trouvé moyen de s'y représenter tout de même—d'une façon plus voilée que d'ordinaire—en incarnant les deux tendances opposées de son moi dans les personnages de Felipe, l'homme de rêve, et de Jaime Torrijos, l'homme d'action. Le choix de la Bolivie comme lieu de l'intrigue répond également à ce désir de s'analyser avec acuité: l'éloignement dans le temps et dans l'espace permet à Drieu de se soustraire à l'éclairage déformant de l'occupation allemande; dans l'air raréfié des hauts plateaux boliviens, où l'homme est porté à se contempler "déjà au-delà de lui-même", l'auteur a pu assouvir ses exigences de clarté et d'exaltation plus librement que dans un Paris déchiré par la haine et par l'humiliation. Connaissant mal, semble-t-il, la géographie et l'histoire du pays, Drieu s'évertue à créer un conte de pure fantaisie où s'accomplit, sous les traits du héros bolivien, le destin du mouvement fasciste et où s'annonce, à titre personnel, la fin tragique d'un homme décidé à périr avec "le monde intermédiaire" du fascisme.[11] Dans cette perspective, *L'Homme à Cheval* se révèle à la fois le témoignage des aspirations idéologiques d'une époque et la tentative chez Drieu de cerner et d'élucider les traits discordants de sa propre personnalité.

Dans la mesure où Drieu avait tendance à se peindre au plus noir dans ses personnages (voir *supra,* chapitre I, note 31), ces auto-portraits négatifs renvoyaient au lecteur une image de la décadence moderne dont l'auteur lui-même semblait souffrir le plus profondément parmi tous ses contemporains, à l'exception peut-être de Céline. Dans son étude sur Drieu, Frédéric Grover fait le point sur la nature des affinités qui reliaient Drieu à son époque et l'époque à Drieu: "Il (Drieu) cherche l'explication de ses difficultés personnelles dans un examen sévère de l'époque et, inversement, une explication de ce qui est détraqué dans son époque par l'analyse personnelle".[12]

Bien que ses oeuvres exposent, à travers l'analyse de son moi, l'envers de la société contemporaine, Drieu se garde pourtant de présenter au public son propre cas comme un exemple universel: en effet, ce qui l'intéressait le plus dans cette recherche de l'identité personnelle, c'était le dévoilement progressif, au fil des livres, de ses expériences affectives et intellectuelles à des fins d'enquête. Le passage suivant tiré de "L'Itinéraire" dans *Socialisme fasciste* contribue à définir le rôle que Drieu attribuait à ses écrits autobiographiques: "Je vois dans mon moi une valeur expérimentale plus qu'exemplaire; je n'ai jamais été romantique sur ce chapitre. Pour moi, un écrivain ne sera jamais un personnage exemplaire. (. . .) J'ai toujours considéré mon moi comme un laboratoire d'expérience où j'élabore mes passions et mes idées" (SF, 244; aussi, à ce sujet, voir au chapitre III, "Le Regard misogyne ou le refus de soi").

Il nous semble évident que, conformément à cette méthode d'analyse "expérimentale", Drieu s'est servi de *L'Homme à Cheval* pour tirer au clair les motifs ambigus qui avaient entraîné son adhésion au fascisme—surtout à l'époque où se précisait l'erreur, bientôt irrémédiable, de ses options politiques. A force d'approfondir sous forme romanesque les rapports entre l'homme d'action et l'homme de rêve, Drieu espérait placer dans une meilleure perspective cet être double qu'il était devenu sur le champ de bataille de Charleroi—à la fois chef et poète-soldat. Depuis lors, Drieu cherchait, par tous les moyens, à recréer en lui cette fusion de puissance et de rêve qui l'avait élevé, le temps d'une charge à la baïonnette, à la noble condition de chef—revigorant ses camarades démoralisés et les menant à l'assaut de l'ennemi.

Quoique naturellement peu enclin à la vie héroïque qu'il convoitait, Drieu ne pouvait en aucun cas se résigner à jouer un rôle d'observateur du monde à l'exemple de tant de ses aînés qui avaient fui l'action au profit du rêve.[13] Pendant quelques années, en conséquence, le fascisme a revêtu à ses yeux le caractère d'une force mâle susceptible de lui procurer de nouveau cette exaltation romantique qui avait autrefois bouleversé le côté féminin de sa sensibilité. A vrai dire, comme nous l'avons déjà fait remarquer, ce penchant chez Drieu à vouloir adopter (en dépit des admonitions de ses amis) des attitudes hautaines et extrémistes en matière de politique, ne provient pas uniquement d'une soif de grandeur mais tiendrait à la volonté secrète de hâter sa propre mort en adhérant à un mouvement qu'il savait d'avance voué à l'échec (voir plus loin à ce sujet).[14] Quels que soient les véritables mobiles de l'engagement politique de Drieu aux côtés de Doriot, il nous paraît raisonnable de voir en *L'Homme à Cheval* une sorte de testament anticipé: c'était sans doute pour satisfaire à son voeu de "mourir les yeux clairs" que Drieu s'est mis à rédiger *L'Homme à Cheval,* puis ses deux derniers romans.

Mis à part les objectifs proprement esthétiques, la tâche principale que Drieu s'était assignée consistait donc à rapprocher les deux traits opposés de sa personnalité—le rêve et l'action—pour

les soumettre à l'analyse de la fiction dans un effort de compréhension et de réconciliation. A en juger par le portrait qu'il trace
de l'homme de rêve, c'est en celui-ci que Drieu se retrouverait
avec le plus de vraisemblance: à la fois bouffon et machiavélique,
incapable de se tenir à la hauteur de son maître, Felipe, le poète-
théologien, constitue un portrait caricatural d'un Drieu désabusé
qui tourne en ridicule son propre intellectualisme borné, privé
d'ouverture sur le monde. En faisant ainsi de Felipe une version
appauvrie de lui-même, Drieu se serait inspiré, d'après Frédéric
Grover, de la recette gidienne selon laquelle le romancier, pour se
débarrasser d'un aspect de sa personnalité qui le gêne, isole cet
élément dans un seul personnage et le développe au maximum à
l'exclusion des autres qualités.[15] Sous ce rapport, il est fort
probable que Felipe constitue un de ces personnages "boucs
émissaires" en qui l'auteur se complaît tout en le méprisant dans
la mesure où il recèle, sous une forme inférieure, quelques-uns de
ses propres défauts.

A bien examiner les procédés de narration des autres romans
de Drieu, nous nous apercevons que lorsqu'il choisit le récit à la
première personne, il finit par se superposer au narrateur, c'est-à-
dire qu'il en vient à nous présenter l'affabulation romanesque de
son drame personnel—ce qui n'est pas toujours le cas des oeuvres
où il adopte la troisième personne (i. e. *Le Feu follet*).[16] Il en
resulte donc que Felipe, le narrateur, se charge d'une ampleur
dramatique qui le situe au point névralgique de l'action du
roman: tout se dévoile, par conséquent, à partir de la conscience
de l'homme de rêve. De cette manière, Drieu parvient à conférer
au déroulement de l'intrigue la qualité de tâtonnement angoissé
et indécis qui caractérisait sa propre quête de l'homme fort.

A son tour, Jaime Torrijos se tiendra longtemps à l'écart de
Felipe et de ses tentatives d'assimilation: en tant qu'homme fort,
il s'enfermera, jusqu'à la fin du roman, dans la posture hautaine
du chef dont la prestance et la force feront l'admiration envieuse
de l'homme de rêve. Dans un passage supprimé de *Gilles,* Drieu
met en évidence l'ambivalence qu'il manifeste envers son caractère double, partagé entre le dédain des médiocres, mal adaptés à
l'action, et la tendance à s'identifier à ceux qu'il estime supérieurs à lui-même: "Pourtant je ne puis me jeter tout entier et
sans retour dans cette posture hautaine. J'aime cette posture
hautaine, pas pour moi, pour d'autres. J'aime que quelques-uns
s'y mettent et s'y tiennent. Il me semble que je les y soutiendrai

toujours. Et s'il n'y avait pas quelques hommes dans ces postures-là, la vie perdrait pour moi tout son éclat".[17] Toute l'aventure de Felipe est donc axée sur la poursuite de cette force supérieure qui émane du chef: une fois assimilée par le disciple, cette vigueur se conjuguera avec le rêve pour réaliser l'unité de son être à moitié achevée.

Dans cette optique, il n'est pas étonnant que le personnage de Jaime—dépôt de l'énergie vitale—manque de relief par rapport aux traits nuancés de Felipe. Héros populaire, jailli de la foule en temps de crise pour mener la nation à la grandeur, l'homme fort ne pourra se mettre sur le même plan que ses inférieurs comme le fait Felipe. Force de la nature, il pousse inconsciemment vers l'apogée de la puissance "comme une belle plante aveugle" (HC, 20). En raison de ce mangétisme viril, Jaime sert de pôle d'attraction aux espoirs des médiocres, rongés par l'ambition démesurée, gravitant autour de cette force ascendante comme les phalènes papillonnent autour d'une belle flamme. Il est le mâle dont la virilité fécondera la race exténuée des Incas de même que le fascisme se proposait d'enrayer la progression de la décadence par la rénovation morale et physique de l'homme européen.

A l'instar de Drieu lui-même qui entre dans l'orbite de Jacques Doriot en qualité d'éditorialiste de l'organe du P. P. F., *L'Emancipation Nationale,* Felipe se met à la disposition de Jaime en lui faisant don de ses réflexions; entre l'homme de rêve et l'homme d'action une sorte de symbiose s'accomplit au fur et à mesure que les deux compagnons s'efforcent d'atteindre leurs buts respectifs: pour Jaime, il sera question de refaire l'ancien empire inca sur les bases d'une fédération de tous les états sud-américains, tandis que Felipe, entièrement attaché au sort de son maître, se contentera de semer les graines de ses idées dans l'esprit de Jaime et d'en guetter la germination dans les actes de l'homme fort.

Au début de leur aventure commune, le jeune lieutenant n'était guère plus, aux yeux de Felipe, qu'un "caillou qu'(il) jetait dans l'eau de (son) rêve" (HC, 22); ce sont en effet les airs joués par le guitariste qui incitent Torrijos à quitter son poste de petit lieutenant de cavalerie et à s'engager dans la voie qui aboutira inéluctablement à l'échec de ses rêves d'empire. De son côté, Felipe se rendra compte que le rôle de mentor qu'il cherchait à tenir auprès du chef s'avère en majeure partie illusoire:

une fois enracinée dans l'homme fort, la pensée se fait action et, dès lors, devient étrangère au penseur. A ce titre, Jaime se révèle beaucoup plus qu'un simple réceptacle destiné à recueillir les réflexions de Felipe, c'est surtout une force d'assimilation et de tranformation qui met au monde une pensée "forgée comme une arme d'acier" (HC, 191). Selon Drieu, l'action n'a de valeur que si elle est alimentée par une pensée vigoureuse, la pensée ne vaut rien que dans la mesure où elle se transforme en actes "trempés de sang". Par là-même, il s'ensuit que ni l'homme d'action ni l'homme de rêve ne jouissent d'une liberté autonome pour s'affirmer dans le monde. Vers la fin du récit, Felipe s'étonne en effet de l'équivalence qui s'établit entre l'homme de rêve et l'homme d'action: ". . . les hommes d'action ne sont importants que lorsqu'ils sont suffisamment hommes de pensée, et les hommes de pensée ne valent qu'à cause de l'embryon d'homme d'action qu'ils portent en eux" (HC, 191).

A son tour, Jaime prendra conscience de cette parenté spirituelle qui le rapproche si étroitement de Felipe. Déçu dans ses espoirs d'une nouvelle ère indienne, Torrijos se désole de n'être plus qu'un mortel faible et impuissant en regard du continent qu'il aurait dû vaincre. Sans l'intervention de l'homme de rêve, il serait sans doute resté le lieutenant de cavalerie qu'il était à ses débuts, épris de femmes et de boisson: s'emparant de son être à la manière d'un mauvais génie, Felipe l'a tiré de sa torpeur sensuelle et l'a précipité ensuite vers l'accomplissement de son destin. "Tu as mis des mots en moi," (HC, 226) s'exclame-t-il à Felipe sur un ton mêlé d'admiration et de rancune. Pleinement conscient des limites imposées à l'expansionnisme militaire de son règne, Jaime se met à déplorer cette dépendance mutuelle dans laquelle Felipe lui renvoie une image caricaturale de ses propres faiblesses: "Felipe," s'écrie-t-il, "je te hais, tu es moi, je ne suis que toi. . . Je ne suis qu'un rêveur et un assembleur de mots" (HC, 227). Quant à l'homme de rêve, il n'aurait jamais pu exercer une influence efficace sur le monde si un jour l'homme d'action ne s'était offert comme véhicule de ses aspirations: ". . . et soudain tu t'es dressé devant moi, tu étais la forme. (. . .) je me suis rué vers cette forme qui était la beauté vivante" (HC, 226).

Malgré l'échec de ses ambitions impériales, Jaime Torrijos finit par remporter une victoire précaire sur l'actualité: il a réussi à faire renaître le mot *inca* dans le monde pendant vingt ans (ici, sans doute, Drieu fait allusion à la durée du mouvement fasciste qui a vu le jour en 1922 avec la fondation du parti fasciste italien). Grâce aux projets de grandeur qu'il a imposés au peuple bolivien, la conscience du destin collectif a pris la forme du héros totalitaire en qui se fondent la volonté du poète-théologien et la force brutale du guerrier. Quoiqu'en germe dans l'homme d'action lors de son ascension au pouvoir, la résurrection des Indiens—tout comme le redressement européen que Drieu prônait tant—ne se réalisera pas de son vivant; et pourtant, l'idée de l'union de la nation et de la race indienne, promulguée par Jaime, entrera dans l'histoire: la légende de Torrijos s'épanouira de nouveau avec la venue du prochain héros, à l'occasion des grands bouleversements de la société. Ainsi donc, la saison de la liberté fera place à celle de l'autorité dans le vaste roulement cyclique de l'histoire[18]: l'homme totalitaire, enfant de Zarathoustra, reverra le jour: "Le temps des empires viendra" (HC, 240), proclame Felipe au moment de se séparer définitivement de son maître. Par l'intermédiaire de Jaime, la pensée de Felipe sera refondue et intégrée à la mythologie du chef de même qu'une grande partie de l'homme fort renaîtra en Felipe, le poète, grâce au témoignage de leurs aventures qu'il livrera à la postérité.

Les rapports établis entre le Protecteur, don Benito Ramirez, et Jaime Torrijos sont d'une nature toute différente de ceux qui lient Felipe à son maître. Bien qu'il soit haï de ses adversaires, don Benito arrive à forcer leur admiration par sa dignité effacée et la fermeté de ses paroles. Contrairement à la rudesse de Jaime, victime de ses passions, la "belle voix modulée" du vieux dictateur traduit un caractère secret et contemplatif—susceptible pourtant d'agir énergiquement sur le monde. Dans le personnage de don Benito, nous trouvons donc l'exemple d'un homme d'action transformé en homme de pensée—un vrai chef.qui réussit à fonder son pouvoir non pas sur la bravoure du combattant mais sur une profonde connaissance de l'âme humaine.

Sur le plan symbolique, don Benito incarne le chef vieilli, usé par les années et condamné de ce fait à être remplacé par les forces régénératrices issues du peuple. Bien que son régime s'appuie sur le conservatisme des grands propriétaires de la Bolivie, Ramirez n'engage pas la lutte contre Jaime dans le but de protéger leurs biens: à ses yeux, il est surtout question d'opposer une résistance honorable au héros populaire destiné à lui succéder au pouvoir. De cette manière, il sera en mesure d'assurer la dignité de sa propre chute tout en valorisant la victoire imminente de son rival.

Lors de leur première rencontre, don Benito prend le parti d'épargner Jaime en dépit des agissements séditieux du jeune lieutenant; dans ce geste de générosité imprudente, le Protecteur signale l'apparition du nouvel homme fort. Puisqu'il refuse de supprimer son adversaire, don Benito se fera condamner à mort par Torrijos. Séduit par cette âme rêveuse qui est proche de la sienne, Felipe s'interroge sur ce refus d'agir qui trahit chez le vieux chef une grande lassitude de vivre: ". . . j'avais beaucoup rêvé sur cet instinct qui pousse les hommes à hâter leur destin et les étranges complicités qu'il y a entre les ennemis" (HC, 16).[19]

Lorsqu'il tue enfin don Benito d'un coup de poignard, Jaime parvient à faire de cet acte "une irrémédiable pensée" de sorte que le présent se fige en destin à partir du moment où il assassine Ramirez. Désormais, sa propre vie s'inscrira dans le cycle sanguinaire des chefs: peu à peu il lui viendra aussi le regard méchant et désabusé de son prédécesseur. Aussi commencera-t-il à partager le sort commun à tous ceux qui mènent les hommes: la solitude et le mépris.

Plus tard, ayant connu à son tour les incertitudes du pouvoir, Jaime s'apercevra que don Benito s'était plongé dans cette solitude pour jouir d'une meilleure perspective sur les affaires du monde: grâce à ses fréquentes méditations, il trouvait la lucidité nécessaire à l'accomplissement de ses devoirs de chef. Lorsque, par la suite, Jaime se trouvera face à ses conspirateurs, il rendra hommage rétrospectivement à ce personnage secret qui puisait dans la contemplation ses forces dynamiques: "Don Benito était un homme remarquable, profondément indépendant, qui pouvait trouver dans son détachement de tout la possibilité de toutes les audaces" (HC, 188).

Felipe lui-même, tout en étant passionnément fidèle à Jaime, ne peut s'empêcher d'admirer cet ennemi dont le regard froid, la voix lourde et mélancolique, le ton austère et noble sont les vestiges d'une grandeur passée. Au moment même de conduire Jaime à la chapelle où se recueille don Benito après sa victoire sur les insurgés, Felipe se prend à douter de sa mission, à s'interroger sur les motifs de sa haine envers cet homme qui, somme toute, réunit—sous une forme moins éclatante peut-être—les traits essentiels de Jaime lui-même: "Si j'avais connu don Benito avant Jaime, ne l'aurais-je pas beaucoup aimé?" (HC, 61)

De son côté, Jaime éprouvera la même attraction fraternelle que Felipe a si confusément ressentie envers don Benito. Dans la mesure où il avait pressenti le rôle dominant que Jaime était destiné à jouer en Bolivie, le Protecteur ne fait que s'incliner, par son geste de clémence à l'égard de Torrijos, devant l'implacable nécessité du passage d'un ordre à l'autre. Conformément au rite d'initiation au pouvoir, le vainqueur doit verser le sang du vaincu afin de donner forme à son autorité naissante: de ce sacrifice sur l'autel de la guerre resurgira un modèle plus vigoureux de l'homme fort. D'un ton respectueux, Jaime fait ainsi le point sur le choix fatidique qui avait entraîné la mort de don Benito: "Décidant de ne pas me tuer, il avait décidé que je le tuerais" (HC, 188).

A la fois homme de rêve et homme d'action, don Benito Ramirez se présente sous le signe de la pleine maturité du chef. Chez ce grand méditatif, la pensée née du receuillement se fait action, le rêve s'actualise dans des actes de grande envergure nourris de réflexions audacieuses. Alors que Felipe, l'homme de rêve, se lance à la poursuite de Jaime, l'homme d'action, en vue de refaire l'unité dynamique de son être, Drieu nous propose en don Benito l'exemple d'un homme *réussi* chez qui la contemplation s'allie à la force pour constituer un équilibre harmonieux entre l'âme et le corps, entre le rêve et l'action.

Contrairement aux rapports d'inégalité établis entre Felipe et Jaime, les liens qui nouent Felipe et le père Florida ont pour fonction de rapprocher les deux adversaires en les mettant sur un pied d'égalité. Une autre incarnation de l'homme de rêve dans le roman, le père Florida se caractérise à la fois par la ruse et par l'ambition démesurée qui le porte à briguer le rôle d'éminence grise tenu par son rival, Felipe, auprès de Jaime. Représentant aussi d'un ordre ecclésiastique, Florida—en raison de son opportunisme partisan—témoigne du rôle inadmissible que les jésuites se sont avisés de jouer dans le domaine de la politique. Dans son portrait de cet homme d'Eglise, Drieu tient à mettre en relief son caractère sournois qui relève, au fond, de l'esprit profane dont le jésuitisme lui-même semble imbu: sous les dehors de vrai pénitent perce toutefois le souci temporel de s'immiscer dans les affaires du régime de Torrijos: "Il (Florida) était jésuite, mais les jésuites pouvaient-ils engager leur pensée dans les agitations solitaires de ce pays perdu dans les montagnes? Le propre des jésuites est de se mêler de tout et des plus minces vétilles" (HC, 21).

Pourtant, à l'instar de Felipe, ce grand casuiste se révèle un homme de réflexion porté vers la solitude; il se plaît à fuir le monde dans son ermitage de montagne pour se livrer à sa passion des fleurs ainsi qu'à son mépris pour les hommes. Au bord du précipice où il aime à poursuivre ses méditations, Florida se scrute avec le même regard aigu qu'il promène sur ses interlocuteurs: "Là, il pouvait se saouler, se saturer tout à son aise et sans doute par l'abus atteindre au seul dégoût dont il eût besoin pour être tout à fait libre des liens de la terre" (HC, 185). Dégoûté de lui-même comme du monde où il est censé faire de bonnes oeuvres, Florida prend part aux complots contre Jaime afin de conjurer par l'intrigue l'image désolante de son propre néant. En proie à l'ambition politique—"le mouvement de sa pensée dans le monde"—le père Florida incarne ainsi l'incapacité de l'Eglise d'accomplir sa mission charitable auprès des déshérités du pays—carence due au trop grand soutien accordé aux classes dirigeantes (l'aristocratie et la maçonnerie) à seule fin d'assurer la pérennité du christianisme dans une Bolivie païenne.

Si nous admettons l'hypothèse que le personnage de Felipe constitue un "double inférieur" de l'auteur (voir *supra*)—revêtu des traits les moins flatteurs de son caractère—nous pouvons de la même façon nous permettre, à juste titre, d'envisager le rôle du père Florida sous l'angle d'un double inférieur de Felipe—c'est-à-dire comme un miroir déformant que Drieu aurait tendu à sa création pour l'inciter à y reconnaître ses travers les plus sombres. Par la voie du dédoublement romanesque, Drieu en vient à se fragmenter davantage, créant de cette manière la caricature d'une caricature de sa nature contemplative proprement dite. Par ce jeu de miroirs qui permet à l'auteur de se retrouver en Felipe, lequel, à son tour, se retrouve en Florida, Drieu parvient à multiplier les représentations de lui-même et obtient ainsi une nouvelle image de son être.

Au sujet de cette élaboration d'un moi qui se renouvelle à travers une succession de portraits fictifs, René Girard fait l'observation suivante: "Jamais Drieu ne peut rien saisir dans son âme qui soit un. Et il se découvre sans cesse des aspects assez surprenants pour lui paraître autres. A ce dédoublement intérieur, fruit d'une réflexion et d'une introspection paralysantes, vient se superposer et s'articuler un dédoublement extérieur; c'est alors la rencontre d'un *Autre* (c'est Girard qui souligne) bien réel en qui se reconnaît le Moi".[20] Ainsi donc, Drieu arrive à s'identifier avec les hommes d'action—tous "grands briseurs de miroirs" et peu enclins à la réflexion—dans la mesure où ceux-ci correspondent à la vision héroïque qu'il s'était faite de son destin à lui. Toujours lucide à l'égard de ses aspirations, pourtant, Drieu n'hésite pas non plus à approfondir les affinités qui le rattachent aux hommes de contemplation—même s'il n'y trouve que le reflet dégradé de ses propres faiblesses. Au lieu de s'en tenir à la simple peinture de ces filiations romanesques entre le père Florida et Felipe, Drieu s'efforce de mettre en valeur les mobiles profonds qui poussent deux âmes tourmentées à se chercher confusément dans la haine et finalement dans l'amour.

Au moment où Florida—ligoté comme une bête devant l'autel de l'oratoire—se trouve à sa merci, Felipe sent s'évanouir son désir de vengeance contre le jésuite. Conscient donc que la haine n'est guère plus que l'envers de l'amour, il constate à propos de leur inimitié qu'"une querelle d'ennemis est souvent une querelle d'amoureux" (HC, 212). En effet, tout tendait—à travers leur mésentente—vers "la saine copulation de leurs âmes", vers la conscience mutuelle de ce qui les unit en dépit de l'hostilité suscitée par leurs différends.

A mesure que, sous le pistolet de Felipe, le désarroi bouleverse en Florida son calme orgueilleux, celui-là s'aperçoit qu'il lui est enfin possible de se mettre à la place du prêtre et d'atteindre ainsi à une certaine connaissance de la valeur existentielle de sa présence au monde: "Soudain délivré de ma pique d'amour-propre, j'entrais en lui, je le voyais tel qu'il se voyait. Entre celui qu'il était pour lui et celui qu'il était pour moi, se formait vaguement le contour de celui qu'il était vraiment" (HC, 215). A travers cette reconnaissance éphémère d'une âme soeur, Felipe parvient à comprendre que ce qu'il haïssait le plus chez Florida n'était au fond que le spectacle intolérable de ses propres défauts. A la limite, s'il avait finalement tué ce religieux hypocrite, il n'aurait fait que détruire consciemment le miroir qui lui renvoyait l'image exagérée de ce qu'il était lui-même devenu.

Sous cet angle, le seul crime de Florida c'était d'avoir convoité par la ruse et la perfidie ce que Felipe s'était procuré de son côté par la rébellion et par le meurtre de don Benito. Face à l'évidence de cette double culpabilité, Felipe se voit obligé de mettre en sourdine sa juste indignation contre les délits de Florida. En choisissant d'épargner cette version appauvrie de lui-même,

Felipe s'élève de ce fait au-dessus de la haine pour savourer brièvement la générosité d'âme qui caractérise si bien la morale des chefs.

Le sorcier indien, Tamila, constitue le troisième exemple de l'homme de rêve dans *L'Homme à Cheval*. Contrairement à Felipe et à Florida—tous deux plongés dans le tumulte de la politique—Tamila se contente de rejeter le monde de l'action au profit d'une existence purement contemplative. Enfermé dans le silence millénaire des Indiens qui fréquentent les hauts plateaux, Tamila se perd dans la contemplation de ce qu'il y a d'indicible "derrière les dieux". A la manière des mystiques tibétains qui vivent, eux aussi, en haute montagne devant l'immensité du divin, il s'attache à résoudre en lui-même le mystère de l'existence par l'intériorisation du regard. Personnage-clé malgré son rôle épisodique (un informateur auprès de Felipe pendant le soulèvement des Indiens), Tamila sert donc de médiateur, dans une large mesure, entre les deux impulsions qui déchirent l'homme de pensée—celle d'agir sur le monde et celle de se replier sur soi.

De même que Gilles vient se réfugier aux côtés de son père adoptif, Carentan (voir *Gilles,* p. 88 et passim), afin de retremper son âme fatiguée dans la pureté d'une existence vouée à la solitude et à la méditation, de même Felipe a besoin de récupérer ses forces parmi les Indiens; dans "la puanteur et la vermine" de leur vie rudimentaire, Felipe se nourrit de l'esprit autochtone du peuple bolivien et jouit en même temps des complicités qui rapprochent les habitants du même sol.[21]

A l'exemple de Carentan, Drieu nous propose avec Tamila une voie alternative à l'engagement et à l'érotisme qui débouche sur l'unité intérieure: le mutisme solennel de Tamila relève d'un sain équilibre établi entre l'âme individuelle et l'ordre universel, entre le moi et le soi (cf. *Récit secret*). Dans la seule méditation, Tamila accède à la pleine jouissance de son être et Felipe, qui l'observe d'un oeil jaloux, n'est pas à même de pénétrer son secret. Dans cet épanouissement de l'âme accompli par le détachement et l'ascèse, Drieu nous laisse déjà présager le chemin qu'il prendra dans ses deux derniers romans vers l'isolement et la quête mystique de l'absolu.

Conformément à sa conception expérimentale de la littérature, Drieu laisse à *L'Homme à Cheval* le soin d'illustrer les rapports qui s'établissent entre les deux tendances antinomiques de son caractère—le rêve et l'action. Comment refaire cette unité dynamique de l'âme et du corps—cette naissance en lui du vrai chef—qu'il avait si brièvement connue à Charleroi? voilà donc la question primordiale que Drieu avait cherché à résoudre par son adhésion aux forces "mâles" du fascisme—de même que Felipe, le poète en mal d'héroïsme viril, se lie d'amitié avec Jaime, l'authentique héros du peuple qui mettra en oeuvre les passions et les idées de son compagnon et *alter-ego*. Au moyen de cette imbrication du rêve dans l'action et de l'action dans le rêve, *L'Homme à Cheval* nous impose—sous un jour foncièrement compensateur—la conclusion que la recherche de la puissance chez l'intellectuel se justifie en fonction de l'inachèvement psychologique et spirituel dont il souffre et qu'il doit combler à tout prix par des mesures exceptionnelles.

En revanche, à la fin du roman, l'action se voit sacrifiée à la légende de l'homme fort (voir plus loin le thème du sacrifice), l'unité de l'être devra s'accomplir, non par la fusion du rêve et de l'action, mais par l'ouverture de l'âme sur la plénitude mystique des choses à l'imitation du sorcier indien, Tamila, qui atteint par la méditation au plus profond du mystère de l'homme et de l'univers. Ainsi, l'ascèse l'emporte sur l'engagement: la quête de l'unité intérieure se poursuivra chez Drieu sur un plan éminemment spirituel dans le personnage du traître (*Les Chiens de paille*) et dans celui de l'artiste à la recherche de l'absolu (*Mémoires de Dirk Raspe*).

La Musique

Alors que d'autres romans témoignent de l'intérêt que Drieu porte à l'art pictural (i. e. *Drôle de voyage* et surout les *Mémoires de Dirk Raspe*), les références à la musique, avant *L'Homme à Cheval*, sont plutôt rares et sans grande valeur thématique. En effet, doué d'une imagination plastique, Drieu paraît peu sensible aux perceptions auditives dans ses écrits; la vue—et non pas l'ouïe—constitue l'axe essentiel de ses talents littéraires. Dans la plupart des romans de Drieu (à quelques exceptions près), le dialogue tend à revêtir un ton uniforme au lieu de capter les traits représentatifs de chaque personnage.[22] Utilisé habilement par l'auteur à des fins d'exposition, ce mode narratif sert à dévoiler les idées ou les mobiles de l'individu, mais ne traduit qu'exceptionnellement les nuances d'intonation ou les colorations affectives de la conversation. A force de réserver au portrait, aux passages descriptifs et à l'analyse psychologique ses plus riches observations, Drieu en vient, hélas, à faire du dialogue une sorte d'îlot de remplissage où l'exposition l'emporte sur l'émotivité, où l'idée domine le registre nuancé de la voix.

Dans *L'Homme à Cheval,* toutefois, Drieu semble se contraindre à rompre avec cette orientation visuelle en attachant à la musique ainsi qu'à la danse une importance singulière. Cette volonté d'intégrer la musique à la trame du roman s'est d'abord manifestée dans la fable orientale, *Béloukia,* où l'on trouve l'amorce d'une alliance entre l'homme de rêve et l'expression musicale: en présence de sa maîtresse, Béloukia, le poète Hassib (le double fictif de l'auteur) joue de la guitare pour exprimer à la fois son amour et ses angoisses devant l'incertitude de leur liaison. Contrairement à la fonction thématique qu'elle remplit dans *L'Homme à Cheval,* la guitare de Hassib n'a d'autre valeur que celle d'un ornement exotique destiné à rehausser le caractère lyrique de l'amant face aux caprices de la femme adultère.

En ce qui concerne Felipe et sa passion pour la musique, le rôle dévolu à la guitare prend de plus amples proportions, constituant le fond rythmique du récit. En tant que narrateur, le poète-guitariste dresse un parallèle entre les accents de son chant héroïque et l'évolution du drame violent de Jaime Torrijos: "Comme je sentais venir le sang, j'avais composé une mélopée qui commençait dans un rythme très lent, montait par des saccades chaque fois plus surprenantes, culminait dans une frénésie où s'arrachaient mes doigts et redescendait dans une brusque et triste quiétude" (HC, 20). Ainsi considérée, la musique exprime l'exaltation de la grandeur du chef en même temps qu'elle constitue un accompagnement narratif de l'intrigue. Grâce à cette double fonction, la guitare de Felipe finit par accroître la renommée du héros tout en donnant forme, sur le plan artistique, aux exploits légendaires de son règne.

Alors qu'il reste interdit sous le regard menaçant de don Benito au palais présidentiel, Felipe demande la permission de reprendre sa guitare—la voix et l'inspiration du poète—sans laquelle il lui est impossible de donner à ses paroles la force et la cohésion qui s'imposent. Plus tard, à l'ermitage du père Florida, au moment où Jaime dresse le bilan de son engagement politique devant les conspirateurs, Felipe se rend compte de l'étroite concordance entre l'action et sa transposition artistique: "La musique devrait accompagner de telles rencontres qui sont à la fois culminement et résolution de la lutte. Si j'avais eu ma guitare, j'aurais rappelé de moment en moment les principaux chants qui avaient lancé et soutenu toute notre action et qui la soutiendraient encore par la suite" (HC, 186-187). De cette manière, la musique du narrateur se fait action dans la mesure où elle donne une cohérence tant esthétique que symbolique à chaque jalon de l'itinéraire parcouru par l'homme fort.

Pour Drieu, donc, l'art romanesque lui-même relève de l'action en vertu du profond effet exercé sur le public par l'actualisation des idées de l'homme de rêve sous forme de chants héroïques; ceux-ci, à leur tour, attribuent un surcroît de grandeur au nom et à la prestance du chef Torrijos. La légende ainsi créée servira à recueillir et à galvaniser les énergies dispersées de la foule afin de les mettre au service de l'homme d'action. Sous cet angle, le poète ressemble au mage qui élabore le destin du héros aux accents de sa musique: ". . . le son de ma guitare était comme la lueur prometteuse d'un talisman" (HC, 21).

Sur le plan esthétique, une fécondation réciproque s'opère entre le poète-guitariste et le héros légendaire: les prouesses de Jaime serviront en effet d'inspiration à l'imagination poétique de Felipe tandis que les idées de l'homme de rêve—stylisées par la musique—finiront par se transmuer en actes d'envergure exécutés par l'homme d'action. Sans le soutien continu du guitariste, par conséquent, le jeune cavalier Torrijos n'aurait jamais pris un tel essor vers la gloire; sans la présence dynamique du chef, le poète velléitaire n'aurait pu, quant à lui, s'élever à des hauteurs inespérées: "La musique," déclare Felipe, "a besoin de grandes formes qui se lèvent sur l'horizon" (HC, 228). A ce titre, en donnant forme aux idées et aux espérances du narrateur, la musique fait la liaison entre le rêve et l'action.

En tant que corollaire de la musique, la danse exprime dans le corps délié de Conchita le mystère ineffable de l'âme indienne. Ce que l'homme civilisé n'arrive pas à rendre vivant par la parole, la danse indienne le crée dans ses rythmes primitifs qui résonnent jusqu'en des régions obscures, situées au-delà de l'entendement humain, entre la vie et la mort. Devant l'assemblée des aristocrates au palais, la danse funèbre exécutée par Conchita semble arracher les spectateurs à eux-mêmes et les faire pénétrer de force dans le secret de l'existence: "à peine était-ce de toute danse future au soleil l'embryon obscur, imprévisible dans un monde souterrain" (HC, 92). De même que le chant indien est capable de livrer "le secret même de cette terre insensée" à qui sait l'entendre, de même la danse de Conchita, alliée aux incitations de la guitare, ouvre aux classes dirigeantes la perspective effrayante de leur infériorité face à la nature sensuelle et violente du peuple. Le public des nantis voit dans les ondulations lascives de Conchita la résurgence des forces populaires qui s'apprêtent à faire valoir leurs droits à la suprématie en Bolivie. Dans la mesure où elle exprime l'épanouissement de l'ascendance indienne, la danse annoncerait, comme le roulement d'un tambour en sourdine, l'ascension de l'homme fort—le métis Torrijos—vers la gloire et la restauration de l'empire inca en Amérique latine.

La Décadence

Toutes proportions gardées, il est impossible de comprendre l'oeuvre de Drieu la Rochelle si l'on ignore sa conception de la décadence—force de dégradation irréversible située au coeur même de l'existence. Comme Drieu lui-même l'a signalé dans la préface de *Gilles,* l'originalité de son oeuvre romanesque dépendait en grande partie de sa conscience aiguë du phénomène de décadence, tant sur le plan personnel que social: "Je me suis trouvé comme tous les autres écrivains contemporains devant un fait écrasant: la décadence. Tous ont dû se défendre et réagir, chacun à sa manière, contre ce fait. Mais aucun comme moi—sauf Céline—n'en a eu la conscience claire. Les uns s'en sont tirés par l'évasion, le dépaysement, diverses formes de refus, de fuite ou d'exil; moi, presque seul, par l'observation systématique et par la satire" (G, i).

Ce sentiment obsessionnel du dépérissement de l'homme et de la société marque d'un sceau indélébile toute sa production littéraire. Dans ses premiers écrits—au lendemain de la Grande Guerre—il s'en prenait déjà aux signes de vieillissement qui se manifestaient dans la société française malgré l'issue favorable des hostilités; lançant à ses compatriotes l'avertissement qu'ils "n'avaient pas couché seuls avec la victoire", il leur rappelait que le triomphe sur l'Allemagne, dû en réalité à l'intervention des puissances étrangères, masquait les indices de leur déclin national—dont le plus scandaleux, selon Drieu, était un taux de natalité en régression.[23]

Issu lui-même d'un milieu petit-bourgeois où il se nourrissait des idées de Charles Maurras et du général Boulanger (cf. *Rêveuse bourgeoisie*), Drieu s'est passionné très jeune pour Napoléon et son culte de l'énergie au détriment, sans doute, de l'idéal démocratique qui a vu le jour, à ses yeux, en même temps que la Troisième République et ses désordres ministériels. Très pessimiste quant à l'avenir de la France et de l'Europe, dépourvu d'idéologie directrice (au moins jusqu'en 1934), Drieu se conforme de très près à la définition de la personnalité fasciste proposée par André Malraux dans son roman, *L'Espoir* (tout en pensant à Drieu, paraît-il, qu'il comptait parmi ses amis): "Un homme actif et pessimiste à la fois, c'est ou ce sera un fasciste, sauf s'il y a une fidélité derrière lui".[24] En effet, cette fidélité qui lui avait fait défaut dans les années d'après-guerre, Drieu allait la découvrir auprès du chef du Parti Populaire Français, Jacques Doriot, dont la politique de redressement national lui semblait capable de faire surgir une France nouvelle, épurée des tares de la décadence. A ce sujet, Drieu affirme dans son journal que c'était surtout cette hantise de la décadence qui l'avait d'abord précipité dans les rangs fascistes: "Croyant à la décadence, je ne pouvais croire à autre chose qu'au fascisme qui est preuve de la décadence parce que résistance consciente à la décadence, avec des moyens déterminés par cette décadence même" (novembre 1942).

Influencé par l'idée nietzschéenne de l'éternel retour, Drieu se forge une image de l'humanité tout entière soumise aux lois implacables de la décadence et de la régénération. Dans *Gilles,* cette croyance à la mort nécessaire des peuples, suivie de leur renaissance, s'inscrit dans une vision apocalyptique de la condition humaine: "Il (Gilles) les regardait vivre (. . .) comme une grande masse unique, comme un grand être seul dans l'univers qui traversait les saisons, grandissait, vieillissait, mourait, renaissait pour revivre un peu moins jeune" (G, 65). Tout comme les hommes seront broyés par la grande roue de l'Histoire, leurs collectivités seront toutes charriées vers la mort par les forces de la décadence. Dans son journal, Drieu précise cette conception de la civilisation vouée à l'extinction en ces termes: "J'ai toujours cru au pire, à la décadence absolue de l'Europe et du monde. Mon instinct a toujours été apocalyptique. Il est tout à fait conforme à ma vision du monde que les nations meurent comme les individus et que les civilisations deviennent des astres morts" (le 16 février 1943).

Mêlée à l'idée de la décadence chez Drieu, une tendance suicidaire semble se déceler dans l'obstination dont il a fait preuve à l'égard du fascisme (voir *supra*); c'est ainsi qu'il adhère de nouveau au P. P. F. en pleine occupation alors qu'il était conscient de l'inutilité d'une telle démarche, à en juger par la régression de l'hitlérisme en Europe et surtout en France. A propos de cette volonté de hâter sa propre mort par la réaffirmation publique de ses croyances fascistes, Jean Plumyène et Raymond Lasierra tirent la conclusion que le militantisme doriotiste de Drieu—loin d'être purement idéologique—répond à des besoins égoïstes, c'est-à-dire au désir romantique de vouloir entraîner la mort de la France comme entité politique en même temps que sa destruction personnelle: "La France en décadence doit mourir pour renaître dans l'Europe. Elle retrouve ainsi le fond continental et racial dont elle est issue. Et du même coup elle se retrouve dans son intégrité initiale".[25] Selon les auteurs, Drieu aurait donc visé, en embrassant le fascisme, à précipiter la disparition de la France républicaine et décadente afin de lui restituer l'unité et l'ordre hiérarchique dont elle avait joui au Moyen Age, sous un régime autocratique, fondé sur le corporatisme économique.[26] En mourant de la sorte, la France ne cesserait d'exister sur le plan national—au contraire, elle renaîtrait de ses cendres rationalistes sous une forme plus dynamique au sein de l'Europe fasciste.

Il est surtout difficile de parler de décadence chez Drieu sans tenir compte de sa manie d'extérioriser l'angoisse qu'il ressentait envers son propre vieillissement; à cet égard, il nous semble que l'obsession de la société en décomposition ne serait qu'un reflet agrandi de cette émotion. A vrai dire, la hantise de la décadence tiendrait non pas exclusivement à l'analyse objective d'une conjoncture donnée (voir, à ce propos, la préface de *Gilles*) mais plus exactement à la conscience douloureuse d'une désagrégation personnelle, inévitable, dont il redoute profondément les effets. Cette crainte de vieillir, de perdre ses forces, se manifeste de façon marquante dans le passage suivant tiré de *Récit secret* où le jeune Drieu suit d'un regard éploré la lente décrépitude de ses grands-parents bien-aimés: "Je haïssais et craignais la vieillesse: ce sentiment m'était resté de mes premières années. (. . .) J'ai chéri le grand-père et la grand-mère avec qui je vivais bien plus que mon père et ma mère, et cela fut pour moi un des premiers désastres d'assister au progrès de leur décrépitude. (. . .) Je concluais donc qu'il fallait mourir assez tôt pour ne pas entrer du tout dans la condition de fatigue où l'indulgence et l'abandon peuvent germer de bonne heure".[27] Dans la mesure où il voyait des indices de ses limites d'être mortel à la fois chez ses proches et dans la société contemporaine, Drieu aurait été amené au fascisme—malgré son désir de porter remède aux structures désuètes du pays—en vue d'assouvir ses pulsions auto-destructrices: ce mépris de soi se traduit alors par le sentiment de dégoût qu'il éprouvait à l'égard de son organisme vulnérable, soumis aux multiples indignités du vieillissement—contre lequel la volonté se montrait impuissante.

Se référant à ce tempérament "nihiliste" chez Drieu, Simone de Beauvoir porte un jugement sévère sur les motifs de son engagement politique aux côtés des Allemands sous l'occupation: dans son traité, *Pour une morale de l'ambiguïté,* elle s'ingénie à faire le portrait d'un Drieu "sérieux" (c'est-à-dire un individu "de mauvaise foi" selon la terminologie existentialiste) qui, une fois conscient de l'impossibilité d'exaucer ses rêves de grandeur, aurait décidé par conséquent de n'être rien, de se détester, lui et le monde entier. Cette haine de soi, nourrie d'un profond nihilisme, aurait donc entraîné l'écrivain bourgeois dans la voie du fascisme puis de la collaboration où ses impulsions suicidaires pourraient enfin se réaliser: "Il est naturel que ce chemin ait abouti à la collaboration, la ruine d'un monde détesté se confondant pour Drieu avec l'annulation de lui-même".[28]

Jean-Paul Sartre, autre détracteur de Drieu, s'en prend de son côté à la tendance chez ce dernier ainsi que chez les surréalistes à s'évader de leur situation historique par le recours à l'exotisme—c'est-à-dire par la négation de la liberté existentielle de leur condition d'écrivain dans le monde. D'après Sartre, Drieu se serait emparé de l'idée de décadence par lâcheté: la poursuite de son propre anéantissement à travers la politique extrémiste l'aurait effectivement empêché de prendre conscience de la renaissance européenne qui s'effectuait, de façon perceptible, sous les décombres de la Première Guerre Mondiale: "Tous ont hésité entre deux rôles: celui d'annonciateurs d'un monde nouveau, celui de liquidateurs de l'ancien. Mais comme il était plus facile de discerner dans l'Europe d'après-guerre les signes de la décadence que ceux du renouveau, ils ont tous choisi la liquidation. Et pour tranquilliser leur conscience, ils ont remis en honneur le vieux mythe héraclitéen selon lequel la vie naît de la mort."[29]

Quelque justes que soient les griefs de Sartre contre l'esprit négativiste manifesté par Drieu dans ses choix politiques (bien que nous refusions catégoriquement toute accusation de lâcheté portée contre Drieu), il n'en est pas moins vrai que, pour ce dernier, la décadence prenait valeur d'une réalité obsessionnelle: en combattant cette maladie du monde contemporain par l'instrument du fascisme, Drieu niait (dans une large mesure) la présence en lui-même d'un processus de dégradation de même qu'il rejetait la société dans laquelle il retrouvait le reflet de ses faiblesses personnelles.

Dans *L'Homme à Cheval,* Drieu s'efforce de mettre en relief le rôle adverse joué par Jaime Torrijos vis-à-vis des grandes forces conservatrices de la Bolivie: l'Eglise (incarnée par le père Florida), la maçonnerie (par le docteur Belmez), et l'aristocratie Ipar Camilla Bustamente). De même que le fascisme se proposait—parmi d'autres objectifs—d'élever la petite bourgeoisie à un rang plus important que celui qu'elle avait tenu sous des régimes de démocratie parlementaire, de même le chef populaire engage la lutte contre les classes dirigeantes de la Bolivie au nom du peuple indien dont il cherche à restaurer l'empire d'autrefois. Et pourtant, condamnées à périr comme tout organisme social, ces trois puissances s'enfoncent par mesure de sécurité dans un immobilisme inconsidéré, résistant aveuglément à tout effort de libéralisation qui porterait atteinte à leurs privilèges. En analysant ces exemples de décadence moderne, Drieu avait sans doute l'intention de justifier l'avènement au pouvoir de l'homme fort— et donc par extension celui du fascisme—au nom de l'impératif moral qu'avaient les Indiens de reprendre aux maîtres espagnols la légitimité que la Conquête avait ravie aux autochtones. C'est dire que, selon Drieu, le fascisme se présente comme la seule idéologie susceptible d'exciser du corps politique le cancer de la décadence républicaine et de restaurer en même temps l'ancien empire carolingien—le saint empire romain germanique.[30]

Dans une large mesure, les aspirations politiques de Jaime Torrijos correspondent aux idées dont Drieu s'est fait l'avocat auprès de la société bourgeoise. A force de préconiser la destruction des nobles ("briser les grands"), Jaime reprend à son compte la méfiance de l'auteur à l'égard de la droite française traditionnelle—suspecte quant à ses fidélités et hostile de plus à toute réforme socialiste qui risquerait d'empiéter sur ses droits acquis. D'ailleurs, en raison de son indépendance d'esprit, la bourgeoisie aurait de la peine à s'accommoder à l'état totalitaire dont le sens communautaire des membres devrait l'emporter sur l'individualisme du régime capitaliste—réfractaire, de toute évidence, à l'esprit collectiviste de l'ordre nouveau. Ainsi, il apparaît clairement que doña Camilla, l'aristocrate, n'aime en Jaime que l'homme Torrijos et non pas l'âme de la nation bolivienne qu'il incarne; en niant chez Jaime le côté symbolique de son pouvoir, elle se montre—même sur le plan affectif—solidaire de sa classe sociale: jamais elle ne saurait admettre en Jaime Torrijos la véritable fusion de l'aristocratie et du peuple. Sur un ton amer, Felipe révèle à Jaime le caractère dégradant de son amour: "Elle s'est vengée de toi, Jaime, elle se venge de toi à fond. Elle t'a infligé sa conception de la vie, leur conception de la vie, ce sont des individualistes. (. . .) Elle t'a aimé comme un individu" (HC, 203).

Epuisée par ses difficultés à survivre dans un monde républicain, l'aristocratie s'acharne à conserver sa suprématie en cherchant des alliés dans la maçonnerie et dans l'Eglise—ces deux bastions du conservatisme. A force de soutenir les nobles, l'Eglise fait état, à son tour, de l'extrême faiblesse de sa mission évangélique auprès du peuple: la duplicité du père Florida en toutes circonstances, y compris dans ses agissements douteux lors de la révolte des Indiens, témoigne du rôle compromettant que joue l'Eglise dans l'administration des affaires du pays; dans le personnage de Florida, celle-ci s'oppose à la volonté populaire en se rangeant du côté des aristocrates de peur de voir se dissiper, à travers le renouveau de la religion inca, les riches acquisitions que sa politique séculière lui a procurées au détriment des indigènes. Au sein de l'Eglise—coupable d'avoir renoncé à l'esprit pur du christianisme en faveur d'un formalisme intéressé—la décadence règne en toute sérénité. Ainsi donc, l'aristocratie et l'Eglise, paralysées par la résurgence des forces populaires sous la direction de Jaime Torrijos, sont incapables d'effectuer la rénovation morale et sociale qui s'impose pour apaiser la colère et les revendications du peuple.

Etroitement liée aux intérêts de la bourgeoisie, la maçonnerie s'aveugle, pour sa part, sur les mérites de l'émancipation des Indiens prônée par Jaime Torrijos. Au lieu de rester fidèle au vieux rêve maçonnique qui est de délivrer les autres religions de la "prédominance exclusive et usurpée" du christianisme en faisant retrouver à celui-ci des éléments paiens qui l'avaient nourri à ses origines (voir HC, 197), elle se soucie davantage de consolider ses forces et de mettre ses biens à l'abri des Indiens révoltés. Bien que la maçonnerie soit la seule force européenne de Bolivie susceptible de comprendre la nécessité de remettre en honneur la religion inca, elle préfère s'associer au sort de l'Eglise, faute de savoir concrétiser en mesures sociales ses aspirations de remplacer un jour le christianisme. A l'instar de l'Eglise et de l'aristocratie, la maçonnerie ne parvient pas à s'affranchir de cette "crispation atavique" due à ses attaches bourgeoises: tout comme Camilla Bustamente et le père Florida, Belmez, le maçon, représente un autre aspect de la décadence moderne—le dessèchement de l'esprit religieux et l'abandon de la quête de l'unité primordiale de l'existence au profit de la suffisance mercantile.

Face à ses trois adversaires—tous défenseurs de l'ordre établi et pourvoyeurs de décadence—Jaime Torrijos se place sous le signe de l'ordre nouveau. A l'encontre de don Benito, il désavoue brutalement toute filiation possible entre le pouvoir qu'il exerce et les forces conservatrices de l'Etat. A l'opposé des aristocrates raffinés, Jaime se révèle un homme simple et franc, ne sachant dissimuler ses sentiments: ". . . ce n'était pas un dandy qui s'équilbre entre l'hypocrisie et le cynisme, ce n'était ni un gentleman ni un caballero, c'était un homme aussi passionné que réfléchi et qui n'avait pas honte de sa passion" (HC, 198). Tout en Jaime respire la force primitive de sa race. A moitié indien, il lutte de toutes ses forces pour libérer le peuple bolivien de ses entraves coloniales entretenues par les grandes familles de La Paz. Bien qu'il échoue dans sa tentative d'appuyer sa politique sur le redressement des Indiens aux dépens des classes dirigeantes, Jaime ne s'abandonne pas au désespoir; au-delà de cette défaite passagère se dessinent les contours du futur rôle du peule indien: "La race indienne renaîtra du coup terrible qu'elle a reçu, elle s'adaptera, elle assimilera la vie de ses anciens vainqueurs. (. . .) Je ne suis qu'un précurseur, mais j'aurai beaucoup de successeurs" (HC, 197).

Il va sans dire que Drieu établit à dessein dans *L'Homme à Cheval* un parallèle entre la renaissance éventuelle des Indiens et le destin du fascisme en Europe. Déçu dans ses ambitions politiques et conscient de la défaite imminente de l'Allemagne, Drieu prend le parti de s'en remettre à l'histoire en compensation: les forces de rénovation mises en branle par le passage du fascisme en Europe se réaffirmeront, croit-il, à une époque ultérieure, plus propice à l'éclosion de l'esprit totalitaire. A l'exemple de sa création romanesque, Jaime Torrijos, Drieu ne voit dans l'effondrement de l'aventure fasciste qu'un simple revers de fortune et non pas un démenti infligé au bien-fondé de ses croyances. En grande partie, donc, s'il adhère au fascisme, ce n'est pas tant afin de pouvoir réaliser ses objectifs politiques que pour retrouver l'ardeur de la lutte en commun pour une cause qui dépasse les forces de l'homme. Faute d'une guerre où il aurait pu faire renaître l'extase héroïque de la bataille de Charleroi, Drieu s'est rabattu sur le rôle de militant fasciste pour connaître de nouveau la camaraderie des tranchées et l'union virile de ceux qui allaient tous les jours à la mort (cf. HC, 42). A cet égard, il nous livre dans la "Troisième Lettre aux surréalistes" ses réflexions sur l'attrait qu'exerçait sur lui la confrérie des hommes voués à la grandeur d'une cause: "Aimer une cause, en aimant des chefs et des camarades, c'est en dehors de l'amour pour la femme, le prestige le plus ardent qui puisse être agité devant les yeux des hommes, et des artistes, les plus humains des hommes".[31]

En se réclamant donc de l'idéologie fasciste, Drieu obéissait à divers motifs—plus ou moins rattachés à l'idée de la décadence et dont il conviendrait peut-être de dresser le catalogue afin de montrer comment il est complexe d'élucider de façon satisfaisante les options politiques de l'auteur. A part la recherche de la camaraderie d'armes, Drieu aurait embrassé le fascisme parce qu'il avait ainsi le sentiment d'être lié inextricablement à son époque (comme nous l'avons déjà souligné plus haut) de sorte que les signes de décadence qu'il y trouvait ne seraient en fin de compte que la transcription, sur le plan social, de l'obsession de sa propre détérioration physique. En raison de ce parallèle dressé entre son dépérissement personnel et la décomposition de la société, Drieu se serait précipité dans le fascisme à la fois pour tenter de redresser de force un peuple "en décadence"—miroir de ses propres vices—et pour sublimer à travers son engagement politique l'angoisse engendrée par la vision d'un monde qui se défaisait à mesure que lui-même vieillissait.

A ce titre, il est également vrai qu'en adhérant au fascisme, Drieu s'efforçait de refaire l'unité de son être en mêlant "le sang et l'encre", c'est-à-dire en faisant de sa pensée de clerc une réalité vivante et lourde de responsabilité.[32] Outre cette quête de l'homme "réussi"—en qui se conjuguent le rêve et l'action—Drieu cherchait aussi dans le fascisme le moyen le plus efficace d'entraîner sa propre mort en même temps que celle de la France (voir *supra*), se débarrassant ainsi de tout ce qu'il détestait en lui-même et dans son époque. Une fois réintégrée dans une Europe fasciste, la France, libérée de ses structures parlementaires, connaîtrait une vigueur nouvelle. En définitive, la mort que Drieu poursuivait consciemment par le truchement du fascisme devait servir—à ses yeux du moins—à féconder la renaissance de la nation française. Bourreau de lui-même et de son pays à la fois, il fait le point dans *Gilles* sur cette double volonté de mort et de sacrifice: ". . . il faut bien qu'un peuple meure, il faut bien que tout soit consommé dans les villes. Mon sang fume sur cet autel sale" (G, 201).

Quels que fussent les véritables motifs du militantisme de Drieu dans les rangs fascistes, il nous paraît évident qu'un des ressorts principaux de son choix fut le désir de se châtier: en fustigeant la décadence de l'époque moderne dans ses oeuvres, Drieu n'a fait que se flageller lui-même sans pitié. Venu d'abord au fascisme, de son propre aveu, pour suppléer au manque de rigueur spartiate des moeurs françaises, Drieu a fini par se retrouver (presque malgré lui) dans ce processus d'affaiblissement moral et physique qu'il décelait partout chez ses compatriotes. Ainsi, la voie qui menait à la mort comme à la délivrance devait au préalable passer par le stade de militant fasciste.

La Misogynie

Comme c'est le cas chez d'autres écrivains-hommes d'action (tels Montherlant, Malraux ou Kessel—pour n'en citer que quelques-uns), la misogynie joue un rôle de premier plan dans l'oeuvre de Drieu la Rochelle. Bien avant *L'Homme à Cheval,* en effet, nous pouvons discerner de livre en livre une méfiance grandissante envers les femmes à mesure que Drieu rend compte des deceptions de sa vie sentimentale. L'inassouvissement charnel et spirituel de la jeunesse guindée d'après-guerre fait l'objet de son premier roman proprement dit, *L'Homme couvert de femmes* (1925), véritable réquisitoire contre la misère sexuelle des années folles.[33] Ballotté au gré de ses passions entre toute une succession de prostituées et de jeunes affranchies aux moeurs relâchées,

Gille—le narrateur et porte-parole de l'auteur—cherche à masquer par la débauche le profond sentiment de dégoût et d'inquiétude qu'il éprouve devant la stérilité affective de sa vie—c'est-à-dire l'incapacité de s'unir avec un autre être humain. Ayant sondé le fond de lui-même par la voie de la sexualité, le protagoniste ne rencontre que l'image effarante de son propre néant; en ce sens, l'érotisme débouche seulement sur la négation du moi. Dans son étude, *Drieu, témoin et visionnaire*, Pierre Andreu caractérise ainsi le rôle de la sexualité dans l'oeuvre de son ami: "L'oeuvre romanesque de Drieu se déroule donc, comme une vaste illustration, terriblement tragique, du désordre sexuel de son temps".[34]

En raison de cette présentation des rapports entre l'homme et la femme sous l'aspect d'une lutte sensuelle—dénuée de tendresse ou d'épanouissement—il n'est point étonnant que Drieu—reprenant donc un trait plutôt commun à la littérature misogyne, en particulier à l'oeuvre de Montherlant—ait établi une analogie entre l'amour et la guerre, l'envers et l'endroit de la même passion de dominer. Aux yeux du jeune permissionnaire de *Gilles*, par exemple, la femme n'est rien de plus que la proie du soldat, rôdant dans les rues de Paris à la recherche d'une "fille à croquer". Pour le rescapé du front, elle se révèle l'autre face de la guerre—un asile de repos et de sensualité qui permet au combattant fourbu de jouir en toute liberté et sans la moindre trace d'obligation. S'il lui arrive, en fin de compte, de s'aventurer dans le mariage, c'est poussé par les raisons les plus égoïstes qui soient: coureur de dot, il se jette sur la première femme riche venue—assurant de cette manière son indépendance financière au prix, hélas, du bonheur conjugal. Puis, faisant fi de ses conquêtes mondaines, le jeune sergent reprend le chemin du front où l'homme sans femmes peut déployer librement ses forces dans la fraternité virile de ceux qui, chaque jour, se destinent à la mort. Dans ses mémoires sur la genèse de sa vocation d'écrivain, "Débuts littéraires", Drieu affirme que l'amour ne l'intéressait que dans la mesure où il servait de prétexte à élucider le caractère profondément misogyne du guerrier: "Quand j'ai parlé de l'amour, ce n'était au fond que pour y voir le guerrier pris au piège, se débattant, essayant d'échapper, inventant cent moyens pour justifier sa peur et pour assurer sa fuite".[35]

Ainsi donc, l'homme de guerre ne voit dans les exigences d'amour (la tendresse et la fidélité) qu'un guet-apens habilement dressé par sa partenaire, jalouse au fond de l'orgueilleuse liberté dont il jouit. Afin de conserver une telle disponibilité libertine, il se voit condamné à poursuivre sans cesse la femme idéale en multipliant ses aventures sentimentales: faute de liaisons durables, l'amant ne parvient jamais à saisir l'individualité de celle qu'il étreint. Dans sa "Troisième Lettre aux surréalistes", Drieu caractérise ainsi cette "fuite en avant" qui fut la sienne devant les femmes: "Je fuyais la Femme en courant les femmes".[36]

Dans une large mesure, le goût insatiable que Drieu manifestait pour les filles publiques tenait à l'ambivalence essentielle de ses rapports avec la femme: plus il se sentait souillé par la vulgarité d'une passade, plus il en éprouvait du plaisir dans la mesure où il avait l'impression d'être affranchi de tout lien affectif. Dans son journal, il avoue à ce sujet: "Je me rabattais sur les putains, parce que l'idée de leur complète souillure me mettait à l'aise" (le 17 février 1943). Pareillement, la faim sexuelle qui dévore le jeune permissionnaire de *Gilles* trahit l'égoïsme de ses goûts érotiques: "Les femmes, il les voulait nues, débarrassées de leur coque sociale, simples et fortes expressions de leur sexe, prêtes à accepter de lui une présence aussi nue. Il aimait celles qui étaient à tout le monde, ainsi nullement à lui" (G, 45).

A la lumière de cette volonté de s'abaisser par le recours à l'anonymat du plaisir, il nous est facile de discerner chez Drieu l'effort conscient pour s'anéantir par le moyen de la sexualité, c'est-à-dire se libérer en détruisant l'intolérable présence du moi afin de s'intégrer à l'Essence ou au Continu, tant loué par les mystiques brahmanes (voir plus loin à ce sujet). L'étreinte physique—à l'image de la guerre—consiste donc en l'affrontement de l'agresseur et de sa victime dans une grande torsion de l'être, accompagnée de spasmes violents et de cris douloureux qui ressemblent aux râles des agonisants sur le champ de bataille. Le passage suivant de *Gilles* illustre bien ce phénomène érotique où l'amour charnel se métamorphose en lutte outragée pour la domination du plus faible: "La haine entrait en Gilles. La résistance le rendait furieux. L'horrible séduction d'être cruel avec les femmes lui revenait par une pente inattendue. Il se laissa aller à la haine qui le précipita avec la dernière violence contre cet être autrefois balbutiant, maintenant râlant; il se consomma dans la douleur de l'autre et de lui-même" (G, 127).

Ceci dit, il s'ensuit qu'un parallèle très net peut s'établir entre cette forme de suicide rituel à travers la sexualité et le fond suicidaire de l'engagement politique de Drieu dans le fascisme. De même que l'âme "féminine" de Drieu cherchait à se confondre avec la prestance virile de l'homme fort, de même la France—maîtresse asservie de l'Allemagne—devait mourir pour revivre dans le cadre mâle du fascisme européen. La nécessité de détruire l'organisme—qu'il soit individuel ou social—pour le rendre plus vigoureux dans ses réincarnations successives se manifeste à la fois dans les scènes érotiques—où l'homme s'acharne à dompter la femme—et dans les épreuves de la guerre. En se jetant à "l'extrême pointe de l'élancement" (cf. "La Comédie de Charleroi"), le guerrier s'efforce de faire éclater la gangue civilisée du moi, dégageant le noyau primitif de l'être; dans l'étreinte amoureuse, l'amant s'attache de même à réduire à néant la présence de sa partenaire par le refus de toute générosité émotive pour atteindre lui-même à sa propre délivrance. Dans l'animalité et la cruauté de l'accouplement, l'homme arrive donc à se dévêtir provisoirement de son moi divisé en vue de s'engager—saisi d'un paroxysme d'exaltation—dans "une puissante dérive vers une destination inconnue" (G, 396). En dernière analyse, l'attrait de la femme et la séduction du fascisme avaient ceci de commun: chacun permettait à l'auteur de se détruire au sens rituel du terme pour accéder ensuite à une sorte de plénitude—tant politique que mystique—dans laquelle le moi aboli tout comme l'esprit national pourrait renaître au sein d'une totalité refaite.

Sous cet angle, la femme se révèle—à l'exemple du fascisme—l'instrument indispensable de la dissolution de l'être dans l'-Eternel que Drieu visait par-delà l'union sexuelle. Parce qu'il se sent tributaire de la femme, en raison du rôle exceptionnel de médiatrice qu'elle joue dans le passage vers l'unité spirituelle, le guerrier (c'est-à-dire le côté héroïque de l'auteur) finit par lui garder rancune de la dépendance humiliante dont il est l'objet. Vue dans cette perspective, la misogynie de Drieu (telle qu'elle se dévoile dans son oeuvre) résulterait en partie de la conscience désabusée de son incapacité de se dépasser (à cause de sa nature éminemment "féminine") sans l'intervention d'une force extérieure à sa volonté. Il est donc fort probable que ce soit le sentiment de n'être qu'un homme à moitié achevé qui ait fait naître son mépris pour la femme—mépris qui s'étend, comme nous allons le voir plus loin, jusqu'à Drieu lui-même, étant donné qu'il a tendance à s'attribuer les faiblesses de la femme tout en souhaitant rejoindre l'univers mâle des chefs.

Avec *Béloukia*, Drieu paraît amorcer une tentative pour se soustraire à l'empire dégradant de la femme adultère et se lancer à la découverte d'une vie plus authentique.[37] Tout comme le poète, Hassib, dans un adieu symbolique, quitte le palais de sa maîtresse, Béloukia, pour se joindre à ses camarades d'armes, Drieu s'apprête à cette époque à adhérer au Parti Populaire Français, renonçant avec éclat à son existence privilégiée de clerc pour endosser le manteau de militant fasciste—au grand étonnement d'ailleurs de nombre de ses amis. Dès lors, la méfiance qu'il éprouve envers les femmes ne cesse de croître d'oeuvre en oeuvre avant d'atteindre son point le plus sombre dans le récit-bilan de la collaboration, *Les Chiens de paille*. Spectateur indifférent du drame politique qui se déroule autour de lui, le protagoniste, Constant Trubert, pousse son dessèchement affectif jusqu'au comble de la haine en torturant de sang-froid le corps d'une femme à coups de piqûres de canif.[38]

Dans l'évolution de l'attitude misogyne chez Drieu, *L'Homme à Cheval* semble marquer un tournant décisif. A force de dresser le catalogue de ses aventures galantes sous forme romanesque, Drieu espérait sans doute parvenir—conformément à ses procédés d'analyse autobiographique en matière de littérature—à une meilleure compréhension de ses difficultés émotives, surtout dans les romans antérieurs à la Deuxième Guerre Mondiale. Alors qu'il croyait poursuivre, à travers ses nombreuses liaisons, la consommation de son unité intérieure par la sexualité proprement dite, il s'est toutefois aperçu—à l'époque de *Gilles*—de la frivolité écoeurante de cette quête destinée à ne jamais aboutir tant qu'il craignait de se voir figé dans la glace des compromissions domestiques et soumis à l'usure de la routine conjugale.[39]

En conséquence, l'épilogue de *Gilles* nous présente le héros sous un nom d'emprunt, retiré apparemment du monde des femmes, à la recherche des valeurs viriles et spirituelles dans les rangs franquistes de la guerre civile d'Espagne—expiant ainsi le péché de ses complaisances sensuelles d'autrefois. L'abandon des femmes par Gilles trahit donc chez Drieu lui-même le désir de se libérer du joug de l'érotisme et de s'adonner sur le plan romanesque à ses véritables passions—la guerre et la politique. Dans ses mémoires, dictés en effet vers l'époque de *L'Homme à Cheval*, Drieu met en évidence le rôle primordial que la guerre avait tenu dans son oeuvre: "J'y parlais de la guerre et uniquement de la guerre. Et, après tout, peut-être, n'ai-je eu jamais qu'à parler de cela et tout le reste n'a été qu'allusion détournée ou remplissage superflu".[40] Faisant suite à *Gilles*, *L'Homme à Cheval* témoigne à son tour du dédain viril manifesté par l'auteur à l'égard des femmes; en plaçant tous les personnages féminins du roman sous le signe de la sensualité animale ou de l'infidélité, Drieu vise sans doute à dénoncer le monde des femmes au profit de l'existence héroïque qu'il aurait lui-même souhaité mener—en particulier dans les premières années de la guerre. A ses yeux, donc, l'éloignement des femmes (au sens affectif du terme) constitue le premier pas franchi sur le chemin de la solitude qui doit aboutir finalement à la destruction du moi honni—l'obstacle odieux qui l'empêchait d'exaucer ses voeux d'unité intérieure.

En revêtant Felipe d'une laideur qui répugne aux femmes, Drieu ne fait que se peindre lui-même (en tant que caricature "vers le bas") sous les traits du poète misogyne dont les imperfections physiques traduisent, sur le plan romanesque, les profonds sentiments de dégoût charnel éprouvés par l'auteur. En raison de sa difformité, Felipe se sent attirer par la belle prestance ainsi que par l'esprit mâle du chef Torrijos susceptible de donner une forme plus vigoureuse aux pensées de son âme faible et velléitaire. A cet égard, il avoue à Jaime: ". . . soudain tu t'es dressé devant moi, tu étais la forme. La forme. Moi qui étais amant de la beauté, je me suis rué vers cette forme, qui était la beauté vivante" (HC, 226). Jalousant toute personne qui cherche à lui retirer la place d'honneur qu'il tient auprès de son maître, Felipe conçoit une haine morbide de la Conchita dont la sensualité débordante ne sert qu'à atténuer les forces du chef. A la veille de la bataille que les troupes rebelles, dirigées par Jaime, livreront à l'armée de don Benito, Felipe se réjouit de l'absence de sa rivale: "J'étais amèrement heureux qu'elle fût loin de nous, et il me semblait reconnaître dans la voix de mon maître (. . .) le même sauvage contentement" (HC, 43). Selon Felipe, il n'y a donc que la camaraderie engendrée par la guerre qui soit en mesure de forger de vrais liens d'amour entre les hommes, loin de la mollesse et de la trahison des femmes; à mesure qu'il participe à l'effort commun de la lutte contre l'ennemi et la mort, le soldat parvient à connaître la fraternité chaleureuse de ceux qui recherchent, au fond de la bataille, l'extase suscitée par le dépassement de soi: "C'était un de ces rares moments où il est donné à l'homme d'être lui-même en se jetant tout à fait hors de lui. C'était un de ces moments où les hommes sont vraiment des amis et fondus dans un amour qui passe hautement les amours" (HC, 52).

Dans cette perspective, la femme se voit reléguée à un rôle d'accessoire, évoluant en marge de la véritable grandeur du chef dont elle ne peut influencer le destin. Trop enchaînée aux préjugés de sa classe, la hautaine Camilla ne saurait jamais réaliser en elle-même l'union du peuple et de l'aristocratie qu'elle avait espérée à un moment donné: puisque sa vie est tout le contraire d'une vie audacieuse, son amour coulera dans les veines de l'homme fort comme un poison subtil et languissant. Non sans une pointe de cruanté, Felipe s'empresse de faire voir à Camilla l'incongruité du mariage proposé entre elle et Jaime: "Vous êtes l'exquise et délicieuse détente de la vie, et lui est le ressort qui se tendra jusqu'à la rupture" (HC, 112). Dans la mesure où l'homme fort est apparu en Bolivie pour s'opposer aux grands propriétaires, il s'avère donc impossible qu'une aristocrate lui serve d'intermédiaire entre ses rêves d'empire et les classes dirigeantes, solidement enracinées dans un immobilisme égoïste. L'amour éphémère et trompeur que Jaime avait ressenti pour Camilla n'aurait jamais pu durer à cause des liens le rattachant à Conchita et, à travers elle, à la Bolivie indigène. En présence d'une Camilla délaissée et tourmentée par le doute, Felipe tire au clair les motifs de la désaffection de Jaime: "Conchita était avec son corps livré à tous, l'image du destin d'un soldat et d'un chef: Jaime, livré à la Bolivie comme la Conchita aux Boliviens, ne pourrait avoir honte du corps de Conchita" (HC, 114).

Ainsi donc, l'amour de Camilla constitue, aux yeux de Jaime, la négation de tout ce qu'il a été et de tout ce qu'il souhaiterait devenir; en se redonnant à Jaime après la mort de son amant, Manuelito—tué en duel par Jaime—Camilla se dépouille sans vergogne de ses prétentions vertueuses, elle s'abaisse par conséquent au niveau de l'animalité de Conchita. L'attrait mystérieux que sa beauté avait exercé sur Jaime s'évanouit dès qu'elle se met à suivre le penchant de sa vraie nature. Face à l'évidence de la souillure de Camilla, Jaime prend un plaisir mesquin à railler cette inconstance propre à l'aristocrate comme à la femme du peuple: "Mais je n'aime les femmes que dans la mesure où elles sont prostituées et me trahissent!" (HC, 183-184).

Comme Felipe, Jaime finit par se détourner des femmes dont la présence charnelle ne fait que briser son élan vers la gloire. Asservies à leurs instincts sensuels, elles se révèlent, tout compte fait, incapables de se libérer du monde et de ses contingences pour s'accommoder aux grands desseins du héros populaire;

puisqu'elles sont rattachées à la terre, la vie héroïque leur est interdite. Sur un ton de dégoût amer, Jaime marque sa rupture définitive avec les femmes en s'exclamant à Felipe: "Tournez le dos à une femme, puis regardez-la de nouveau, elle aura mis dans son lit votre caricature" (HC, 193).

Pour sa part, Felipe s'aperçoit que sa laideur, tout en l'éloignant des femmes, lui ouvre cependant de nouvelles perspectives sur le sens profond de sa propre existence: "bienheureuse laideur," déclare-t-il, "qui m'avait fait toucher tôt le fond de mon coeur et qui m'avait voué à ma guitare" (HC, 208). De même que le poète-guitariste—détaché enfin de toute sensualité—parvient à mieux apprécier la valeur de ses apports à la gloire de son maître, de même Drieu (atteint, selon les confidences de son journal, d'impuissance sexuelle intermittente sous l'occupation) tirera profit de sa solitude pour faire le bilan, avec plus de netteté, de ses rapports avec les femmes.

Cette chaste retraite procure ainsi à l'artiste une clairvoyance impossible à atteindre tant qu'il était resté victime de ses passions. Libéré de la tyrannie de la chair dans les dernières années de sa vie, Drieu met à profit cette lucidité nouvellement acquise en procédant dans *L'Homme à Cheval* à un véritable règlement de comptes des déboires de sa vie sentimentale.[41] En se bornant, de propos délibéré, à ne dépeindre que la femme du monde, Camilla, et la prostituée, Conchita, Drieu nous présente, sous un jour cynique et brutal, les deux sortes de femmes qui avaient abondamment jalonné l'itinéraire de ses amours: faibles et intéressées au besoin, elles se caractérisent, selon l'auteur, par le mensonge et la trahison. A propos de Camilla qui, dans son abandon sensuel, se met à ressembler à Conchita, Jaime affirme d'une voix méprisante: "Une vraie femme, Felipe, menteuse et traîtresse. Elle m'aime et me déteste en même temps" (HC, 181). Douée d'un esprit pragmatique et soucieuse d'assurer son bonheur au prix de la grandeur d'âme exigée du héros national, la femme se révèle l'anti-héroïne dans la mesure où elle rejette catégoriquement le dépassement de soi nietzschéen dont Drieu a fait la substance de ses rêves.

Bien qu'il ait énergiquement condamné la soi-disant médiocrité spirituelle et morale de la femme, il arrive que Drieu tourne en dérision le reflet de ses propres travers lorsqu'il s'en prend aux défauts qui lui apparaissent spécifiquement féminins.

En tant que clerc—et de caractère foncièrement "délicat" ou "féminin"—Drieu ressent comme une tare son manque de force et de dynamisme; cherchant donc à parer à cette insuffisance de vigueur, il se lance à la poursuite de l'homme fort en qui il espère combler ses rêves de puissance et d'unité. De même que Felipe, se croyant supérieur au père jésuite, s'étonne de trouver en Florida la caricature de ses propres vices et un adversaire dont la perversité équivaut à la sienne, de même Drieu (tout en raillant les "petitesses" de la femme) a dû prendre douloureusement conscience de sa condition d'infériorité par rapport à l'homme d'action—guère moins enviable que l'état servile de la femme qui ne saurait se passer de la virilité du mâle.

Ainsi il nous paraît évident, comme nous l'avons déjà fait remarquer, que la misogynie de Drieu relève, en grande partie, de la conscience aiguë de ses faiblesses personnelles vis-à-vis de l'homme "réussi" aussi bien que de l'équivalence établie entre sa quête quasi-érotique de la force virile du chef et la lascivité des mondaines (et demi-mondaines) dont il fustigeait le tempérament volage: c'est dire que le mépris pour les femmes manifesté dans les écrits de Drieu provient, selon toute probabilité, d'une haine de soi tournée, paradoxalement, contre sa sensibilité d'artiste et contre ses facultés critiques—deux entraves (selon lui) à la pleine réalisation de ses voeux héroïques. Il va sans dire que cette attitude d'intolérance envers ses propres insuffisances—réfléchies dans la femme-miroir—a vivement coloré chez Drieu la nature de ses rapports affectifs avec l'autre sexe de même qu'elle a exercé une forte influence sur le caractère de ses aspirations politiques.

En chantant, à l'ermitage du père Florida, la mort du désir, Felipe annonce l'exclusion des femmes à la fois de sa propre vie et de celle de Jaime Torrijos. Chez ce dernier, l'asservissement sensuel à la femme cède la place à l'amour de la race indienne: une fois imbu de sa véritable mission—apporter un témoignage de grandeur à la postérité—le chef se retire du monde des femmes pour s'engager dans la voie qui le menèra, en passant par l'échec de ses rêves d'empire en Amérique latine, à l'exil et finalement à la légende. De cette manière, l'homme fort parvient à esquisser— à l'imitation de Drieu lui-même—le premier pas vers la solitude et vers l'ascès propre au soldat-moine. A cette fin, il faut d'abord procéder au rite de purification pour que puisse s'accomplir l'immolation symbolique du guerrier sur l'autel du mouvement totalitaire.

Le Sacrifice

Toutes les lignes de force de *L'Homme à Cheval* convergent donc vers l'idée du sacrifice. Pour que l'oeuvre impériale du chef ne sombre pas dans l'oubli après sa défaite contre les Chiliens, il lui importe de donner forme et consistance à ses efforts pour restaurer dans leur intégrité primitive l'empire et la religion incas. Au bord du lac Titicaca, où s'étaient dressés jadis les temples des Incas, l'homme de rêve et l'homme d'action se retrouvent pour consacrer le caractère éphémère de leur lutte d'émancipation au milieu des ruines d'une civilisation éteinte. Conformément à la conception nietzschéenne de l'humanité inscrite dans une vaste marche cyclique où la vie renaît incessamment de la mort, le poète-guitariste réclame le sacrifice rituel, exécuté sur les vestiges de l'empire inca, afin que, dans le monde, l'essence de la religion ancienne revive, revigorée par le sang du héros Torrijos, symbole du mouvement de régénération: "Il faut que dans le temple des ancêtres, le héros qui roule le sang des conquérants incas et le sang des conquérants espagnols, le héros qui charrie dans ses veines un nouveau baptême et un nouveau sacrement, enchaîne sa religion à l'ancienne religion. Le neuf naît de l'ancien, de l'ancien qui fut si jeune" (HC, 231).

Par le sacrifice de son cheval de guerre, Brave, Jaime Torrijos donne une cohérence historique et légendaire à son rôle de guerrier; en faisant disparaître le symbole de son autorité, Jaime renonce à poursuivre sa quête de la puissance terrestre, il se rend au jugement de la postérité. Le sang versé par le héros dans les guerres et sur l'autel de ses rêves impériaux fera naître des formes nouvelles dont l'art en particulier se nourrira. Selon Drieu (qui s'inspire évidemment de Diderot à cet égard), les grands artistes apparaissent toujours à la suite des grands bouleversements de la société: "Donnez-nous," s'écrie Felipe, "de grands hommes et de grandes actions pour que nous retrouvions le sens des grandes choses. Chaque héros nourrit dix grands artistes" (HC, 228). Les exploits de l'homme fort, accomplis dans la violence et dans le sang, fourniront aux poètes la matière de leurs rêves et serviront de stimulant aux forces vives de la nation.

Felipe, en sa qualité de poète et de théologien, voit une justification de l'aventure passionnée de Jaime Torrijos sur le plan esthétique et spirituel à la fois.[42] Avant l'avènement du héros, les gens s'assoupissaient dans l'indolence et la médiocrité. Grâce aux prouesses et aux exigences implacables de Torrijos, ils se voient soudain arrachés à eux-mêmes et projetés violemment vers la grandeur. Il importe, selon Drieu, que des populations tout entières s'en remettent à la dictature nécessaire de l'homme fort dont la discipline de fer est seule capable de mettre fin à l'amollissement des moeurs entraîné par la décadence. Né de la foule et porté vers le pouvoir par la force du destin, le chef totalitaire s'élève jusqu'au niveau des demi-dieux: dans un monde où le Dieu des chrétiens est mort, les civilisations à la dérive réclament des figures mythiques susceptibles de créer de nouvelles valeurs. Dans son recueil d'essais, *Socialisme fasciste,* Drieu fait l'éloge de cette "race des seigneurs" destinés à régner sur la terre en tant que maîtres politiques et spirituels: "Il faut leur (aux gens) donner un dieu. Puisqu'il n'est plus de dieu dans le ciel, donnons-leur un dieu sur la terre. Les dieux naissent sur la terre; puis montent au ciel" (SF, 111).

Ce n'est pas en vain que la présence de Jaime Torrijos s'est imposée aux Boliviens. Désormais, son nom fera revivre l'âme des Incas parmi les générations à venir. Son règne et ses accomplissements témoigneront à leur tour de la noblesse de sa cause perdue aux yeux de la postérité. Bien que la fédération des états sud-américains ne se soit jamais réalisée de son vivant, le héros pourra se consoler d'avoir tenté l'impossible. Terre des extrêmes où l'homme est déjà condamné à vivre au-delà de lui-même, la Bolivie reverra un jour la forme de Torrijos s'élever dans son ciel. Comme Jaime lui-même l'affirme: "Mais le temps reviendra des grandes actions, des actions impériales" (HC, 221). En effet, d'autres chefs lui succéderont, ils assureront la relève d'un mouvement qui renaîtra un jour de ses cendres. En sacrifiant ce qu'il a incarné pendant vingt ans, l'homme à cheval remporte finalement une victoire fugitive sur le néant.

Ainsi donc, Drieu parvient à donner une conclusion idéale au drame tragique du fascisme qu'il a vécu de façon si désespérée. Dans la mesure où il s'est représenté sous les traits d'un martyr de ce mouvement, Drieu tire aussi une conclusion compensatrice sur la valeur de son militantisme politique. De même que Jaime choisit orgueilleusement les rigueurs de l'exil de préférence à la médiocrité des temps prospères, de même Drieu, à son retour de Suisse en 1943, est résolu à ne pas quitter sa patrie (contrairement à de nombreux autres écrivains collaborateurs qui ont plié bagage lors du retrait des troupes allemandes) et à se donner la

mort "en temps utile". A l'exemple de Jaime Torrijos qui con-
temple au milieu des ruines d'un empire éteint la victoire qu'il ne
connaîtra jamais, Drieu se penche à Genève—centre spirituel de
l'Europe—sur la fédération européenne dont il a si ardemment
rêvé sans jamais en voir l'élaboration définitive.[43]

Par la voie du suicide, Drieu avait sans doute l'intention de
conférer à sa vie de militant fasciste une valeur exemplaire. En
prenant le parti de disparaître en même temps que "le monde
intermédiaire du fascisme", Drieu tranche brutalement la question de sa survie personnelle: en tant que martyr du mouvement
totalitaire, il se propose de donner à son engagement politique
une importance morale et spirituelle qui aurait justifé, à ses yeux,
dix années d'espoirs et de désillusions. A ce titre, il s'explique sur
la nécessité du suicide comme affirmation héroïque: "L'homme
ne naît que pour mourir et il n'est jamais si vivant que lorsqu'il
meurt. Mais sa vie n'a de sens que s'il donne sa vie au lieu d'attendre qu'elle lui soit prise" (HC, 232).

Sur le plan romanesque et idéologique, le grand rêve impérial
du héros populaire prend fin: en renonçant à l'amour aussi bien
qu'à la guerre, le chef se dépouille de ses passions maîtresses et
embrasse pieusement le dénuement de l'exil. De son côté, Drieu
lui-même se retire de la vie engagée au profit de l'ascèse: là encore—comme ses deux derniers romans en témoignent—la quête
spirituelle du moi se soldera elle aussi par un échec: à l'instar de
Van Gogh, sa dernière âme soeur, Drieu sera amené à la conclusion que la mort seule est en mesure de le libérer de l'angoisse.

Dans une large mesure, en renouant avec ses intuitions mystiques, Drieu finit par boucler le périple circulaire de la recherche
du moi qui l'avait mené de l'engagement fervent dans la politique
jusqu'à la négation du monde par le retour sur soi-même. Dans
son étude sur Drieu, Frédéric Grover met en lumière ce passage
nécessaire du héros au saint dans l'ultime scène de L'Homme à
Cheval: "Le rêve politique du clerc est fini: il va revenir à sa
théologie. L'homme à cheval, qui a été initié par les sorciers à la
vieille religion des Incas, va disparaître dans le désert: désormais,
il sera un ascète. Il a accompli le passage de l'héroïsme du guerrier
à celui du saint. Le clerc et le guerrier se rejoignent pour renoncer au monde, à la politique et à ses intrigues sans fin".[44]

Notes

[1] A ce sujet, voir l'article de Marc Hanrez, "Le Dernier Drieu", *The French Review*, XLIII, Special Issue, no. 1 (Winter 1970), pp. 144-157.

[2] Drieu lui-même, dans son propre résumé de *L'Homme à Cheval*, souligne l'importance des liens symbiotiques qui rattachent l'homme de rêve à l'homme d'action et vice-versa: "il y a beaucoup d'action dans l'homme de rêve et beaucoup de rêve dans l'homme d'action" (citation relevée dans l'ouvrage de Frédéric Grover, *Drieu la Rochelle* [Paris: Gallimard, 1962], p. 164).

[3] Voir, au chapitre premier, la discussion concernant cette technique autobiographique chez Drieu.

[4] Au sujet de l'évolution thématique des derniers romans de Drieu, se reporter à l'article de Frédéric Grover, "Le Dernier roman de Drieu la Rochelle," *Critique*, mai 1966, pp. 426-437.

[5] Drieu la Rochelle, "Deuxième lettre aux surréalistes," *Les Derniers Jours,* 15 février 1927. Cette lettre se trouve aussi dans le recueil d'articles, *Sur les écrivains,* édité par F. J. Grover (Paris: Gallimard, 1964), p. 51.

[6] Cf. la citation suivante, tirée de *La Comédie de Charleroi:* "Quand je repense à l'homme double que j'ai manifesté ce jour-là, je vois que tout mon caractère est sorti en une fois, et qu'il est probable que je ne pourrai jamais être autre que l'un des deux que j'ai été ce jour-là" (CC, 40).

[7] En réalité, cette négation de toute transcendance spirituelle ne vaut que pour le Drieu d'avant *L'Homme à Cheval*—c'est-à-dire avant l'intérêt profond manifesté pour les textes sacrés de l'Orient, ce qui remonte—d'après son journal—à l'hiver de 1939.

[8] En ceci, Drieu se montre—au même titre que Malraux ou Montherlant—l'un des précurseurs de l'existentialisme, bien avant l'apparition de Sartre et de Camus sur la scène littéraire.

[9] A propos de l'attrait exercé par le fascisme sur la petite bourgeoisie, voir *The Nature of Fascism,* édité par S. J. Woolf (New York: Random House, 1971). Il convient de rappeler également qu'en 1934—l'année où Drieu fit sa profession de foi fasciste—la Troisième République semblait particulièrement éprouvée par des scandales politiques (l'affaire Stavisky) et par la rébellion avortée de la droite (la manifestion du 6 février devant l'Assemblée nationale).

[10] Pendant trois ans (1936-1939), Drieu a servi d'éditorialiste à l'organe du P. P. F., *L'Emancipation Nationale.* La plupart de ces articles furent réunis en volume sous le titre, *Avec Doriot.*

[11]Cette résignation à sa disparition définitive comme la seule issue conforme à ses voeux (idée déjà en germe dans son oeuvre avant *L'Homme à Cheval*) se précise dans la référence suivante tirée du journal intime: "Non, téméraire et timide, échauffé et flegmatique, je devais composer ma figure dans ce milieu de transition que fut le fascisme, et je dois périr avec ce monde intermédiaire. C'est là où j'aurais été le mieux fidèle à toutes les réalités contradictoires de moi-même" (*Journal*, 29 mars 1944).

[12]Frédéric Grover, op. cit., p. 139.

[13]Très jeune, en effet, Drieu a pris conscience de cette prédilection pour la force qui l'avait rapproché du fascisme. Les premiers vers de son recueil, *Interrogation*, en témoignent: "Je ne puis me situer parmi les faibles. Je dois mesurer ma force (. . .) La force est devant moi, pierre de fondation./Il faut que je sente sa résistance, il faut qu'elle heurte mes os./—Que je sois brisé./ Je veux la comprendre avec mon corps" ("Paroles au départ", *Interrogation* [Paris: Gallimard, 1917]).

[14]Au sujet de la hantise du suicide chez Drieu, voir l'ouvrage, *Récit secret*, dans lequel l'auteur fait l'apologie de la mort volontaire.

[15]Frédéric Grover, op. cit., p. 113.

[16]Pour de plus amples renseignements concernant cette tendance narrative chez Drieu, voir l'article de Francis Flagothier, "Le Point de vue dans l'oeuvre romanesque de Drieu la Rochelle," *Revue des Langues Vivantes*, XXXIV, no. 2 (1968), pp. 170-183.

[17]Ce passage a été cité par Frédéric Grover dans son oeuvre, *Drieu la Rochelle*, op. cit., p. 115.

[18]Dans sa pièce, *Le Chef* (1934), où il met en scène l'opposition entre l'homme de rêve et l'homme d'action, Drieu fait état également de la conception nietzschéenne du retour cyclique des époques historiques.

[19]Cette réflexion sur la pulsion de mort chez don Benito se rapporte sans doute au cas personnel de l'auteur lui-même qui voit dans ses affinités politiques un moyen très sûr de précipiter sa propre mort. Voir, à ce sujet, au chapitre IV, une plus ample discussion de cette tendance suicidaire.

[20]René Girard, "Frédéric Grover, *Drieu la Rochelle*," *Modern Language Notes*, mai 1964, pp. 333-336.

[21]Cette préoccupation des liens rattachant l'homme à son terroir, est-elle—comme le prétend Pierre-Henri Simon (*Procès du héros*)—une reprise du célèbre "Blut und Boden" hitlérien, ou plutôt une allusion à l'enracinement barrésien dont Drieu se serait tardivement souvenu?

[22]Il existe, bien entendu, d'heureuses exceptions à cette tendance vers l'uniformité du dialogue. Dans le recueil, *La Comédie de Charleroi,* sans doute sous l'influence de Céline, Drieu s'efforce d'assouplir le dialogue en le rendant plus fidèle aux rythmes du langage des fantassins. A propos de la libéralisation de la technique narrative chez Drieu, consulter l'article de Frédéric Grover, "Céline et Drieu la Rochelle," *Cahiers de l'Herne,* no.3 (1963), pp. 302-305.

[23]Trait ironique qu'il importe de signaler dans cette mise en accusation de la fécondité française: Drieu lui-même, marié deux fois, n'a jamais été père de famille!

[24]Voici donc la citation intégrale: "Le romancier authentique crée ses personnages avec les directions infinies de sa vie possible, le romancier factice les crée avec la ligne unique de sa vie réelle. (...) Le génie du roman fait vivre le possible, il ne fait pas revivre le réel" (Albert Thibaudet, *Réflexions sur le roman* [Paris: Gallimard, 1938], p. 12).

[25]Jean Plumyène et Raymond Lasierra, *Les Fascismes français* (Paris: Gallimard, 1947), p. 81.

[26]Il va sans dire que les idéologues fascistes se sont largement réclamés des structures économiques et sociales du Moyen Age; à ce titre, il est également évident que le fascisme, en vertu de ce retour idyllique vers l'âge d'or, répondait à une certaine ferveur mythique chez les mécontents d'une société en ébullition, soucieux de leur rôle dans une hiérarchie sociale et politique que le républicanisme semblait constamment mettre en question.

[27]Drieu la Rochelle, *Récit secret* (Paris: Gallimard, 1951), pp. 11-12.

[28]Simone de Beauvoir, *Pour une morale de l'ambiguïté* (Paris: Gallimard, 1947), p. 81.

[29]Jean-Paul Sartre, "Qu'est-ce que la littérature?" *Situations II* (Paris: Gallimard, 1948), p. 228.

[30]Au sujet du rôle que joue la confédération helvétique dans la pensée européenne de Drieu, voir l'analyse de F. J. Grover dans son oeuvre, *Drieu la Rochelle and the Fiction of Testimony,* op. cit., p. 222.

[31]Drieu la Rochelle, "Troisième Lettre aux surréalistes," *Les Derniers Jours,* 7e cahier, 8 juillet 1927.

[32]Voir, à ce propos, la première partie du *Jeune Européen* (Paris: Gallimard, 1927) qui porte le titre, "Le Sang et l'encre".

[33]Pourtant, certains critiques préfèrent citer *Etat civil* (1921) comme le premier roman de Drieu.

[34]Pierre Andreu, *Drieu, témoin et visionnaire* (Paris: Grasset, 1952), p. 119.

[35]Drieu la Rochelle, "Débuts littéraires," *Sur les écrivains,* édité par F. J. Grover (Paris: Gallimard, 1964), p. 40.

[36]Drieu la Rochelle, "Troisième lettre aux surréalistes," op. cit.

[37]Rappelons-nous, à ce sujet, que l'adhésion de Drieu au Parti Populaire Français de Doriot date du 28 juin 1936 (l'année où parut *Béloukia*) et que ses préférences fascistes se sont affirmées lors de la parution de *Socialisme fasciste* en 1934.

[38]Il y avait, sans aucun doute, un élément sadique dans son mépris pour la femme comme en témoigne la référence suivante tirée de son journal: "La seule façon de posséder une femme est de la faire souffrir" (5 janvier 1943).

[39]Marié lui-même à deux reprises (voir *supra*, note 23), Drieu n'a jamais pu s'accommoder du mariage pour des motifs qui nous restent obscurs, bien qu'il se fît fort de rester en termes très amicaux avec ses anciennes épouses—surtout la première, Colette Jeramec. A son tour, André Gide se montre sévère dans son jugement sur l'attitude soi-disant frivole de Drieu à l'égard de son deuxième mariage. Dans son *Journal,* le 19 août 1927, Gide rapporte les propos suivants que Drieu lui avait tenus lors d'une rencontre fortuite: "Rencontré sur le boulevard Drieu la Rochelle. Comme il m'annonce qu'il va se marier dans cinq jours, je crois décent de l'emmener prendre un verre de porto dans un bar.

"—Oui, me dit-il; c'est une expérience que je veux faire. Je veux savoir si je pourrai tenir. Jusqu'à présent, je n'ai jamais pu pousser une amitié ou un amour plus de six mois.

"Tous ces jeunes gens sont effroyablement occupés d'eux-mêmes. Ils ne savent jamais se quitter. Barrès fut leur très mauvais maître; son enseignement aboutit au désespoir, à l'ennui. C'est pour y échapper que nombre d'entre eux, ensuite, se précipitent, tête baissée, dans le catholicisme, comme il s'est jeté, lui, dans la politique. On jugera tout cela bien sévèrement dans vingt ans".

[40]"Débuts littéraires," op. cit., p. 40.

[41]Il existe, parsemées à travers le journal de Drieu, des références qui

témoignent de la rancoeur qu'il ressentait à l'égard des femmes—surtout à l'époque où il s'occupait à mettre la dernière main à *L'Homme à Cheval:* "On méprise les femmes, on les trouve sottes, sans jamais d'originalité, leur sexe n'est que reflet" (le 17 janvier 1943).

[42]Voir, à ce sujet, l'analyse de F. J. Grover dans son *Drieu la Rochelle,* op. cit., p. 135.

[43]Cf. l'interprétation "européenne" de cet épisode proposée par F. J. Grover dans son livre, *Drieu la Rochelle and the Fiction of Testimony,* op. cit., p. 222.

[44]Frédéric Grover, "Le Dernier roman de Drieu," *Critique,* mai 1966, p. 427.

CHAPITRE III

DEUX ASPECTS DU REGARD:
ELOIGNEMENT ET DOMINATION

Avant 1966 (l'année où furent publiés les *Mémoires de Dirk Raspe,* le dernier des inédits de Drieu à paraître), à quelques heureuses exceptions près, la critique s'est peu souciée de l'art romanesque chez Drieu[1] ; depuis lors, la nouvelle génération de critiques—c'est-à-dire ceux qui n'ont pas connu le personnage légendaire et controversé que fut Drieu sous l'occupation—se contente d'apprécier son oeuvre en fonction des valeurs purement littéraires, laissant de côté des jugements empreints d'esprit partisan (cf. les apologies un peu ronflantes de l'extrême droite) ou d'antipathie idéologique (cf. surtout les dénonciations de la gauche communisante). En effet, cette indifférence à ses qualités d'artiste manifestée par les contemporains de Drieu—pour injuste qu'elle nous paraisse rétrospectivement—tiendrait sans doute au caractère foncièrement autobiographique de ses romans. A ce titre, étant donné que Drieu lui-même s'est servi consciemment de la littérature pour démêler les complexités de son moi, il n'est point étonnant que, de leur côté, ses exégètes aient préféré composer une nouvelle image de l'auteur selon les confidences à peine voilées de l'oeuvre au lieu de s'en tenir (comme il convenait de le faire) à l'analyse de ses attributs littéraires proprement dits. A ce propos, Frédéric Grover a relevé et fort justement caractérisé cette tendance vers l'exclusivité de l'étude biographique chez les adeptes de Drieu: "Si l'on en juge par les critiques qui ont parlé des romans de Drieu, chaque lecteur se crée une sorte de super-personnage, un Drieu mythique qui domine et dépasse chacune des incarnations dans laquelle il se reflète".[2] Soumise ainsi à la présence d'un Drieu fabuleux qui se dégage des romans d'inspiration intime, la critique s'est laissé prendre au jeu trompeur qui consiste à envisager chaque ouvrage sous le jour d'une course aux "clés"—bref, elle s'entêtait à ne voir dans toute l'oeuvre romanesque de l'auteur qu'une longue confession romancée au détriment de la juste appréciation de ses mérites artistiques.

Pour suppléer à cette négligence d'autrefois (tâche, d'ailleurs, déjà amorcée par la critique actuelle), nous nous proposons de consacrer ce chapitre à la "réhabilitation" du Drieu artiste. C'est donc par l'étude de certaines structures narratives de *L'Homme à Cheval* ainsi que d'autres romans que nous tenons à mettre en valeur l'habileté quasi-classique avec laquelle Drieu s'efforce d'harmoniser la forme et le fond au niveau de la perception "architecturale" du personnage féminin, d'une part, et de la perception dynamique de la hiérarchie politique, d'autre part. A cette fin, il convient, en premier lieu, d'approfondir l'extraordinaire plasticité de la vision créatrice chez Drieu telle qu'elle s'affirme dans l'art du portrait féminin.

Premier aspect: le regard misogyne ou le refus de soi

Dans l'oeuvre romanesque de Drieu la Rochelle, le regard masculin s'avère nettement misogyne dès qu'il s'agit de tracer le portrait de la femme. Au lieu de donner forme à un être authentique, doué d'une certaine profondeur psychologique et morale, le regard du narrateur ensevelit l'expression véridique de la féminité sous un flot de métaphores tant sensuelles que géométriques. En raison de ce mode descriptif qui ne valorise que les attributs morphologiques de l'individu, la peinture de la femme aboutira—surtout dans les oeuvres écrites sous l'occupation—à la caricature stylisée: empêtrée dans la plasticité des images architectoniques ou sculpturales, elle ressemble tantôt à l'armature élancée et robuste des églises médiévales, tantôt aux contours harmonieux des temples grecs. En tant que personnage de roman, donc, la femme n'existe qu'en fonction du regard hostile et dominateur de l'homme-témoin qui vise à la métamorphoser en objet (que ce soit en édifice ou en statue) par la voie du portrait "concrétisant".

Ceci nous amène d'emblée à nous poser la question: à quoi tient chez Drieu cette volonté d'éloigner et d'immobiliser la femme? En premier lieu, il va sans dire qu'une telle hostilité, dans une large mesure, résulte des antagonismes suscités par le tempérament misogyne de l'auteur qui provient, à son tour, de la conscience d'être un homme inachevé (voir *supra,* chapitre II, "La Misogynie"); en deuxième lieu, il nous paraît tout aussi vraisemblable que l'antipathie ressentie par Drieu envers les femmes dépendrait également des impératifs de son art romanesque proprement dit: en l'occurrence, la tendance à créer la plupart de ses personnages à partir d'un noyau autobiographique.

Bien que le rapprochement de ces deux motifs (c'est-à-dire l'art d'écrire et la misogynie) risque, à première vue, de paraître insolite pour expliquer l'aliénation subie par le personnage féminin, l'analyse en profondeur de la fonction "expérimentale" de la littérature, telle que l'envisageait Drieu, nous permettra toutefois de dévoiler les affinités qui existent entre sa technique de création littéraire et les ressorts de sa misogynie. Parce qu'il se sentait incapable de réaliser l'unité d'un moi divisé, Drieu a fini par se dégrader sans pitié à travers ses diverses incarnations fictives—sorte d'auto-punition inspirée par le double échec que lui avaient infligé la littérature et la femme.

En fin de compte, c'est par l'étude de l'évolution du portrait de la femme (image transposée de Drieu lui-même)—allant de la facture érotique des premières oeuvres à la forme "architecturale" des romans de l'occupation—que nous arriverons à cerner le mieux cette négation de soi qui se traduit par le jeu ambivalent du regard misogyne, enfouissant l'élan de la féminité sous le poids des attributs concrets—à seule fin, semble-t-il, d'interdire à l'auteur de se regarder en plein dans la glace compromettante de ses propres travers.

A l'instar de nombreux autres romanciers de sa génération qui ont fait de leur vie intérieure la substance de leurs écrits, Drieu pensait que la littérature avait pour but de fournir à l'écrivain les moyens d'auto-critique nécessaires à l'enquête qu'il menait sur l'énigme obsédante de son propre caractère. A ce titre, le roman se chargeait d'une fonction dite "expérimentale"—c'est-à-dire qu'il constituait, aux yeux de Drieu, un lieu privilégié où il pouvait se consacrer, avec un certain détachement, à des recherches approfondies sur l'essence de son être (à ce propos, voir au chapitre I, "L'origine des personnages"). A l'occasion donc des grandes crises de sa vie—lorsqu'il se sentait dépaysé face à un monde qui se dérobait à ses efforts de compréhension—Drieu s'en remettait au roman pour voir plus clair en lui: là, à la manière d'un psychologue s'acharnant à venir à bout de ses contradictions intimes, il se livrait entièrement au recensement ainsi qu'à la dissection de ses moindres états d'âme.[3]

Malgré les limites imposées à l'inspiration par cette recherche de l'identité personnelle au sein de l'oeuvre d'art, Drieu n'a de cesse de faire valoir les mérites de son système d'analyse qu'il s'efforce de légitimer aux yeux de ses détracteurs qui lui reprochent son manque d'objectivité et de pudeur quant au choix des personnages. Blessé à vif par leur refus de lui décerner le titre de vrai romancier (i. e. les partisans de la définition du romancier proposée par Albert Thibaudet),[4] Drieu entreprend d'exposer, dans la préface de *Gilles,* ses idées relatives au caractère objectif que revêt obligatoirement cette incarnation fictive de l'auteur: "L'artiste malgré lui fait de l'objectivité, alors même qu'il a de fortes dispositions introverses parce que de l'ampleur de son univers intime ce qu'il peut saisir dans un moment donné n'est que fragmentaire. Le fragment réfracte un personnage inconnu et nouveau-né. Cela reste vrai, même si l'auteur s'acharne toute sa vie sur lui-même, comme Proust et même alors cela devient encore plus vrai" (G, iv-v).

Il s'ensuit donc que le personnage né de l'introspection méthodique ne sera jamais l'image authentique de l'écrivain qui lui insuffle la vie: issu d'une conscience inapte à se saisir dans sa totalité, l'être fictif prendra l'allure d'un *autre,* indépendamment de toute association étroite avec le moi créateur.[5] De cette manière, tout en partant de l'autobiographie, le personnage ainsi créé subira, au cours de son développement, une certaine "distanciation" artistique: ce que l'auteur croyait être d'abord le reflet fidèle de sa propre individualité finira par se transmuer en présence autonome sous l'effet de l'accumulation de traits purement fictifs. En raison de cette aliénation, le romancier a beau s'extérioriser dans ce personnage-frère, il n'aboutit jamais qu'à la représentation partielle de ses propres attributs. Ainsi se constitue, nourri de l'intériorité de l'artiste, le portrait fragmentaire d'un moi qui s'examine sous forme romanesque sans jamais parvenir à se caractériser définitivement, déposant à travers les oeuvres toute une succession de modèles à moitié achevés. Par suite de ce dédoublement effectué dans le cadre du roman, il s'opère un décalage entre l'auteur et sa figuration littéraire qui rend impossible toute assimilation complète de l'être par lui-même.

Faute de pouvoir atteindre à une parfaite connaissance de son moi par le biais de l'art romanesque, Drieu se prend alors à tourner en dérision ces versions appauvries de lui-même et de ses amis sur lesquelles il s'acharne avec une sévérité redoublée;[6] dans la préface de *Gilles,* Drieu tente de justifier ce négativisme impénitent sous le prétexte que ses analyses de caractère étaient faites à des fins satiriques et morales: "Je n'étais pas moins sévère pour moi-même pris comme prétexte que pour n'importe quel autre compagnon d'époque. Je flagellais sans pitié l'époque en moi, cette époque où la société vieillissait si hâtivement" (G, v). Malgré cette apologie de sa création "négative", il nous est pourtant donné de mettre en doute le bien-fondé des arguments proposés par Drieu en faveur de la peinture de ses propres travers comme témoignage de la décadence inhérente à son temps. Tout en admettant la valeur littéraire et historique de l'oeuvre de Drieu en tant que miroir d'une certaine sensibilité contemporaine, nous avons plutôt tendance à voir, dans la multiplication de ces doubles fictifs noircis à l'extrême, un effort désespéré pour se renier—un refus de soi qui aboutira à la longue au suicide.[7]

En effet, c'est dans le goût excessif manifesté par Drieu pour l'envers de son propre caractère comme personnage de roman que se révèle le mieux, à notre sens, cette impulsion suicidaire: puisqu'il s'obstine à conférer à cette copie inférieure de son être les traits les plus noirs possibles,[8] Drieu finit par soulever chez le lecteur, de propos délibéré, un mouvement d'hostilité contre l'étalage impudique de ses pires défauts. A en juger par cette espèce de provocation lancée à la tête du public, tout porte à croire que Drieu a consciemment pris le parti, en se montrant sous un jour si défavorable dans ses oeuvres, de se faire détester des autres tout comme il se méprisait lui-même—pour se venger, en quelque sorte, de l'intolérable échec de ses tentatives d'unité intérieure.[9]

Entre ce mépris de soi—entraîné en partie par l'incapacité de refaire l'unité de son moi dans le morcellement de l'image littéraire—et sa profonde méfiance à l'égard de la femme, il existe chez Drieu d'étroites affinités qui se résument dans l'attitude ambivalente qu'il adopte vis-à-vis de l'énigme de la féminité: attiré, dans un premier temps, vers le corps féminin par goût de sensualité et de délivrance mystique (réintégrer l'unité primordiale du soi par l'union sexuelle), il s'en trouve aussitôt éloigné, pourtant, une fois conscient des exigences de tendresse et de douceur dressées par la femme contre l'égoïsme de sa jouissance solitaire (cf. *Drôle de voyage*)—comme si elle lui tend de ce fait un miroir où se reflètent les traits sensibles, mais désavoués, de sa propre personnalité.

Puisqu'il avait de plus tendance à se retrouver dans la mollesse sensuelle des femmes du monde qu'il fréquentait (et dénigrait), Drieu se serait donc décidé—par une sorte de réflexe défensif—à refouler ce visage charnel de ses penchants intimes: faiblesses inadmissibles pour cet homme passionné d'héroisme guerrier qui voulait à tout prix réunir le rêve et l'action en un être dynamique, libéré des entraves du rationalisme et de la décadence. Sur le plan romanesque, ce double mouvement d'attraction et d'éloignement se manifeste dans le portrait hautement stylisé de la femme où s'emmêlent les pulsions symbiotiques de la misogynie et de la haine de soi.

Quoique cette volonté de posséder la femme, tout en la refusant, se retrouve dans l'oeuvre tout entière, il n'en est pas moins vrai que nous rencontrons—surtout à partir de l'adhésion de Drieu à l'idéologie fasciste en 1934—l'amorce d'une certaine indifférence pour l'érotisme cynique qui caractérisait ses premiers romans: en particulier, *L'Homme couvert de femmes* (1925) et *Drôle de voyage* (1933). Quelques années plus tard, sous l'occupation de la France, cette diminution d'ardeur sexuelle s'aggravera à mesure que le rôle joué par Drieu dans la collaboration prendra de plus amples proportions. A son tour, le portrait de la femme portera la marque de ce durcissement progressif de la misogynie: plus Drieu tentera de se dégager de son asservissement sexuel par le recours à l'engagement politique, plus les traits de la femme s'épaissiront, soumis à l'hostilité du regard masculin.

En vertu de cette "objectivation" du personnage féminin—c'est-à-dire du passage de la forme purement sensuelle à la forme architecturale—il conviendrait de tracer, à des fins d'analyse textuelle, une ligne de partage hypothétique au niveau du roman, *Béloukia* (paru en 1936), divisant ainsi l'évolution du portrait de la femme en deux phases bien déterminées. Sous le signe d'un libertinage truculent, la première période se caractérise par l'intérêt obsessionnel porté aux proportions voluptueuses du corps de la femme dont le dessin lubrique trahit, dans un autre registre, l'inassouvissement sexuel de l'auteur lui-même. Pour le protagoniste de *L'Homme couvert de femmes*, l'idéal féminin dépend uniquement de l'ampleur et de la robustesse corporelles: à force de réduire, sous un regard toujours avide de nouvelles sensations, les attributs de la féminité aux simples contours physiques, Gille (sans "s") finit par dépouiller sa maîtresse de toute particularité affective ou individuelle.[10] Aux yeux du jeune obsédé, elle n'est plus qu'une juxtaposition de masses sensuelles qui se métamorphosent, au gré de ses appétits, en viande à dévorer: devant la nudité de Mollie, jeune affranchie des années folles, Gille déclare cyniquement: "Elle a une taille: le ventre est séparé de l'estomac, la hanche ne s'épaissit pas trop haut, les reins font leur creux. C'est un beau morceau" (HCF, 21).

Incapable de satisfaire cette hantise de la chair qui le tourmente, pris dans la ronde abrutissante de la sexualité sans amour, le héros se met à rêver—au fond de son dégoût charnel—à la fonction spirituelle que la femme devrait remplir auprès de l'homme: "La femme est cette charnière, cette pièce essentielle dans l'économie de l'homme, elle est le noeud profond entre la terre et le ciel."[11] A ce titre, la femme se révèle la médiatrice naturelle qui, au moyen du rapprochement sexuel, doit assurer la liaison entre le moi divisé de l'homme—assoiffé de totalité et d'absolu malgré sa dualité rêve-action—et le Continuum ou le *soi* universel des Brahmanes (dont les traités mystiques ont exercé une influence sensible sur la pensée religieuse de Drieu).[12] Et pourtant, en raison de la déception entraînée par son inaptitude à refaire l'unité de son moi—c'est-à-dire à se dissoudre par la voie de la sexualité pour réintégrer la plénitude du Grand Tout—l'auteur donne l'impression d'en vouloir à la femme du rôle intermédiaire qu'elle joue dans cette défaillance de la volonté masculine. A vrai dire, Drieu ne fait que s'en prendre à son propre caractère d'homme "délicat" par la caricature interposée de la femme: et s'il dénigre les soi-disant "faiblesses" de cette "compagne improbable" des hommes, c'est pour se venger de ses propres dons d'introspection comme de sa sensibilité artistique qui le poussent, presque malgré lui, à se dédoubler en romancier et sujet de roman.[13]

A cause de ce recul qu'il se voit contraint de prendre envers lui-même pour donner vie à son oeuvre, Drieu s'apercevra finalement de l'impossibilité de réaliser l'union des forces opposées de son moi par le truchement de l'érotisme (comme c'était le cas de l'art romanesque). Frustré dans ses plus profondes aspirations vers la fusion du rêve et de l'action, Drieu en viendra, par conséquent, à nier la présence de son tempérament "efféminé" qui se dresse en obstacle devant l'accomplissement éventuel de sa "vocation de chef" dont il a eu la révélation fulgurante au cours d'une charge à la baïonnette sur le champ de bataille de Charleroi en 1914.[14] A cet égard, ce seront en particulier les derniers ouvrages, rédigés sous l'occupation—i. e. *L'Homme à Cheval, Les Chiens de paille* et "Journal d'un délicat" (nouvelle figurant dans le recueil posthume, *Histoires déplaisantes*)—qui porteront témoignage, sous la forme du portrait stylisé de la femme, du divorce opéré entre ses rêves d'unité intérieure et la conscience d'un moi à jamais divisé.

Alors que la première phase de cette évolution stylistique se caractérisait par la mise en valeur de l'aura érotique du corps féminin, la seconde consiste, par contre, en une lente progression vers une transfiguration mythique de la femme, élevée à une attitude de détachement émotif complet sous l'effet à la fois caressant et méfiant du regard misogyne. Contrairement à la plasticité sensuelle que revêtaient les corps de femme dans les oeuvres antérieures, le style de *Béloukia* établit une certaine distance entre le narrateur et cette princesse orientale. A la manière d'un géomètre soucieux de relever les dimensions exactes du visage, le poète Hassib laisse voguer son regard sur la physionomie de sa maîtresse royale qui accueille passivement ses attentions: "Ton front est droit, ton menton est droit, ton nez est droit. Et tout cela, de face ou de profil, se compose d'une série d'angles délicats qui se corrigent l'un l'autre sans jamais se contredire, et s'attendrissent. De face, tu n'es pas beaucoup plus large que de profil. Et les lignes de l'arrière de ta tête sont dans un parallélisme discret avec le devant. Ta tête est longue, pas trop étroite, pas trop amenuisée, taillée non pas dans une sphère mais dans un cylindre, plus parfait, celui du cou" (B, 16).

Contrastant avec les qualités voluptueuses conférées aux femmes adultères qui jalonnent les premiers écrits de Drieu, la disposition linéaire des traits de Béloukia—dénués d'accents érotiques—marque un tournant dans la progression des rapports établis entre le narrateur et la femme qui prend forme sous son regard; cette dépersonnalisation du portrait féminin, déjà entamée dans *L'Homme couvert de femmes* et rendue plus évidente dans *Drôle de voyage*,[15] se poursuivra d'oeuvre en ouevre avant d'atteindre à l'immobilité absolue du bloc de marbre dans *Les Chiens de paille* (l'avant-dernier roman de Drieu qui parut à quelques mois de sa première tentative de suicide). A travers cette succession de portraits, donc, tout tend vers l'épuration (ou plutôt la suppression) de la sensualité en vue de réduire à néant le rayonnement de la féminité: le désordre initial de la présentation des femmes comme masses de chair volumineuses cédera la place à la mise en équilibre des traits et des membres dont les purs contours inviteront davantage à la contemplation détachée qu'au rapprochement physique.

A ce stade de l'évolution du mode descriptif du portrait de la femme, l'écart qui sépare le narrateur-observateur de la femme-objet s'élargit sensiblement. Sur le plan structural, celle-ci se verra réduite peu à peu à l'état de pierre, privée de toute spontanéité chaleureuse: de ce fait, le corps prendra à la longue l'aspect dur et froid d'une statue, suscitant l'admiration mais non pas la passion de celui qui le fixe du regard. A ce titre, la description de la femme nous interdit, en tant que lecteur, toute réaction émotive: en passant du vivant au concret, l'image du corps s'apparente aux formes redoutables de l'architecture ou de la sculpture, ce qui revient à nous éloigner définitivement de sa présence affective. Dans *L'Homme à Cheval,* Drieu nous livre, à ce propos, ses réflexions sur la stylisation structurale du portrait de la femme: "Ce qui serait utile dans un portrait, ce serait de suggérer les mesures anatomiques, de pouvoir révéler l'intime harmonie d'une ossature. C'est là qu'est la seule beauté profonde: fier équilibre siégeant au centre d'un crâne, d'un thorax et d'un bassin sereinement conformés. Camilla était une architecture noble, austère dans la volupté comme un palais de Vignole" (HC, 71).

Pour Drieu, donc, la beauté de la femme (en l'occurrence, celle de Camilla Bustamente) se rattache à l'idée d'un équilibre structural du corps dont l'ossature constitue l'axe flexible auquel vient s'ajouter en couches symétriques l'enveloppe des muscles et de la chair: le tout s'ordonne selon la configuration des os de même que la silhouette d'un édifice dépend essentiellement de la forme cachée de son armature métallique. Il en résulte que la femme se trouve dépeinte sous les aspects d'une façade imposante dont l'apparente froideur masque, en réalité, une sensibilité voluptueuse: le regard du narrateur parvient de ce fait à neutraliser tout relent d'une sensualité menaçante en la refoulant sous une carapace sévère et immuable. Dans *L'Homme à Cheval,* cette crainte de l'humiliation se précise avec netteté dès que Felipe est amené à croire, à l'ermitage du père Florida, que Jaime lui aurait livré Camilla (et non pas Florida lui-même) pour le récompenser de sa fidélité: "La femme à jamais interdite. Jamais je n'avais levé les yeux sur une femme—si ce n'est les pauvres Indiennes, les pauvres putains; si maintenant je levais mes pauvres yeux, une femme au nom de toutes les femmes me cracherait à la figure" (HC, 207). A la manière d'un grand timide qui se plaît à flatter de la main les contours d'une statue imaginaire dans l'espoir insensé qu'elle se ranimera sous ses caresses, l'oeil de Felipe, tout au long du roman, trace voluptueusement le dessin de Camilla—figée dans son architecturale beauté—de façon à combler auprès d'elle ses rêves impossibles. Et pourtant, les apparences sont trompeuses: au lieu d'héberger une âme tout aussi robuste que son physique, le corps de Camilla, hélas, ne recèle que l'inconstance et la médiocrité: ". . . il n'y a pour habiter ce magnifique palais, au milieu de la puissance radieuse des lignes, qu'un futile petit oiseau encagé dans quelque recoin" (HC, 72). Entre l'homme, enfermé dans le cercle étroit de ses plaisirs égoïstes, et la femme, convoitée de loin, se creuse par conséquent un fossé de méfiance qui, plus tard, entraînera chez Drieu la délivrance des femmes et l'isolement absolu de l'ascèse.

Tant que la femme ne s'animera pas sous l'oeil répressif de l'homme, mais en restera au stade de la beauté glaciale des palais d'autrefois, elle ne saurait porter atteinte à l'image précaire de la primauté masculine dont Drieu se nourrit dans ses oeuvres. Prisonnière de cette vision concrète de sa fonction, la femme ne risque pas d'évoluer ou d'échapper soudain à l'emprise de la volonté de l'homme-maître; elle finit par s'immobiliser, hors de toute contingence temporelle, pareille en cela à la fixité des monuments du passé. Ainsi dans cet extrait de la nouvelle, "Journal d'un délicat", rédigée sous l'occupation, Drieu a recours à un langage architectural qui vise à élever la femme hors du temps en lui trouvant des affinités structurales avec l'antique pureté du Parthénon: "Ce qui ressemble dans Jeanne au Parthénon, c'est la profonde valeur architectonique de sa tête. Profondes mesures de son crâne, roideur de son front, robuste structure de son nez envergué par l'arc très noble de ses surplombs oculaires. Il y a aussi l'arc de ses épaules."[16]

En plus de telles correspondances avec les contours gracieux du temple grec, la solidité des membres de la maîtresse du narrateur fait également songer à la charpente élancée d'une église médiévale où régnaient autrefois la force et la noblesse de tout un peuple (c'est-à-dire l'âge idyllique où l'âme et le corps se trouvaient réunis sous une forme harmonieuse): "Jeanne est construite comme une église. (. . .) Ses jambes se dégagent à gros blocs de la glaise; sur le cintre surbaissé qui les lie, ce sont ensuite les hanches les plus longues et encore l'enlèvement d'un buste ogival, dispos, mobile, multiface, aérien. Par-dessus les os il y a les muscles aussi nobles que les os et ce tissu serré et élastique qui est la chair d'un athlète."[17]

Robuste, solide, ample . . . ces qualificatifs d'opulence corporelle reviennent sans cesse sous la plume de Drieu à mesure qu'il s'efforce de préciser, à travers ces parallèles avec l'architecture antique et médiévale, l'idéal féminin qui répondrait aux exigences de ses contradictions intimes—à ses rêves impossibles de refaire l'unité primitive de son être en reprenant contact avec les forces vives de l'existence, épurée des tares de la décadence moderne. Selon la mythologie personnelle de Drieu, la femme aux amples proportions correspond à la fécondité de la terre-nourricière: elle se compose de la matière brute de la vie, de la glaise primordiale qu'il incombe à l'homme-procréateur de façonner conformément à l'esthétique noble du sculpteur qui dégage, à coups de ciseau, la forme idéale de son bloc de marbre. L'étreinte sexuelle, par laquelle le moi s'anéantit dans un paroxysme libérateur (cf. *Drôle de voyage*) permettrait donc à l'homme de se revigorer en lui donnant accès au plus profond mystère de l'être et de ses rapports avec l'univers.[18]

Pourtant, de même que la littérature a résisté aux efforts de Drieu pour s'analyser à fond par le moyen du dédoublement fictif, cette quête de l'être total au fond de la sexualité se solde également par un échec: au lieu de connaître l'extase unificatrice espérée, l'homme sombre dans la haine de sa partenaire trop rattachée aux rythmes de la terre pour s'élever à la hauteur d'âme exigée. Dans le passage suivant, tiré de *Drôle de voyage,* le narrateur ne trouve d'autre moyen de dissoudre le moi qu'en s'acharnant sans pitié sur le corps de sa compagne tout en se complaisant dans ses propres souffrances:

> . . . dans la solitude, passé les moments d'ivresse et de dissolution extatique, il retrouvait son moi, autre piège, aussi étroit. Car il faut être bien puissant pour atteindre de façon permanente à une solitude qui ne se confonde plus jamais avec l'égotisme, qui s'ouvre au contraire de plus en plus à l'universel. Depuis qu'il avait trente ans, son moi commençait à lui peser (. . .). Comment briser ce moi? Le seul remède lui paraissait de se heurter à ce sacré petit mystère de la femme et de s'y blesser. Sa solitude était trop facile; il fallait qu'elle fût déchirée, qu'elle saignât (DV, 78-79).

A partir de *Béloukia,* donc, la femme ne sert plus de tremplin vers l'unité spirituelle de l'homme: elle se fait de plus en plus mystérieuse, à la fois victime et adversaire du narrateur.[19] Par conséquent, l'opulence corporelle de la femme cesse d'être indice de vigueur sensuelle: n'étant qu'une robustesse en creux, elle témoignerait plutôt de la stérilité des passions éteintes—du renoncement définitif aux femmes. Sous cet angle, nous trouvons dans le portrait de Roxanne, l'épouse du peintre Liassov dans *Les Chiens de paille,* une profusion d'images sculpturales qui relèvent sans doute du souci de conférer à la peinture de la femme des dimensions mythologiques; toutefois, au lieu de la rendre plus séduisante, l'ampleur exagérée du corps n'engendre qu'une admiration restreinte sans qu'aucune trace d'érotisme perce sous les traits marmoréens, figés dans une attitude détachée propre aux déesses de l'antiquité:

> Le sculpteur qui l'avait faite avait été trop séduit par la beauté qu'il avait mise dans cette tête pour descendre plus bas et il avait laissé le corps dans la gangue et, pourtant, n'ayant pas pu se résoudre à abandonner tout d'un coup son prodigieux propos, il avait laissé quelques indices fulgurer du cou aux épaules, au buste, aux hanches (...). Sans doute, ce visage était d'une beauté trop dépouillée, dans la robustesse, pour que ne fût pas payée une lourde rançon à la matière qui demeurait à mesure que le regard s'abaissait, engoncée dans ses profondes impuissances (. . .). Le sculpteur qui avait encore consenti à attacher aux mâchoires presque dures à force d'être nobles le cou vigoureux qu'elles impliquaient et qui avait encore laissé d'amples indications de majesté assaillir et dégrossir la masse des épaules, n'avait

pas poussé plus loin (. . .) on s'arrêtait court sur une poitrine d'éphèbe après s'être longuement attardé autour des ampleurs fières d'un visage de Junon qui semblait pourtant annoncer les ressources d'une ample féminité (. . .)[20]

Parvenu, dans *Les Chiens de paille,* au terme de ses efforts pour refréner l'image troublante de la féminité, Drieu se contente d'élever la femme, chargée d'attributs concrets, à un rang exalté qui, au fond, ne sied qu'aux figures mythologiques. Elle perd ainsi toute valeur d'authenticité en raison de l'amplification démesurée que l'auteur lui fait subir: en se mettant à l'abri de l'ardeur virile, elle prend une allure foncièrement inhumaine. A la lumière du rôle de médiatrice sexuelle que Drieu attribuait aux femmes, cette élévation mythique du personnage féminin n'en est pas moins une dégradation consciente de la femme elle-même par rapport à l'homme. En ne la représentant que sous forme de nobles édifices ou de statues, Drieu lui enlève de ce fait toute faculté de médiation sensuelle: en proie au regard misogyne, la femme revêtira un caractère à la fois stérile et voluptueux—signe de ses "profondes impuissances" que Drieu se voit contraint de reconnaître en lui-même. Incapable sans doute de réconcilier les antinomies de son moi par la fusion de l'être contemplatif (ou "féminin") et de l'être dynamique (ou "masculin"), Drieu en arrive à flétrir sa propre inaptitude à la vie héroïque dont on trouve le témoignage circonscrit et caricatural dans l'immobilité affective de la femme-statue.[21]

En dernière analyse, le regard masculin sert non pas à faire naître un personnage féminin vraisemblable, mais à établir une distance "préventive" entre le narrateur et l'image déformée de ses propres faiblesses. En cherchant, sur le plan littéraire, à se prémunir contre sa nature délicate et sensible, Drieu finit par se refuser lui-même—ultime geste de mépris qui s'achèvera inéluctablement par le suicide, peu après la parution des *Chiens de paille.*

Second aspect: le regard plongeant ou la perspective du maître

Conformément à la conception nietzschéenne de la vie comme théâtre où s'affrontent des forces antagonistes, l'action de *L'Homme à Cheval* se place sous le signe de la lutte acharnée entre privilégiés et opprimés pour la suprématie militaire et politique en Bolivie. Sur le plan structural, cette ambiance de domination et d'asservissement se traduit par l'image du regard du plus fort qui plonge vers le plus faible, toujours situé à un niveau inférieur à celui du maître; par la voie de cette perspective descendante, Drieu arrive à donner plus de relief aux rapports hiérarchiques qui s'établissent entre celui qui domine par la force et celui qui se soumet à la volonté supérieure du vainqueur.[22] De même que le regard "plastique" du narrateur tente d'emprisonner la femme dans le cadre du portrait architectural, de même le regard plongeant du personnage dominant souligne l'inégalité des adversaires. Grâce à cette optique du haut vers le bas, Drieu parvient, dans L'Homme à Cheval, à structurer le jeu des forces opposées qui se déploient tout autour de l'homme fort dans sa marche vers la gloire.[23]

A la lumière de cette tentative de structuration romanesque, le choix du pays lui-même semble répondre au souci artistique de mettre en valeur l'ascendance du chef: avec ses hauts plateaux sauvages—les plus élevés de l'Amérique du Sud—la Bolivie incarne, selon Drieu, tout ce qu'il y a de démesuré dans l'âme humaine. Séduit par ce rapprochement insolite avec l'immensité du ciel, l'esprit se sent emporter à la fois vers la contemplation du divin et vers les pensées les plus audacieuses. L'extase spirituelle engendrée par l'élévation de la haute montagne n'est guère concevable chez l'homme de la vallée, condamné à l'enlisement, brisé dans son élan vers la connaissance du mystère divin: "Le coeur se serre quand on pense que, porté si haut, l'homme n'est pas maître d'un autre destin que dans les plus bas pays du Pérou ou du Chili. (. . .) O théologiens, vous ignorez que vous êtes aussi des poètes et que vous hantez les mêmes sommets éternels où par les belles nuits le haut vers lyrique vient accomplir vos balbutiements essentiels!" (HC, 41)

Dans la mesure où la Bolivie domine physiquement les autres états sud-américains, elle paraît destinée à devenir le centre de la fédération politique que Jaime s'efforce de constituer sur les assises de l'ancien empire inca. L'homme des hauteurs boliviennes, noble descendant des Incas, se doit de régner sur les peuples des pays avoisinants qui sont relégués à un rôle inférieur à cause de leur éloignement de la source spirituelle de la race des fils du soleil. Au bord du lac Titicaca se dressent les temples abandonnés des anciens maîtres du continent qui ont laissé, au comble de leur gloire, le témoignage de leur profonde spiritualité:

"Une race inscrit sa mesure du divin. C'est la mesure la plus haute" (HC, 221).

Issu de la lignée de cette race des seigneurs du passé, Jaime Torrijos accomplira son destin de guerrier déchu parmi les décombres de ses rêves d'empire—vestiges de la grandeur impériale d'antan qu'il avait tant souhaité restituer à son peuple opprimé—inconscient d'ailleurs de la magnificence qui fut la sienne au bord du lac sacré de ses ancêtres: "Jaime et moi," déclare Felipe, "nous étions seuls, parmi ces ruines qui somment notre pays, lequel les ignore" (HC, 223). Du haut de cette élévation spirituelle, au-delà de la politique et des femmes, Jaime promène un regard détaché sur l'effondrement de ses ambitions héroïques ainsi que sur les vastes étendues d'un continent qui n'était pas encore mûr pour l'émancipation qu'il avait essayé de lui apporter. De cette manière, situé au-dessus des contingences de l'histoire, le héros—maintenant devenu religieux ("Un grand soldat est toujours un grand ascète" [HC, 223])—va effectuer un retour mythique aux origines de sa race (c'est-à-dire du mouvement idéologique), dont il fut l'incarnation vivante, en renonçant à la vie engagée en faveur de l'ascétisme du saint: "La vie y est réduite à elle-même, à un grand cri solitaire, une prière d'hermite perdu, une prière de Robinson" (HC, 223).

Sur le plan symbolique, Jaime Torrijos fait l'ascension jusqu'au lac Titicaca pour s'affranchir—par le sacrifice de son rôle de guerrier et par le dénuement de l'exil—des liens le rattachant à médiocrité d'un régime sans promesse d'empire de même qu'à l'occasion de sa prise de pouvoir, il a eu recours au meurtre rituel de don Benito pour se libérer d'une tyrannie surannée qui ne cherchait plus à contraindre les hommes à se dépasser. Dans cette perspective, nous constatons que tout, chez Jaime Torrijos, tend vers le haut—vers l'accomplissement de son destin héroïque de leader populaire et, par la suite, vers la retraite ascétique propre au soldat-moine. Ainsi donc, la Bolivie—à la fois pays de la démesure et lieu de recueillement—sert de complément structural (grâce à sa géographie montagneuse) au drame du chef totalitaire, à l'homme des sommets de l'expérience humaine, surgi de la foule pour imposer de nouvelles valeurs à la société, pour arracher les gens à la médiocrité et les conduire jusqu'au faîte de la puissance.

L'HOMME A CHEVAL

A très peu d'exceptions près, tout changement effectué dans les rapports de force qui existent entre les personnages de *L'Homme à Cheval* s'accompagne d'une modification équivalente de l'angle du regard—qu'il soit porté vers le haut en signe d'infériorité ou vers le bas comme indice de domination. Dans ce monde régi selon l'échelonnement des perspectives individuelles règne une atmosphère de lutte continuelle où les forces d'en bas tâchent de se libérer de l'oppression exercée par les puissances d'en haut, lesquelles seront desintées à leur tour à subir la tyrannie des dissidents qui, une fois arrivés au pouvoir, n'hésiteront pas à endosser le rôle dominant dévolu aux vainqueurs. Ainsi se déroulera, sur le plan romanesque, le cycle infernal du dynamisme politique dans lequel l'optique du regard traduira la situation relative des adversaires.

En raison de la position élevée de l'homme d'action, monté sur son cheval de guerre, l'homme de rêve—juché précairement à ses côtés sur un âne—se voit obligé de lever les yeux sur son maître, rendant ainsi hommage à son état de supériorité. A la veille de la bataille contre les forces de don Benito, Felipe aperçoit, dans un frisson d'exaltation, la silhouette noble de son chef, chevauchant en haute montagne comme un dieu à la tête de ses cavaliers: "De temps à autre, quand un sursaut de la route le permettait, j'apercevais mon Hercule dressant sa stature en avant des hommes et des chevaux" (HC, 41). A mesure que l'homme fort monte vers sa destinée, le poète-guitariste, restant servilement dans le sillage de cette force de la nature, doit se contenter du rôle subalterne de confident. Et pourtant, à la fin de leurs aventures, dès que Jaime prend conscience de l'échec de ses projets de fédération, un rapprochement—tant spirituel qu'affectif—s'effectue entre le maître et son disciple. Retirés du monde sur les rivages du lac Titicaca, ils se parlent en amis, enfin réunis sur un pied d'égalité. Loin de la guerre et des femmes, face à son destin d'exilé et d'ascète, Jaime se rend compte—à l'exemple de Felipe—des profondes affinités qui relient l'homme d'action à l'homme de rêve; de son côté, Felipe s'aperçoit qu'il n'a plus besoin de chanter l'avènement au pouvoir du héros Torrijos: le lyrisme narratif qui avait accompagné les amours et les exploits militaires de celui-ci s'efface devant le silence purificateur né du recueillement et de la conscience de l'égalité: "Nous parlions avec une grande liberté. Il n'y avait plus rien en moi vis-à-vis de lui de cette subordination passionnée et rusée qui m'avait tourmenté autrefois; et plus aucune nécessité d'action ne le tenait hors de moi. Ma guitare restait au campement: toute musique était impossible dans ce lieu, trop proche des dieux" (HC, 225-226). Une fois la monture de Jaime sacrifiée au bûcher, donnant ainsi forme et substance à la grandeur du passé comme à la valeur spirituelle de l'exil, Jaime et Felipe se couchent, côte à côte, unis à la vie à la mort: "Nous restâmes dans le temple enveloppés dans nos manteaux, nous dormîmes l'un près de l'autre à côté des cendres de notre double destin" (HC, 237).

Alors que Felipe était obligé d'évoluer sur un plan inférieur à celui du chef avant la reconnaissance de leur équivalence fraternelle, il parvient désormais à se mettre sur le même plan que l'homme fort: le décalage d'optique qui les séparait disparaît en même temps que s'estompe la quête de la puissance politique. Privé de cheval—symbole de son ascendance héroïque—le guerrier se voit par conséquent destitué de son pouvoir terrestre avant de revêtir la bure du moine: sur le chemin de l'exil, l'homme d'action et l'homme de rêve ne feront qu'un: "Je regardai le dos de cet homme derrière lequel j'avais marché pendant vingt ans. L'homme à cheval était à pied" (HC, 241).

Dans l'examen des rapports entre don Benito Ramirez et Jaime Torrijos, il nous faut souligner l'importance de l'angle du regard qui sert de baromètre à leur lutte pour la suprématie militaire en Bolivie, marquant avec précision chaque étape de l'ascension du jeune rival vers le pouvoir détenu par le vieux dictateur. Comme il en est de l'aminosité qui règne entre Felipe et le père Florida, l'inimitié qui met en opposition les deux chefs tiendrait paradoxalement à leur ressemblance, étant donné que les deux adversaires finissent, au terme de leur combat fratricide, par se retrouver l'un en l'autre. Dans la mesure où le neuf renaît de l'ancien, la mort du Protecteur aura le mérite de consacrer par le sang l'accession au pouvoir du nouveau héros conformément au rite de passage propre aux chefs. Conscient de la nécessité de se sacrifier à la force supérieure de Torrijos, don Benito n'opposera, tout compte fait, qu'une résistance de pure forme à la révolte menée par le jeune chef—conférant donc à la renommée de celui-ci un plus grand éclat grâce à la victoire dûment remportée sur son prédécesseur. D'un oeil ferme mais détaché, don Benito Ramirez surveillera les manèges de Jaime et de ses partisans à la manière du condamné à mort qui, depuis sa cellule, suit des yeux la lente mise en place de l'échafaudage avec angoisse et résignation.

Au début de leur rivalité, bien qu'il se trouve en état de supériorité par rapport à Jaime, don Benito choisit de se mettre très vite au même niveau que son adversaire afin de prendre la mesure de cet homme destiné à le remplacer au pouvoir. Sous le regard narquois du Protecteur qui se réjouit de son malaise, Jaime souffre à la fois de la présence menaçante de don Benito et de la jalousie provoquée par la lascivité de Conchita qui se démène devant les officiers de La Paz: "Il (don Benito) s'intéressait surtout à l'expression de Jaime Torrijos regardant Conchita danser et regardant les hommes qui regardaient Conchita danser. (. . .) Don Benito, pendant un instant, put se défaire de son propre tourment en buvant celui de son rival" (HC, 23).

Convoqué au palais par don Benito, Felipe, à son tour, subira la froideur de son regard qui lui enlève la parole. En tournant le dos à Felipe, don Benito tient à marquer son mépris et son détachement à l'égard du confident de son ennemi en même temps qu'il contraint son hôte à adopter une attitude maladroite pour être en mesure de le regarder droit dans les yeux. Au moyen de ce jeu habile, don Benito parvient à enfermer Felipe dans le rôle de suppliant, privé d'existence autonome tant qu'il ne sera pas aperçu par son interlocuteur. Etant donné qu'il est l'émissaire de Jaime auprès de don Benito, Felipe introduit dans le récit une perspective intermédiaire—voire médiatrice—chargée de faire la liaison entre les deux versions de l'homme d'action. En raison de la dualité d'optique qu'il représente—étant à la fois partisan farouche de Torrijos et admirateur secret de don Benito—Felipe fait figure, sur le plan narratif, de point d'équilibre entre les forces violentes déployées par les deux rivaux.

Repéré du haut d'une tour d'église par don Benito, Felipe se voit brutalement transporter de la rue en bas jusqu'à l'observatoire où se tiennent le Protecteur et ses aides de camp; alors qu'il avait l'impression de combattre à armes égales contre les troupes de don Benito, le poète-guitariste se trouve ramené de force à sa "disposition contemplative" au poste d'observation de l'ennemi qui domine le champ de bataille. Elevé physiquement au niveau de l'adversaire, Felipe n'en perd pas pour autant sa qualité d'inférieur: même dans le clocher de l'église, don Benito se refuse à le regarder, l'obligeant de nouveau à adopter une attitude équivoque envers le dictateur. Jouissant d'un point de vue global sur le déploiement des forces de Jaime, Felipe prend conscience du guet-apens dans lequel vont tomber les cavaliers l'Agreda et il se sent soudain complice du Protecteur. Désemparé par l'absence du regard de don Benito, Felipe finit par voir l'action de la bataille se dérouler par-dessus l'épaule de ce dernier—comme s'il était lui-même en train de prêter son concours à la destruction de la moitié de son être en Jaime.

Par le truchement de cette vue double et suspecte des événements, Drieu arrive de plus à nous éclairer sur l'ambiguïté de son rôle en matière de politique: d'une part, il incarne l'homme passionné (à l'exemple de Jaime Torrijos) qui se lance dans des affaires douteuses par excès de zèle; d'autre part, c'est l'observateur froid et détaché qui, tel don Benito, porte un jugement lucide sur ses imprudences mais se sent coupable, comme Felipe, témoin impuissant, d'avoir trahi par la réflexion morale la pureté de sa première exaltation—la sincérité essentielle de ce cri de l'âme qui s'épuise en gestes extravagants et futiles.[24] Ce qui importe en guerre comme en politique, selon Drieu, c'est que l'homme s'arrache à lui-même afin de libérer les profondes ressources de son être et fondre "le courage dans la peur et la peur dans le courage" (cf. "La Comédie de Charleroi"). Tandis qu'il regarde avancer au galop les cavaliers d'Agreda, menés par Jaime à la mort certaine sous le tir des troupes du gouvernement, Felipe s'écrie: "O magnifique rangée de poitrails qui s'avançaient vers nous, qui montaient vers nous! O crinières! O queues! O écume! O long cri perdu! Mystère d'humanité qui se donne pour rien, à rien! O beauté qui te suffis frénétiquement à toi-même! O minute à jamais perdue, à jamais éternelle dans le coeur!" (HC, 52) Par sa fureur désespérée, cette "ruée semi-divine", qui s'élance dans un grand mouvement ascendant vers le poste d'observation de don Benito, semble annoncer la défaite prochaine du vieux chef et la prise de pouvoir par Jaime.

Dans la mesure où Felipe se voit obligé d'emprunter, malgré lui, le point de vue du Protecteur, en regardant la bataille par dessus l'épaule de celui-ci, il prend conscience des affinités qui le rattachent à cet esprit contemplatif et rusé qu'il ne peut s'empêcher d'admirer tout en le haïssant: "Je m'étais arraché avec horreur au charme de don Benito et au charme de la contemplation, je voulais retrouver mes compagnons et partager leur défaite et leur chagrin" (HC, 53). Fuyant ainsi la séduction de la vie contemplative, Felipe redescend à terre pour renouer avec la vie héroïque aux côtés de Jaime, le chef battant en retraite; soucieux de se racheter aux yeux du maître et de s'introduire de nouveau dans son champ visuel dont il craignait d'être exclu, Felipe reprend allégrement le rôle de disciple qu'il avait quitté auprès de don Benito: "A un détour de chemin, je vis Jaime. Il marchait seul, en tête d'un petit groupe de cavaliers d'Agreda. Je m'approchai de lui et le désespoir me tordit le coeur à l'idée qu'il allait deviner quelque chose de mon absurde équipée et douter de ma fidélité, sinon de mon courage" (HC, 54).

Conscient de la nécessité de faire une action d'éclat pour rentrer dans les bonnes grâces de son maître, Felipe a hâte de le reconduire, coûte que coûte, vers le quartier général de don Benito à la faveur de la nuit. Dans la chapelle où se recueille le dictateur victorieux, Felipe s'aperçoit que, loin de vouloir redresser la fortune de Jaime par l'assassinat de don Benito, il cherche, au contraire, à réprimer en lui-même la fascination exercée par cet être d'exception qui a failli l'attirer loin de Jaime et loin de la vie engagée: en fait, tuer don Benito est en quelque sorte pour Felipe le moyen d'extirper de sa propre vie la mollesse de la contemplation qu'il réprouve. Il se rend comte—trop tard malgré tout—que derrière le regard froid et noble de don Benito se cachait une âme puissante. Au fond, Felipe sait qu'il aurait pu aimer tout autant la belle voix modulée du Protecteur que l'allure mâle de Jaime Torrijos.

Après avoir réuni les deux adversaires, Felipe se défait de son rôle d'intermédiaire entre l'ancien et le nouvel ordre en Bolivie pour revêtir celui d'officiant, chargé de célébrer l'office du sacrifice qui se déroulera "sous l'oeil d'un Dieu qui, du reste, en avait vu bien d'autres" (HC, 61). A l'instant où Jaime se précipite dans le noir sur don Benito—absorbé dans ses reflexions de vainqueur fourbu—deux destinées convergent et s'accouplent. Sur le plan structural, à ce moment, il s'opère une inversion brutale des rôles respectifs des deux hommes forts: pris de court par l'irruption fatidique de son rival, don Benito se voit réduit tout à coup à l'état de victime sous le regard vengeur du nouveau tyran. Dominé à son tour par le jeune chef, le Protecteur, affaissé dans sa stalle, se soumet passivement au coup de poignard en levant les yeux sur la main sacrificielle: "Il (Jaime) frappa durement, sûrement, en plein coeur. Tandis que le bras se levait, le visage de la victime s'était écarquillé immensément. Puis, il se tordit; puis il demeura stupéfait, définitivement" (HC, 63).

Dans un autre registre, la lutte engagée entre le père Florida et Felipe se déroule elle aussi conformément au jeu du regard plongeant; toutefois, le renversement de fortune qui entraîne la disgrâce de Florida n'assure guère—comme dans le cas des rapports entre Jaime et don Benito—l'ultime victoire de Felipe. Dès qu'il se trouve finalement en état de supériorité, la vengeance que Felipe avait souhaité exercer sur son ennemi s'évanouit: au lieu de sceller le triomphe du plus fort, le regard de mépris qui se pose sur le corps ligoté du prêtre finira par rapprocher les deux hommes de rêve, les remettant sur un pied d'égalité dans la haine comme dans l'amour.

En tant que théologien, le père Florida marque une préférence très nette pour les lieux élevés: son ermitage, perché sur un promontoire, domine une "cascade de vallées au milieu desquelles est suspendue La Paz" (HC, 185); là, appuyé à la balustrade de la terrasse qui surplombe ce spectacle inoubliable, l'homme l'église cherche, par la voie de la méditation, à se détacher des liens le rattachant à la terre, ce qui l'amène à creuser jusqu'au noyau de son être pour n'y éprouver finalement que le dégoût de la vie.

En plus de ses efforts d'élévation mystique, Florida se livre à une passion beaucoup moins éthérée qui s'inscrit dans la panoplie de ses soucis séculiers—la quête de la puissance politique en tant qu'éminence grise auprès du nouveau Protecteur. A ce titre, le rôle que joue le père Florida au début du roman se révèle supérieur à celui dévolu à Felipe, d'autant que le jésuite était autrefois son maître à penser au séminaire. C'est surtout dans le regard de Florida que nous voyons s'affirmer ce goût envoûtant pour la ruse et pour les subtilités du raisonnement qui lui confère une allure troublante: ". . . je vis dans le grand oeil du Père Florida, un oeil sombre rempli par la casuistique d'acuités brûlantes comme des fers chauffés à blanc sous les charbons" (HC, 17).

En raison de cette affinité pour l'intrigue, le père Florida semble participer, de près ou de loin, à tous les complots qui se trament contre le régime de don Benito tout en lui servant de conseiller. Sous les dehors d'un agent du Protecteur, il surveille de son balcon la première rencontre de Felipe et du maçon, Belmez: d'en haut, à l'écart des désordres de la rue, Florida donne l'impression de fouiller du regard la moindre démarche des conspirateurs. Ainsi, l'empire qu'il exerce sur Felipe tient en grande partie à sa capacité de tout juger d'un coup d'oeil perspicace: "Le Père Florida eut en même temps sur moi ce regard rapide et dénudant qui faisait sa grande force. Ainsi il avait deviné ma songerie, dont il faisait un plan" (HC, 80).

Jaloux à l'idée que le jésuite cherche à le remplacer auprès de Jaime, Felipe redouble ses efforts pour venir à bout de la révolte des Indiens en vue de mettre au jour le rôle compromettant que Florida y avait joué et de le dénigrer aux yeux de Jaime. Parvenu à ses fins, Felipe savoure son triomphe sur les conspirateurs rassemblés à l'ermitage du père Florida: désormais, croit-il, il pourra se rendre maître de tous ceux qui l'avaient mésestimé dans la mesure où il participe à présent de la gloire du chef victorieux. En promenant son regard dédaigneux sur Camilla, l'aristocrate déchue, il s'imagine que le pays tout entier se plie complaisamment à ses desseins: "Mais il (Jaime) devait faire effort pour surveiller, s'il le voulait, le profil de Camilla, tandis que moi je plongeai directement dans la face de mon ancienne amie. C'était aussi moi qui possédais le mieux le grand pays de Bolivie à nos pieds" (HC, 186).

En dépit de l'humiliation qu'il subit sous l'oeil railleur de Felipe, le père Florida ne perd pas son sang-froid; la malice qui pétille d'ordinaire dans ses yeux s'adoucit pour donner naissance à une sorte d'impassibilité renfermée: "Sa face demeurait impénétrable, et dans son regard palpitait un feu toujours égal. Feu d'enfer" (HC, 198). Toujours est-il que Florida pousse ses audaces jusqu'à mettre en cause les motifs politiques de Jaime—imprudence qui ne fait qu'accroître l'indignation de Felipe contre "ce personnage incroyablement futile" qui ose s'opposer à la volonté absolue du maître.

En dernière analyse, comme Felipe lui-même déclare aux conspirateurs: "Nos ennemis intimes sont près de notre coeur" (HC, 199), la haine et l'amour ne sont donc que l'envers et l'endroit de la même passion essentielle de posséder. Cette vérité primordiale s'impose à l'esprit rancunier de Felipe lors de sa découverte du père Florida, livré pieds et poings liés aux caprices de son désir de vengeance devant l'autel de l'oratoire. En proie à la terreur, sans défense aucune, Florida se trouve réduit à l'état d'animalité brute à la manière de don Benito, dépouillé de toute grandeur par la présence de Jaime. Privé donc de sa carapace raisonneuse, le prêtre ne saurait plus dissimuler ses émotions: à la vue de cette angoisse de "bête prise au piège", Felipe renonce à sa soif de vengeance; les barrières de haine qui s'étaient dressées entre les deux hommes de rêve disparaissent aussitôt, cédant la place aux premiers tâtonnements d'amitié: "Grâce à ce regard, un rapport humain s'était établi entre le père Florida et moi, du moins l'espace d'un éclair. Je devais être reconnaissant à Jaime de m'avoir ménagé ce fugitif remède" (HC, 210). Pendant ces moments de franchise et de révélation, les deux âmes sœurs se rejoignent dans le tréfonds de leur être, là où se produit la "saine copulation" spirituelle qui les réunit sur le même plan fraternel.

Tout d'un coup, Felipe se ressaisit, rompt brutalement l'harmonie de leur brève entente en proférant à Florida des menaces de mort. Sous le regard implacable de son adversaire, le visage de Florida se défait et sombre dans l'impuissance de la terreur. Dominant son "paquet de chair", Felipe s'aperçoit de la futilité de vouloir assassiner cet homme qui, au fond, n'est autre que la caricature dégradée de ses propres vices. Au lieu de haïr Florida, il en arrive finalement à le comprendre: "Et voici qu'entrait en moi non pas la pitié, mais la connaissance. Peut-être est-ce une forme de l'amour" (HC, 215).

De même que Jaime se délivre des femmes et de la guerre pour parvenir à l'ascèse, de même Felipe, avant le rite du sacrifice, doit se purifier de la haine en épargnant la vie à Florida. A cet égard, le regard qui plonge vers la victime ne traduit pas forcément le triomphe de la volonté de puissance: il sert plutôt à élever le vaincu, sous l'effet d'une sympathie réciproque, au même niveau que le vainqueur. Grâce à la magnanimité dont il fait preuve envers le pire de ses ennemis, Felipe parvient à dépasser l'étroitesse de sa rancune personnelle pour accéder momentanément à la grandeur d'âme propre au vrai chef.

Les rapports de force établis entre Jaime Torrijos et l'aristocratie se caractérisent, à leur tour, par la lutte intransigeante pour le pouvoir en Bolivie—confrontation d'envergure où l'ascendance relative des deux camps diffère en fonction de la ligne du regard des combattants. Dans la mesure où l'homme fort s'est fixé, comme objectif principal, de "briser les grands" afin de restituer au peuple indien la pré-éminence dont il avait joui au temps des Incas, l'effort déployé par Jaime pour mener à bien sa tâche se résume, sur le plan individuel, par le combat sensuel qu'il livre à la représentante de cette caste réactionnaire, Camilla Bustamente. Lorsque Jaime sera convaincu de la trahison de sa maîtresse dans l'affaire de la révolte des Indiens, son regard fixé sur le visage détourné de Camilla trahira à la fois son mépris pour l'inconstance de la femme du monde et l'orgueil de la victoire qu'il vient de remporter sur la classe des nobles. A cet égard, les desseins de l'homme d'action font éclater sa misogynie en même temps qu'ils constituent une affirmation joyeuse du triomphe des forces populaires sur les institutions privilégiées et décadentes de la nation bolivienne.

Après avoir franchi la première étape de son ascension vers la gloire par le meurtre de don Benito, derrière lequel s'abritaient les grands, Jaime ne tarde pas à se lancer à l'assaut de l'aristocratie par l'intermédiaire de doña Camilla, symbole de l'hostilité des nobles à toute réforme au profit des Indiens. De son côté, Felipe se fait fort d'encourager son chef dans cette voie, espérant effectuer ainsi un rapprochement entre le peuple et les grands, entre l'âme et le corps de la Bolivie. Quoiqu'il soit en principe maître du pays par suite de l'assassinat du Protecteur, Jaime est en réalité—vis-à-vis des grandes familles de La Paz—en état d'infériorité au sens hiérarchique et physique du terme.

Ceci se manifeste à l'occasion de sa première visite chez Camilla: hautaine et impérieuse, elle habite, dans le quartier le plus élevé de la ville, une maison qui surplombe un précipice, dominant de ce fait toute la capitale. Selon la hiérarchie de la famille Bustamente, c'est Camilla qui fait prévaloir ses droits au plus haut rang de la demeure en occupant l'appartement qui s'ouvre sur l'abîme, alors que les chambres de ses soeurs se trouvent reléguées aux étages inférieurs, en signe de leur subordination à la volonté de l'aînée. Pour accéder donc à cette citadelle de l'autorité aristocratique, Jaime est obligé de monter avec difficulté la pente abrupte menant à la résidence de Camilla, mystérieuse inconnue, à l'instar du chevalier médiéval, en quête de la dame lointaine, qui devait subir les épreuves du service d'amour: "Comme pour repartir avant d'être arrivé, il fit volter son cheval dans la rue même où habitait Camilla, rue qui montait assez roidement par de longs degrés" (HC, 82).

Puisqu'elle incarne, par son attitude hautaine, l'âme irréductible de la classe des privilégiés qu'il a juré de détruire, Jaime se méfie d'abord de la forte attirance qu'il éprouve envers Camilla, puis s'abandonne brièvement au piège de cet amour interdit. Alors que la conquête amoureuse de Camilla ne manquerait pas de lui ouvrir la voie à l'assujettissement éventuel des grands,

Jaime s'éloigne brusquement de la grâce envoûtante et sensuelle de son amante—refusant, par ce geste imprévu, de tirer profit de la brèche percée dans l'armure de ses ennemis. Déchiré entre sa passion pour le corps "innocent" de Camilla qu'il craint de souiller et l'obligation de ne pas délaisser la Conchita—fille du peuple et symbole de sa politique indienne—Jaime prendra le parti de rompre toute liaison avec Camilla en vue de réaffirmer son indépendance vis-à-vis des aristocrates. Par ce renoncement pénible, il finit par mettre en pièces l'égalité précaire qui s'était constituée entre lui et Camilla pendant les quelques jours de leur idylle—période de grande insouciance où, emporté par la force de ses emotions, il a failli perdre de vue la grandeur des objectifs qu'il lui restait toujours à atteindre. A l'exemple de tout amoureux passioné, Jaime s'épanche en paroles de tendresse aux pieds de Camilla, adoptant en cela l'attitude humble du soupirant qui cadre mal avec l'allure héroïque du rénovateur de la race indienne. Dans l'existence de l'homme d'action, pourtant, rien ne s'amollit, tout doit se raidir en vue de l'accomplissement du destin: ces quelques moments de bonheur où le coeur du héros s'ouvre à la douceur d'aimer s'effritent aussitôt entre les doigts de l'amante éplorée: "Les noces des humains ne durent qu'un éclair, comme celles des animaux et des dieux" (HC, 108).

Retrouvant donc le sens profond de sa mission politique, Jaime entreprend d'imposer aux grands le spectacle frappant de la suprématie indienne, de les acculer coûte que coûte à un rang secondaire en faisant d'eux les observateurs désarmés du génie primitif du peuple. A cette fin, les danses exécutées par Conchita devant l'assemblée des nobles au palais servent à illustrer, de façon brutale, les nouvelles dimensions du pouvoir: désormais ce n'est plus le raffinement des moeurs européennes qui régnera en Bolivie mais le mystère de l'âme indienne, nourrie à la fois du culte de la mort dans la vie et de la libre expression de la sensualité païenne. Debout, face à l'assistance, Jaime dévore des yeux la fascination et l'angoisse qui se répandent à travers l'auditoire médusé par les rythmes incantatoires de la danse qui affirment l'ascendance indienne en Bolivie. A cet égard, il nous paraît évident que la haute stature de Jaime, dominant orgueilleusement les aristocrates assis, marque le triomphe de la volonté populaire sur les pouvoirs établis: "Fallait-il du reste appeler du nom d'orgueil le vif sentiment de leur pureté animale qui dressait ces deux êtres, elle danseuse et lui cavalier, au milieu de tous ces assis" (HC, 92).

L'image du chef victorieux dominant de haut l'aristocratie vaincue réapparaît à l'occasion de la conspiration avortée de Manuelito: sous l'oeil froid de Jaime, l'orgueil et la bravoure de la jeunesse dorée de la Bolivie s'évanouissent: "Jaime regardait les jeunes hommes assis par terre, qui frémissaient sous son regard" (HC, 139). Grâce à la rapidité des ses déplacements et à l'audace de ses interventions, l'homme fort réussit à déjouer tous les complots montés contre son régime; en écrasant ainsi chaque tentative de rébellion chez les aristocrates, Jaime les contraint à se tenir à un rang subalterne de sorte que le regard du chef se dirige vers le bas afin de fixer les physionomies désemparées de cette caste inutile, s'agitant vainement en marge de la grandeur et de la puissance politique.

A l'ermitage du père Florida, Jaime choisit en guerrier de s'attaquer à l'ennemi sur son propre terrain: installé sur la haute terrasse qui semble dominer toute la Bolivie, il affronte les conspirateurs; le regard du vainqueur, autant que la brutalité de ses paroles, pèse cruellement sur ses prisonniers, réduits à l'état d'impuissance morale et physique: ". . . puis il les regarda l'un après l'autre au visage. Et chacun était obligé d'abandonner quelques-uns de ces masques à ce lent dévisagement" (HC, 187).

L'amertume et le mépris de Jaime font naître l'angoisse dans les yeux de Camilla: du rang élevé qu'elle occupait jadis, elle se voit rabaissée, sous le regard dédaigneux de son ancien amant, jusqu'au plus bas niveau de tous. Selon Jaime, la faute irrémédiable de sa maîtresse est de s'être donnée, en guise de vengeance, à Manuelito lequel n'est qu'une caricature de l'homme d'action. En se livrant indifféremment à son cousin qu'elle n'aimait pas, Camilla a mis au jour la vulgarité de sa vraie nature, fondée sur le mensonge et la trahison. En raison de cette légèreté opportuniste, elle finit donc par se retrouver, aux yeux de Jaime, sur le même plan que sa rivale, Conchita. Dans le jugement défavorable qu'il porte sur les deux femmes, Jaime ne fait aucune distinction morale entre leur comportement amoureux: "Conception avec se ses palefreniers ne vaut guère mieux que Camilla avec ses Manuelito" (HC, 193).

Le triomphe de l'âme indienne sur la décadence aristocratique se solde par l'équivalence infamante établie entre la femme du monde et la prostituée: une fois percée à jour, l'aristocrate n'est plus en mesure de se réclamer de la vertu inhérente à sa condition pour justifier sa supériorité sur la fille du peuple. A la fin de ses aventures, Jaime se rend compte que, loin de revêtir la pureté d'âme qu'il lui avait attribuée au début de leur liaison, Camilla renferme sous le voile d'une élégance maniérée les mêmes vices qu'il impute à Conchita. Au bord du lac Titcaca, Jaime et Felipe commentent amèrement la rivalité entre les deux femmes et la triste parenté de leur rôle:

—Te rappelles-tu le balcon de Camilla au-dessus du précipice de La Paz?
—Il y avait plus de vertige à son balcon que dans son âme.
—Il y avait Conchita et Camilla. Aucune n'était capable de dominer l'autre, d'absorber l'autre (HC, 224).

Dès qu'elle se voit ainsi rabaissée au niveau de la Conchita et de sa sensualité indiscrète, Camilla cesse de jouir, en tant qu'aristocrate, de la perspective dominante sur les affaires du pays—symbolisée par l'extrême hauteur de son balcon. A l'ermitage du père Florida, privée du cadre majestueux de sa résidence où elle évoluait en reine, Camilla cherche à s'enfouir honteusement sous la couverture indienne pour échapper au regard sévère et humiliant de Jaime: "Les yeux dilatés de Camilla qui s'enveloppait frileusement dans son manteau indien comme pour s'exclure de l'irrémédiable" (HC, 190). Il en résulte donc que la misogynie profonde de l'homme d'action, exacerbée par l'infidélité de ses maîtresses, se traduit, sur le plan structural, par l'angle descendant du regard de Jaime qui écrase de mépris doña Camilla en même temps qu'il dénonce la perfidie de ses comparses.

En dominant à la fois les responsables des classes dirigeantes et les vastes étendues de la Bolivie, Jaime Torrijos s'impose comme maître absolu du pays tout entier. Déjà affaiblie par l'usure de la décadence, l'aristocratie ne saurait s'accommoder du dynamisme populaire qui lui succède au pouvoir; la lutte engagée entre ces deux forces antithétiques aboutit inéluctablement à la victoire du plus fort—élevé en conséquence à une station hiérarchique au-dessus de ses adversaires d'où il peut promener un regard triomphant sur les limites de son empire: depuis les hauteurs de la Bolivie, le héros du peuple lance son défi impérial à tout un continent qui repose à ses pieds.

En définitive, la fonction du regard chez Drieu se réduit au souci de préserver l'intégrité du moi contre toute menace provenant de l'extérieur, qu'il s'agisse du caractère fuyant de la femme sur le plan affectif ou de l'hostilité manifestée par l'adversaire envers le détenteur du pouvoir sur le plan politique. A ce titre, le regard sert, non pas à instaurer des rapports authentiques avec le monde, mais à établir entre le narrateur et l'être aperçu une plus grande distance—émotive (en ce qui concerne l'image de lui-même réfléchie dans les femmes) ou hiérarchique (lorsqu'il est question de la volonté de puissance qui régit le dynamisme des chefs). Ceci dit, force nous est de constater que la distanciation entraînée par l'angle du regard et par son acuité plastique n'est que le résultat d'une profonde rupture opérée entre la vision créatrice de l'auteur et sa transposition artistique—décalage intime qui trouve sa pleine expression dans *L'Homme à Cheval*, ainsi que dans d'autres oeuvres de Drieu, sous la forme du portrait stylisé de la femme, d'une part, et de l'échelonnement du regard plongeant comme mode d'asservissement et domination d'autre part.

Notes

[1]Parmi les critiques de la première génération (celle d'avant 1966) qui se sont consacrés à l'étude de Drieu en tant que romancier et non pas exclusivement comme figure légendaire, il convient de citer les oeuvres de Frédéric Grover (*Drieu la Rochelle* [Bibliothèque idéale] et *Drieu la Rochelle and the Fiction of Testimony*) ainsi que celle de Pierre Andreu, *Drieu, témoin et visionnaire.*

[2]Frédéric Grover, *Drieu la Rochelle* (Paris: Gallimard, 1962), p. 111.

[3]Pour ce qui est de l'art romanesque chez Drieu, voir en particulier les commentaires de F. J. Grover dans son: *Drieu la Rochelle,* op. cit., pp. 112-117.

[4]A ce sujet, voir *supra,* chapitre premier, "L'origine des personnages".

[5]A propos de ce dédoublement incertain du romancier, Drieu s'explique avec clarté dans la préface de *Gilles:* "Si on ne peut peindre sans modèle, on ne peut non plus reproduire le modèle exactement, à *partir du moment* (c'est Drieu qui souligne) où celui-ci est introduit dans une histoire dont le mouvement propre transforme et altère tout ce qu'il entraîne (. . .) ce personnage est un *autre,* parce qu'il est pris non seulement dans une suite d'événements inventés mais aussi et surtout dans un monde neuf dont la nouveauté se compose de la rencontre imprévue dudit personnage avec des hommes et des femmes qui ne sont là que par la fantaisie de l'auteur, c'est-à-dire qui ne sont là que pour satisfaire les besoins secrets et indicibles de l'auteur" (p. vii).

[6]Bien qu'il nous soit impossible, à l'heure actuelle, de préciser le moment où Drieu aurait subi cette prise de conscience de sa nature irrémédiablement *double,* il paraît fort probable que ce fût vers l'époque de *Drôle de voyage* (1933) où l'appel de la vie engagée l'emportait sur l'hédonisme facile des années d'après-guerre. Il va sans dire que *Drôle de voyage* fait figure de roman "amer"—l'un des plus amers de Drieu à l'égard des femmes.

[7]Dans une large mesure, tout tend chez Drieu vers la négation de son être en littérature ainsi qu'en politique: dans son journal intime, il nous fait part des motifs suicidaires qui avaient sans doute entraîné sa participation à la collaboration: "Ma légère intromission dans les affaires politiques, c'est pour mieux me rapprocher de la mort, pour intensifier ma préparation à l'au-delà" (*Journal,* 20 septembre 1941). A la suite de ses premières tentatives de suicide, Drieu se justifie dans son journal en faisant l'apologie de la mort: "O mort, je ne t'oublie pas. O vie plus vraie que la vie. O chose indicible qui est au-delà de la vie plus vraie que la vie. Non pas au-delà, en deça. C'est le noyau de mon être que je veux atteindre" (*Récit secret* [Paris:

Gallimard, 1951], p. 56). Au sujet du négativisme de Drieu comme force créatrice, voir également F. J. Grover, *Drieu la Rochelle,* op. cit., pp. 116-117.

[8]Pour de plus amples renseignements sur la création du "double inférieur" chez Drieu, voir F. J. Grover, op. cit., p. 114.

[9]Il est également permis de voir dans cette tendance vers l'auto-punition une sorte de délectation sado-masochiste que Drieu lui-même souligne dans ses *Mémoires politiques* au sujet de son rôle de collaborateur: "Il y avait peut-être dans mon cas la double recherche du sadiste et du masochiste pour ces affreux contacts avec l'opinion commune qui font ressortir aux yeux du premier, émerveillés jusqu'à la révulsion, le féroce aveuglement de la foule et aux yeux du second, non moins ravis, l'irrémédiable faiblesse de l'observateur solitaire devant l'énormité des passions en marche dans le monde" (*Mémoires politiques,* inédits, 1943; la citation donnée ci-dessus figure dans l'oeuvre de F. J. Grover, *Drieu la Rochelle,* op. cit., pp. 106-107).

[10]Inspiré en majeure partie par le célèbre tableau de Watteau (voir *Notes pour comprendre le siècle,* pp. 55-57), le nom de Gille(s) a connu deux orthographes: la première, Gille, figure dans L'Homme *couvert de femmes, Drôle de voyage* et *Journal d'un homme trompé* alors que la seconde version, Gilles, se fait jour dans le roman du même nom en 1939.

[11]Ibid., p. 198. Sur ce même thème, nous trouvons la déclaration suivante dans *Drôle de voyage:* "La femme, c'est le fétiche de mon unité, et l'unité, c'est le principe de ma santé et de ma joie" (DV, 313).

[12]Cf. l'aveu suivant tiré du *Récit secret:* "Il me semblait avoir enfin mis la main sur ce que j'avais toujours pressenti comme ma vérité intime, le jour où j'avais connu la notion indienne du soi dans le moi, du soi opposé au moi" (*Récit secret,* op. cit., p. 31). Au sujet de son renoncement au monde, il est également intéressant de mettre en évidence l'intérêt témoigné par Drieu pour le mysticisme hindou (la *Bhagavad-Gita,* les *Upanishads,* les *Védas,* les *Brahmasutras,* les textes du Grand Véhicule, le *Tao,* etc.) ainsi que chrétien (la gnose) à mesure qu'il prenait ses distances à l'égard des femmes et de la politique. Voir aussi, à propos de l'influence du brahmanisme sur l'oeuvre de Drieu, l'article d'Etienne Van den Bremt, "L'Unité intérieure de Drieu la Rochelle," *Revue des Langues Vivantes,* no. 3, 1967, pp. 252-266.

[13]Dans *L'Homme couvert de femmes,* Drieu trace le portrait suivant de la mystique féminine: "Ce sont des îles, pleines d'animaux doux et furtifs. Pourquoi, par une mythologie inquiète, en avons-nous fait des âmes, des déesses, compagnes improbables de nous, les pauvres dieux?" (HCF, 128-129)

Quant à son tempérament sensible et délicat, nombreux sont les témoignages (portés par ceux qui avaient connu Drieu de près ou de loin) qui le qualifient d'esprit "féminin"; Drieu lui-même dans son journal intime confirme cette propension chez lui à vouloir se marier, en tant qu'âme faible, avec la puissance mâle du chef: "Mes ennemis ont très bien senti—c'est assez visible—le caractère féminin, inverti, de mon amour de la force" (4 janvier 1942). Et, quelque deux ans plus tard, il livre la réflexion suivante: ". . . ne pouvant me passer des femmes et les haïssant, les méprisant, et parfois les comprenant, m'apitoyant sur elles. Au fond elles savent que je ressens leur solitude comme la mienne" (Ibid., 8 février 1944).

[14]Depuis son baptême du feu à la bataille de Charleroi en 1914 (cf. "La Comédie de Charleroi"), Drieu n'avait de cesse de se concevoir comme un être foncièrement inachevé (voir, à ce propos, *supra*); en effet, il conserve jusqu'à la fin le sentiment de n'être qu'un homme incomplet, inassouvi: à deux jours de sa première tentative de suicide, il avoue à son frère, Jean, dans une lettre d'adieu: "J'ai toujours regretté que l'homme ne soit jamais complet, et que l'artiste ne puisse être homme d'action. Par moments, j'ai un regret douloureux de n'être que la moitié d'un homme" (Lettre à Jean Drieu la Rochelle, le 10 août 1944, citée dans: *Sur les écrivains*, op. cit., p. 125).

[15]Cette tendance chez Drieu à "objectiver" la femme se manifeste avec acuité dans le passage suivant: "Je rêvais de belles filles sans tête, peut-être même sans bras et sans jambes—des troncs. Oh, les femmes-troncs!" (DV, 31)

[16]Drieu la Rochelle, "Journal d'un délicat," *Histoires déplaisantes* (Paris: Gallimard, 1963), p. 23.

[17]Ibid., p. 25.

[18]Un autre aspect de la sexualité chez Drieu qui mérite d'être relevé est la volonté de renouer, sur le plan ethnique, avec les véritables origines de l'Europe nordique en faisant la conquête sexuelle des "grands corps blancs"—ces filles des Vikings qui, à ses yeux, incarnaient l'élan robuste et fécond de la race aryenne. En traçant le portrait de Dora, l'Américaine de *Gilles,* le narrateur nous livre la réflexion suivante: "Nue, Dora évoquait le plus grand bien des hommes: la beauté dorique. Elle n'est pas morte, cette grande race dorique qui n'est jamais si belle que détachée du Nord, livrée au climat tempéré qui la délie, la subtilise" (G, 183).

[19]A première vue, le roman d'apprentissage, *Gilles,* semble faire exception à ce schéma d'éloignement progressif des femmes dans la mesure où l'on trouve—parsemés à travers la première partie ("La Permission") en particulier—des portraits féminins chargés de traits plutôt "conventionnels"— c'est-à-dire d'un érotisme plastique qui s'inscrit dans le mode descriptif

propre aux romans antérieurs à *Béloukia.* Cette anomalie s'explique, à ce qu'il nous semble, par l'envergure même du roman qui a pour but de retracer l'itinéraire sentimental et politique du double fictif de l'auteur. A ce titre, l'évolution du portrait de la femme dans *Gilles* fait écho, sur le plan romanesque, à l'évolution affective de Drieu en tant qu'individu au cours des années de l'entre-deux-guerres. C'est dire qu'il nous est possible, en examinant avec soin les nombreux portraits de la femme qui figurent dans ce *Bildungsroman,* de dégager de la dernière partie de l'oeuvre l'évidence d'un détachement sensuel qui se manifestera de façon si marquante dans les romans de l'occupation. A la veille de son engagement dans la guerre civile d'Espagne aux côtés des franquistes, Gilles Gambier prend congé des femmes—annonçant sans doute l'abandon définitif du monde féminin qui s'affirmera à la fin de *L'Homme à Cheval:* "Femmes mortes. Dora, au loin, qu'étaient ses jours et ses nuits? Assez. Femmes mortes. Il était mort aux femmes" (G, 427).

[20]Drieu la Rochelle, *Les Chiens de paille* (Paris: Gallimard, 1964), pp. 102-103.

[21]En plus de cette réduction de la femme à ses attributs géométriques et marmoréens, il importe aussi de mettre en valeur, à propos de l'art du portrait, l'extase visuelle ressentie par Drieu devant la forme féminine—émotion épurée qui relève de la profonde jouissance esthétique que suscite la contemplation de l'oeuvre d'art, dénuée de toute association sensuelle ou sculpturale. Ceci est particulièrement frappant dans le dernier roman de Drieu, *Mémoires de Dirk Raspe,* où, au lieu d'enfermer la femme dans le cadre étroit de la perception architecturale, le regard du narrateur a tendance à passer au-delà de l'être convoité vers l'épuration du plaisir—c'est-à-dire vers l'expérience artistique à l'état brut. A ce sujet, Dirk Raspe (le protagoniste et le double fictif de Drieu) nous fait part du dépassement de l'impulsion sexuelle effectué par le regard de l'artiste pour atteindre à la chaste pureté de l'expression artistique: "Car mon désir, si chargé qu'il fût des effluves de mon sexe, emmenait ce sexe bien au-delà de lui-même et rien n'était plus chaste que le regard qui pénétrait le vêtement des femmes, il allait jusqu'à l'os" (*Mémoires de Dirk Rapse* [Paris: Gallimard, 1966], p. 174).

[22]En fait de correspondances littéraires, il nous semble particulièrement intéressant de signaler que Nietzsche lui-même dans *Ainsi parlait Zarathoustra* fait usage, à maintes reprises, des images d'élévation physique et spirituelle afin de rehausser par association l'éclat de la volonté de puissance, toujours dirigée vers le haut. A titre de comparaison entre les structures descriptives de *L'Homme à Cheval* et *Zarathoustra,* nous offrons les citations suivantes (qui ne constituent que les exemples les plus marquants) tirées de l'oeuvre de Nietzsche: "Quand je suis en haut je me trouve seul. Personne ne me parle, le froid de la solitude me fait trembler. Que cherché-je dans les hauteurs?" ("De l'arbre sur la montagne," p. 54); "car ceci est notre hauteur et notre patrie: notre demeure est trop haute et trop escarpée pour tous les

impurs et pour leur soif. (. . .) Nous bâtirons notre nid sur l'arbre de
l'avenir; des aigles nous apporterons la nourriture, dans leurs becs, à nous
autres solitaires!" ("De la canaille," p. 115); "la vie veut elle-même s'ex-
hausser sur des piliers et des degrés: elle veut découvrir des horizons loin-
tains et explorer des beautés bienheureuses,—c'est pourquoi il lui faut l'altitude. (. . .) La vie veut s'élever et, en s'élevant, elle veut se surmonter elle-
même." ("Des tarentules," p. 119); "ce n'est pas la hauteur: c'est la pente
qui est terrible!/ La pente d'où le regard se précipite vers l'abîme vide et
d'où la main se tend vers l'altitude. C'est là que le coeur est pris de vertige
devant sa volonté double. (. . .) Ceci, ceci est ma pente et mon danger que
mon regard se précipite vers le sommet, tandis que ma main voudrait
s'accrocher et se soutenir—dans les profondeurs." ("De la sagesse des
hommes," p. 167); "je suis un voyageur et un grimpeur de montagnes, dit-
il à son coeur, je n'aime pas les plaines et il me semble que je ne puis pas
rester longtemps immobile" ("Le voyageur," p. 177).

[23]Il conviendrait de faire remarquer, au sujet de cette technique narrative, qu'aucun autre roman de Drieu ne présente un si vaste tableau de
la structuration des rapports hiérarchiques entre les personnages que
L'Homme à Cheval.

CHAPITRE IV

ACCUEIL DE LA CRITIQUE

Aux yeux de bien des critiques, *L'Homme à Cheval* occupe une place à part dans l'évolution romanesque de Drieu: anomalie brillante, à coup sûr, où se distinguent les fruits d'une technique savante et dépouillée, mais peu conforme aux résonances auto-biographiques des autres romans de l'auteur (exception faite de la fable, *Béloukia*), dans lesquels on reconnaît plus aisément son style romanesque, nourri de l'interrogation à la fois inquiète et cynique du moi à travers les expériences de la vie intime, légère-ment modifiées. En raison, sans doute, de cette "entorse" à l'écriture habituelle du récit psychologique, *L'Homme à Cheval* n'a jamais fait l'objet de l'analyse approfondie qui s'impose. Dans une large mesure, la critique s'est contentée de louer hâtivement les mérites de l'oeuvre tout en préférant se consacrer à l'étude des romans de nature plus manifestement "confessionnelle"—tels *L'Homme couvert de femmes, Drôle de voyage, Rêveuse bour-geoisie, Gilles*, etc. L'avis émis par Pierre Andreu dans son étude, *Drieu, témoin et visionnaire*, caractérise bien cette tendance chez les adeptes du Drieu-psychologue-du-moi à reléguer *L'Homme à Cheval* à une place de deuxième ordre: "Dans cet art, peu

137

d'invention—il faudrait mettre à part un ou deux livres comme *L'Homme à Cheval,* en partie *Blèche, Une Femme à sa fenêtre*— et même assez rarement juxtaposition de traits puisés à des sources différentes. (. . .) Son talent—parfois son génie—consistera beaucoup plus à restituer, dans un grand mouvement lyrique et dramatique, tous les éléments de sa vie et de celle de ses proches, qu'à atteindre la réalité, à travers l'invention et la fiction."[1] Cette appréciation se révèle toutefois un peu sommaire pour peu qu'on s'attache à mettre en lumière les attributs essentiels de *L'Homme à Cheval:* en écrivant sa fable, Drieu n'a pas abandonné pour autant ses procédés d'auto-examen traditionnels, il n'a fait que transposer le cadre de cette quête héroïque et spirituelle du moi sous le ciel d'une Bolivie imaginaire en vue de voir plus clair en lui-même loin du désespoir et des ferveurs partisanes d'une France occupée.

A peu d'exceptions près, ceux qui se sont intéressés à *L'Homme à Cheval* lors de sa parution n'ont pas voulu tenir compte de la fonction édifiante du roman comme champ d'expérimentation où l'auteur pouvait "élaborer ses passions et ses idées"; les critiques qui n'avaient qu'une connaissance approximative de l'oeuvre de Drieu n'y ont vu que le drame du héros totalitaire, enfant de Nietzsche, se déroulant sur le fond exotique des hauts plateaux boliviens. A cet égard, le poète Eugène Guillevic, dans une lettre datée du 9 avril 1943, fait part à Drieu de ses impressions sur le lyrisme épique de l'oeuvre: "Je ne crois pas me tromper en disant qu'il y a du poète là-dedans. J'y trouve des passages d'épopée très beaux, c'est-à-dire la marche d'un mythe incarné sur fond sombre. Et cet aspect de pierre presque noire, brûlée par le soleil, ou de l'intérieur".

Pour d'autres lecteurs, cependant, qui connaissaient à la fois l'homme et l'oeuvre, le parallélisme entre l'odyssée personnelle de l'auteur et l'action du roman est apparu avec plus de relief. Dans la revue, *Idées* (à laquelle Drieu lui-même avait collaboré), le romancier, Michel Mohrt, a souligné le caractère autobiographique de *L'Homme à Cheval* en montrant que sous les traits du poète-guitariste, Felipe, se découvre le visage d'un Drieu à la recherche de son "homme à cheval"—le héros capable de donner forme et cohérence à ses propres aspirations politiques. Poussant plus loin son analyse, Mohrt finit par placer *L'Homme à Cheval* sous le signe du réalisme balzacien: "C'est le roman de l'aventure du pouvoir et de la puissance politique qui manque à la *Comédie Humaine,* que Drieu vient d'écrire".[2]

Du point de vue du style, Mohrt trouve l'oeuvre de Drieu particulièrement réussie: d'après lui, l'une des qualités essentielles de *L'Homme à Cheval* est le "style détaché et glacé, aux reflets métalliques, pur de toute rhétorique".[3] Par contre, Willy de Spens, dans un numéro spécial de *La Parisienne* consacré à Drieu, s'insurge contre "l'académisme" de ce style froid et dépouillé, si peu fidèle, croit-il, à l'allure désinvolte de ses autres écrits, marqués du sceau indélébile de Drieu lui-même: "*L'Homme à Cheval,* dans lequel certains bons juges veulent voir son meilleur roman, peut, en effet, être considéré comme le chef-d'oeuvre de Drieu, mais au sens où l'entendaient les ouvriers d'autrefois, quand ils entreprenaient un ouvrage à seule fin de montrer leur maîtrise. Il relève de l'artisanat supérieur, au même titre que *Le Noeud de vipères* et *Les Célibataires,* où l'on admire la parfaite conscience qu'un auteur a su prendre de ses dons".[4]

Aux yeux de Pierre-Henri Simon, au contraire, ce détachement romanesque constitue l'un des grands mérites de l'oeuvre. Avec beaucoup de discernement, Simon aborde l'étude de *L'Homme à Cheval* sous l'angle de sa dimension compensatrice, soulignant ainsi la correspondance étroite entre les exploits héroïques du protagoniste et les voeux de grandeur que Drieu s'acharne à exaucer par l'entremise de la fiction. Dans son *Procès du héros,* il fait le bilan du Drieu romancier de la façon suivante: "Je ne lui vois, dans l'ordre de la pure fiction, qu'une réussite: *L'Homme à Cheval,* son dernier livre (1943). Là, un Drieu détendu, détaché de lui-même et libéré de l'anecdote, a su imaginer, dans une Bolivie de rêve, le symbole de la haute destinée qu'il a manquée: une vie de héros militaire et politique, livrée à la gloire et à l'amour".[5]

De loin, l'analyse la plus pénétrante consacrée à *L'Homme à Cheval,* lors de sa parution, fut celle de Jacques Audiberti, ami de Drieu et collaborateur à la *Nouvelle Revue Française* dont Drieu était le directeur au cours de l'occupation. En Jaime Torrijos, le dictateur bolivien, Audiberti voit l'aboutissement de la quête de l'homme fort qui avait marqué toute l'oeuvre de Drieu: "A travers ses livres, à travers sa propre vie, Drieu cherche, dans un homme, le figurant totalitaire de l'espèce".[6] A l'instar de Frédéric Grover qui, plus tard, fera de cet aspect de l'oeuvre romanesque de Drieu le noyau de sa propre étude (voir *Drieu la Rochelle and the Fiction of Testimony*), Audiberti met l'accent sur la valeur du roman comme livre-témoin où le drame personnel de l'auteur se mire dans les crises de l'époque: "*L'Homme à Cheval*, comme tous les livres, fixe son époque. Il ne la fixe pas pour disparaître avec elle, mais pour la prendre et l'emporter avec lui".[7]

Au lieu d'interpréter la scène du sacrifice du cheval de guerre comme la consécration du héros sur le plan légendaire et historique, Audiberti y voit une sorte de retour mythique à l'essence de l'être par le suicide rituel—affirmation de la liberté humaine et source de rénovation spirituelle: "C'est par le suicide, et par le suicide de lui-même dans sa partie acquise, vécue, subie, qu'un homme affirmera le mieux sa liberté—l'intérêt public étant par ailleurs sauvegardé. Par le suicide de lui-même en son cheval, Jaime Arrigos (sic), dans cette vie, sans attendre la résurrection de la chair, recommencera".[8]

A la manière donc du héros romanesque qui se sacrifie lui-même pour renaître sous une forme plus vigoureuse, l'artiste doit effectuer, à son tour, cette descente au fond de lui-même pour se purifier et se renouveler en l'oeuvre d'art. Il importe, à cette fin, de "se plonger dans la forêt nue et froide au-dedans de nous".[9] C'est dans ce dénuement intégral où s'interroge la conscience du romancier que naîtra le chef-d'oeuvre: "Il lui aurait donc suffi, comme guitariste, comme romancier, de rentrer dans le centre de ce cercle, ou de ce thème, le Roman, c'est-à-dire l'Humain, de viser juste le coeur noir de la cible en émondant de soi tout scrupule militant ou tout préjugé prédicant, pour que de cette involution si lisse, si fuyante, de cette cumulation de l'homme romancier par l'homme romancier naisse le chef-d'oeuvre".[10]

Contrairement aux autres critiques, qui ont mis en relief l'aspect héroïque de *L'Homme à Cheval*, Audiberti souligne, quant à lui, l'amertume et la tristesse d'un homme qui se retire de la vie, à l'imitation du guerrier déchu—ayant pris le parti de disparaître dans le désert de l'exil: ". . . il (*L'Homme à Cheval*) est, en outre, non pas un acte, mais le contraire d'un acte, ou plutôt, un fruit négatif, un fruit amer sous un soleil d'exil, un désespoir sensible, un suicide lisible".[11]

S'inscrivant en faux contre le jugement défavorable formulé par Willy de Spens à l'égard du style dénudé de *L'Homme à Cheval*, Audiberti trouve dans le roman une certain grâce austère qui refuse la facilité d'un exotisme de pacotille: "La phrase est brève, toujours, faussement négligente, et qui méprise le relief pittoresque, en dépit de tant de cordillières à l'entour et de tant de piments".[12] Dans le jugement qu'il porte à son tour sur la fonction et la valeur du style chez Drieu, Frédéric Grover, tout comme Audiberti, donne la préférence à *L'Homme à Cheval*, dont l'austère simplicité et la concision voulue révèlent, à coup sûr, une profonde connaissance de l'art d'écrire: "Sous les apparences de la négligence, ce style sobre et naturel est d'une désinvolture savante. S'il ne s'impose pas toujours au premier abord, il résiste à l'usure du temps et conserve sa dignité secrète".[13]

Exception faite de l'article d'Audiberti, paru dans la *Nouvelle Revue Française,* il faut attendre le livre de Frédéric Grover, *Drieu la Rochelle and the Fiction of Testimony,* pour trouver une étude approfondie consacrée à *L'Homme à Cheval*. Reprenant en partie à son compte les idées déjà formulées par Pierre Andreu (voir son *Drieu, témoin et visionnaire*) sur la valeur essentielle des romans de Drieu comme livres de témoignage, Grover cherche à mettre en lumière les rapports qui s'établissent entre l'homme et son oeuvre ainsi qu'entre l'oeuvre et son époque. Dans la mesure où Drieu avait recours à la littérature, conclut Grover, pour démêler les complexités de son moi, *L'Homme à Cheval* se révèle à la fois "laboratoire expérimental" (où l'auteur peut donner forme et consistance aux tendances divergentes de sa personnalité—c'est-à-dire à l'opposition l'homme d'action/ l'homme de rêve) et reflet en miniature du drame politique en Europe. Puisqu'il croit se retrouver dans les grandes crises de son temps, Drieu se livre donc à l'introspection dans ses romans afin de mieux saisir la nature de ses angoisses personnelles, tout en nous livrant en même temps un témoignage des misères de l'époque contemporaine. Selon Grover, il existe par conséquent d'étroits liens entre *L'Homme à Cheval* et l'aventure malencontreuse de l'auteur, victime de ses passions politiques et martyrisé par l'effondrement du mouvement totalitaire auquel il avait imprudemment adhéré: "It is the artistic transposition of the tragedy of a man who has been seduced by the romantic aspect of the rise of fascism, has become its victim, and has desired to be its martyr".[14]

Quelques années plus tard, en rendant compte de l'oeuvre posthume de Drieu, les *Mémoires de Dirk Raspe,* Grover attribuera à *L'Homme à Cheval* le rôle d'un ouvrage de compensa-

141

tion. A ses yeux, le roman représente l'adieu symbolique fait à la vie de militant par un homme désabusé qui s'efforce de justifier, à titre personnel et idéologique, son engagement dans les rangs d'un mouvement extrémiste, voué à l'échec: "Avec *L'Homme à Cheval*, Drieu liquide le mythe du héros guerrier, du dictateur, de l'homme à cheval. Dans ce roman il donne à l'aventure ratée du fascisme et du nazisme une conclusion idéale, une conclusion compensatrice: il se sert de la fiction pour donner consistance au rêve de ce qui aurait pu être".[15]

A l'exemple donc de Pierre-Henri Simon et de Michel Mohrt (voir *supra*), Grover voit dans le roman de Drieu une oeuvre de transition (idée maîtresse qui nous a servi de point de départ pour cette étude), à la fois achèvement et ouverture: l'abandon des grands rêves de puissance, dont Drieu s'était nourri pendant dix ans, suivi de l'ultime quête de l'unité spirituelle du moi à travers l'étude des religions mystiques de l'Orient et de l'art pictural pour atteindre à la "dernière image de (sa) liberté". A cet égard, Grover a bien confirmé que l'exil de l'homme fort ne constitue pas forcément l'aboutissement d'un destin mais plutôt le passage du héros au saint—la ligne de démarcation entre la vie engagée propre à l'homme d'action et l'ascèse de la vie purement contemplative, vouée à la recherche d'un absolu terrestre.

De même que Grover a tenté de montrer la progression thématique des trois derniers romans de Drieu, Marc Hanrez voit en *L'Homme à Cheval* une "oeuvre-pivot", faisant la liaison entre le guerrier fasciste de *Gilles* et l'artiste-moine des *Mémoires de Dirk Raspe* dont le suicide du protagoniste (laissé d'ailleurs en suspens) ne manquerait pas de fermer définitivement le cercle de la quête de l'être—réunissant en une sorte de Templier idéal ces deux personnages aux apparences dissemblables. Il y aurait en conséquence, d'après Hanrez, une concordance de but entre les romans qui précèdent et ceux qui suivent *L'Homme à Cheval* dans la mesure où Drieu tâcherait, tant dans ses dernières oeuvres que dans les premières, de se retrouver dans le jeune combattant de Charleroi, en qui se conjuguent l'acton et le rêve, le héros et le saint. Et pourtant, réduit à la fonction de "plaque tournante" entre *Gilles* et les *Mémoires de Dirk Raspe*, *L'Homme à Cheval* ne constitue qu'une oeuvre secondaire, aux yeux d'Hanrez, où se discerne, toutefois, l'art de bien écrire: "Je considère *L'Homme à Cheval* comme une sorte de pivot et *Gilles* comme un bilan provisoire. Drieu, en tant que conteur, ne s'est jamais senti plus à son aise que dans *L'Homme à Cheval,* sauf peut-être dans *Béloukia,* autre fable située dans un décor purement imaginaire".[16]

Ce qui se dégage avec netteté de cet examen d'ensemble de la critique, c'est surtout la divergence des points de vue concernant les mérites essentiels de *L'Homme à Cheval.* Certains lecteurs, tout en reconnaissant les remarquables qualités d'écriture du roman, se refusent par ailleurs à lui accorder droit de cité parmi les chefs-d'oeuvre de Drieu en raison même du ton abstrait et détaché qui va à l'encontre du caractère eminemment personnel du style de Drieu (cf. Willy de Spens, Pierre Andreu). A l'inverse, il y a ceux qui apprécient dans *L'Homme à Cheval* l'utilisation d'un récit purement imaginaire qui, sous les apparences de l'aventure héroïque, n'est en fait que la peinture romancée de la vie intime de l'auteur (voir Pierre-Henri Simon ou Michel Mohrt).

Ce parti pris soit en faveur soit contre *L'Homme à Cheval* a fait naître un certain malentendu sur le caractère autobiographique du roman: en effet, trop absorbée par le côté insolite du récit, la critique a tendance à vouloir isoler *L'Homme à Cheval* des grands courants de l'oeuvre romanesque de Drieu (malgré l'étude de Grover) alors qu'elle devrait, en réalité, le situer sur le même plan que ses autres écrits d'analyse personnelle. En adoptant la fable comme mode d'expression, Drieu n'a fait que transposer, sous un nouvel éclairage, la recherche de l'unité intérieure qu'il avait menée partout ailleurs.[17]

A l'heure actuelle, tant que les adeptes du Drieu "intimiste" s'obstineront à ranger *L'Homme à Cheval* sous la rubrique abusive d'oeuvre réussie mais peu représentative du génie de l'auteur, la tâche des partisans de l'oeuvre sera rendue d'autant plus difficile que ce préjugé ne manquera pas d'influer de façon sensible sur les jugements des nouveaux lecteurs de Drieu. Dans la mesure du possible, la présente étude de *L'Homme à Cheval* s'est donc proposée de rectifier cette conception tant soit peu arbitraire de la valeur du roman.

Notes

[1]Pierre Andreu, *Drieu, témoin et visionnaire* (Paris: Grasset, 1952), pp. 131-132.

[2]Michel Mohrt, "Statue équestre du dictateur,"*Idées*, novembre 1943, p. 234.

[3]Ibid.

[4]Willy de Spens, "Drieu romancier," *La Parisienne*, octobre 1955, p. 1045.

[5]Pierre-Henri Simon, *Procès du héros* (Paris: Editions du Seuil, 1950), p. 114. Il convient de faire remarquer que, parmi les écrivains de gauche, Pierre-Henri Simon fut l'un des premiers à consacrer une étude sérieuse à l'oeuvre de Drieu (avec force réserves, bien entendu). C'est effectivement à partir de ce livre que date l'amorce d'un mouvement en faveur de la réhabilitation de l'oeuvre de Drieu.

[6]Jacques Audiberti, "A Propos de *L'Homme à Cheval*," *Nouvelle Revue Française*, juin 1943, p. 746.

[7]Ibid., p. 747.

[8]Ibid., p. 751.

[9]Ibid., p' 748.

[10]Ibid., p. 747.

[11]Ibid.

[12]Ibid., p. 756.

[13]Frédéric Grover, *Drieu la Rochelle* (Paris: Gallimard, 1962), p. 139.

[14]Frédéric Grover, Drieu la *Rochelle and the Fiction of Testimony* (Berkeley: University of California Press, 1958), p. 214.

[15]Frédéric Grover, "Le Dernier roman de Drieu la Rochelle,"*Critique*, no. 228 (mai 1966), p. 426.

[16]Marc Hanrez, "Le Dernier Drieu," *The French Review*, vol. XLIII, Special Issue no. 1 (Winter, 1970), p. 146.

[17]Comme en témoigne l'extrait suivant tiré de son journal intime, il arrivait à Drieu de porter un jugement sévere sur la qualité de sa propre oeuvre: "Je vois tres bien maintenant les défauts de *L'Homme à Cheval*: le trop grand développement des intrigues par rapport à l'allure générale de petite épopée, un peu trop de didactisme à la fin, pas assez d'aspects de Jaime. Mais mes amis ont l'air tres frappés par la qualité du récit, du style, du fond" (*Journal,* sans date).

CONCLUSION

VALEUR ET PLACE DE L'OEUVRE

En conclusion, il ne nous semble pas excessif d'affirmer que *L'Homme à Cheval*, au même titre que d'autres oeuvres maîtresses de Drieu (telles *Le Feu follet, La Comédie de Charleroi* et *Gilles*), est capable de résister à l'usure du temps. Malgré ses qualités littéraires très évidentes, l'on ne saurait toutefois lui attacher l'étiquette de chef-d'oeuvre; l'intérêt primordial de l'ouvrage, à notre sens, ne réside point dans ses propriétés esthétiques —bien que sa valeur artistique soit loin d'être négligeable. A la fois bilan de l'engagement politique de l'auteur et analyse, sous forme symbolique, des tendances opposées de sa personnalité, *L'Homme à Cheval* est une sorte de "bréviaire" à l'intention de tous ceux qui aimeraient tirer au clair les complexités de l'homme Drieu ainsi que les motifs ambigus de son adhésion au mouvement fasciste. Sous cet angle, il va sans dire que le roman se révèle un complément indispensable à la pleine compréhension de Drieu en tant qu'écrivain "engagé".

Puisque les grands thèmes de l'oeuvre romanesque de Drieu se retrouvent dans *L'Homme à Cheval*, l'ouvrage constitue de ce fait un point de repère critique pour apprécier avec justesse l'évolution des idées principales de ses écrits aussi bien que la mise en valeur de certains procédés narratifs propres à l'art de l'auteur. Rédigé à l'époque où Drieu cherchait à se désolidariser du fascisme hitlérien (en quoi il n'avait trouvé qu'une nouvelle forme de l'impérialisme allemand), *L'Homme à Cheval* nous propose, à titre de compensation, l'aboutissement idéal du drame de ce mouvement totalitaire en même temps qu'une préfiguration de la voie dans laquelle Drieu lui-même devait s'engager plus tard en quête d'un absolu que ni la guerre ni l'érotisme n'avaient pu lui procurer. De même que Jaime Torrijos, l'homme fort, s'éloigne de la guerre et des femmes en vue de prendre le chemin vers l'exil et l'ascèse du martyre, de même Drieu se détournera des femmes et du militantisme politique pour se consacrer, dans les années de l'occupation, à l'étude des religions orientales et, finalement, quelques mois avant sa mort, à l'art pictural sous le masque de Van Gogh, tout en espérant "tracer une nouvelle image de (sa) liberté": tâche futile qui débouchera sur le suicide.

Dans cette perspective, il va de soi que *L'Homme à Cheval* fait figure de roman-charnière, marquant le point d'articulation entre deux périodes de la vie artistique de Drieu: d'une part, l'époque antérieure au roman qui se caractérise par la recherche du moi à travers l'engagement et la sexualité; d'autre part, les deux années précédant son suicide où se manifeste le refus du monde contemporain au profit des nouveaux modes de connaissance—le mysticisme hindou ainsi que l'ascèse visionnaire du peintre hollandais— qui répondent au besoin urgent de reconstituer la totalité d'un moi divisé. Les derniers romans de Drieu, *Les Chiens de paille* et les *Mémoires de Dirk Raspe* témoignent de cette ultime quête de l'unité spirituelle par le moyen du dépassement esthétique.

L'Homme à Cheval constitue donc l'adieu symbolique de Drieu à la vie authentique de l'action ainsi que l'abandon, sur le plan politique, du mythe héroïque du chef—rôle suprême auquel il avait toujours aspiré depuis la révélation de sa "vraie" vocation à la bataille de Charleroi. Tout comme Jaime Torrijos se sacrifie à la légende de l'homme totalitaire, Drieu la Rochelle—en choisissant le suicide après l'effondrement de ses rêves politiques—se fait le martyr du fascisme. "Le temps des empires viendra," annonce-t-il par l'intermédiaire de Felipe: ainsi s'en remet-il à l'histoire dont le roulement cyclique amènera de nouveaux héros qui s'inspireront de l'exemple de son calvaire comme de la grandeur du surhomme Torrijos, l'homme-dieu, forgeant des valeurs nouvelles dans la lutte pour la puissance et la gloire. *L'Homme à Cheval* se révèle de surcroît un roman nitezschéen où le cri de Zarathoustra trouve de profondes résonances. Par ce côté héroïque, il s'apparente aux romans d'aventures de Malraux (*Les Conquérants*) et de Saint-Exupéry (*Vol de nuit*) dans lesquels la figure solitaire du chef se doit de vaincre la médiocrité des hommes en leur imposant ses exigences de discipline quasi-inhumaine.

Tout bien considéré, *L'Homme à Cheval* occupe une place à part dans la littérature de guerre des années quarante. Il se situe aux antipodes des romans de Sartre (*Les Chemins de la liberté*) ou de Vercors (*Le Silence de la mer*), qui traitent, en tant qu'oeuvres réalistes, de la situation "concrète" de l'occupation et de la guerre. Sur un plan plus abstrait, au contraire, *L'Homme à Cheval* a le mérite de se détacher de l'actualité et de ses fidélités partisanes pour poser, sous la forme du roman-fable, le problème de la grandeur et de la décadence du fascisme européen dans le cadre d'une Bolivie de rêve dont les élévations sublimes servent de complément à l'héroïsme du chef.

C'est également et avant tout une oeuvre d'art qui mérite d'être appréciée pour ses qualiés proprement littéraires et qui témoigne, à tous égards, de la maîtrise de Drieu dans l'art d'exécuter un roman. Loin de prétendre à la perfection (il existe ça et là des passages hâtivement conçus et des incorrections de style qui nuisent à l'unité d'ensemble), l'oeuvre porte néanmoins l'empreinte du haut lyrisme romanesque allié à une habileté narrative de premier ordre. La rapidité d'exposition du récit, presque surchargé de péripéties, reproduit savamment le tâtonnement furtif du guitariste en quête de la force mâle du chef de même qu'elle traduit le caractère brutal et désordonné de l'énergie déployée par l'homme fort dans son ascension vers la gloire. En sa qualité d'artiste "classique", Drieu ne cesse d'apporter le plus grand soin, dans *L'Homme à Cheval* tout comme dans ses autres oeuvres, à harmoniser la forme et le fond.

Ainsi que Pierre-Henri Simon le signale dans son étude, *Procès du héros,* Drieu nous livre avec *L'Homme à Cheval* une oeuvre destinée à "plaire aux derniers barrésiens", fervents de l'exaltation orgueilleuse de l'âme et de l'énergie nationales. Dans cet hymne à la gloire de l'homme fort, Drieu a sans doute réalisé le dernier roman de son temps où puisse se dérouler, sous le signe du lyrisme nietzschéen, l'épopée solennelle du dépassement de soi—ce cri éperdu lancé par l'auteur en faveur d'une vie authentique fondée sur l'action et l'extrême individualisme des aventuriers. Situé dans la lignée des romans où se chantent les prouesses du surhomme, *L'Homme à Cheval* fait figure, à la lumière de la littérature romanesque des années quarante, d'oeuvre originale marquant l'achèvement du romantisme fasciste de l'entre-deux-guerres. A ce titre, *L'Homme à Cheval* se révèle sans conteste l'un des romans qu'il importe de ne pas négliger si nous tenons à mieux comprendre, dans une perspective littéraire et psychologique à la fois, le phénomène de la mentalité fasciste et ses avatars dans les lettres françaises modernes.

APPENDICE

CHRONOLOGIE LITTERAIRE ET BIOGRAPHIQUE

La chronologie qui suit n'a aucune prétention d'être exhaustive: elle n'a d'autre but que celui de renseigner le lecteur sur les grandes lignes de l'évolution littéraire et politique de Drieu. A cette fin, nous nous sommes borné, en majeure partie, aux oeuvres comme aux épisodes où peuvent se distinguer les jalons les plus significatifs de l'itinéraire artistique de l'auteur. Pour de plus amples renseignements à ce sujet, le lecteur est prié de se reporter soit à l'oeuvre de F. J. Grover, *Drieu la Rochelle* (collection "Bibliothèque idéale"), où figure une étude biographique très détaillée sur Drieu, soit à la chronologie dressée par Jean Mabire dans son oeuvre, *Drieu parmi nous.* C'est surtout à ces deux sources que nous sommes particulièrement redevable quant à l'établissement de la chronologie ci-dessous:

1893:   3 janvier: naissance à Paris (Xe arrondissement) de Pierre-Eugène, fils d'Emmanuel Drieu la Rochelle, avocat et homme d'affaires, de Coutances (Normandie), et d'Eugénie Lefèvre, son épouse, fille d'un architecte des environs de Soissons.

151

Le père de Drieu, né en 1863, mourra dans une maison de retraite en juin 1934; née en 1872, sa mère, qui lui servira de modèle pour Agnès Ligneul de *Rêveuse bourgeoisie,* est décédée en 1925, à l'âge de 53 ans. Du côté de son père, Drieu est normand (l'héritage dont il s'enorgueillit d'ailleurs); du côté maternel, il se rattache à l'Ile-de-France et à la Bretagne où il a l'habitude de passer ses vacances comme enfant.

1907: Découvre *Ainsi parlait Zarathoustra* de Nietzsche dont il achèvera la lecture dans les tranchées de la Grande Guerre. Subit l'influence d'un jeune avocat, Raoul Dumas—"parnassien attardé"—auprès de qui Drieu fait ses débuts littéraires: poèmes, contes, mémoires.

1908: En été, premier séjour en Angleterre (Shrewsbury) qui servira de cadre à la première partie des *Mémoires de Dirk Raspe.* Sera en général très anglomane dans sa tenue et dans ses moeurs.

1910: Découvre dans le *Journal* d'Amiel la révélation de l'Allemagne et de l'esprit germanique: "Il faut dire qu'il y avait là une ouverture inattendue. . ." ("Débuts littéraires") Entre en octobre à l'Ecole des Sciences Politiques; s'inscrit en même temps à la Faculté de Droit et en Sorbonne où il prépare une licence d'anglais.

1913: Echoue au concours de sortie de Sciences Politiques, ce qui entraîne une grave crise dans sa vie. Appelé en novembre pour faire son service militaire, ayant résilié son sursis lors de son échec scolaire.

1914: 23 août: participe à la bataille de Charleroi où il est l'objet de la révélation bouleversante de sa vocation de chef.

1915: Campagne des Dardanelles d'où il est rapatrié sur l'hôpital militaire de Toulon, atteint de dysenterie. Lecture de Claudel (*Les Cinq Grandes Odes*) qui exercera une grande influence sur ses premières poésies.

1917: Parution d'*Interrogation,* premier recueil de poèmes. En octobre se marie pour la première fois avec Colette Jeramec.

1920: Se lie d'amitié avec Louis Aragon et d'autres surréalistes.

1922: *Mesure de la France,* analyse de la décadence française. "Nous n'avons pas couché seuls avec la victoire." Diatribe violente contre la baisse du taux de natalité. Livre prophétique qui annonce le déclin de la France comme puissance mondiale.

1924: *Plainte contre inconnu* où figure le célèbre conte, "La Valise vide", satire de son ami, Jacques Rigaut.

1925: *L'Homme couvert de femmes,* succès de scandale, où il sonde les reins de la jeunesse guindée d'après-guerre. Rupture avec Aragon et le groupe des surréalistes. Mort de sa mère, le 3 juin.

1927: *Le Jeune Européen,* recueil d'essais, d'un ton lyrique. "Je suis un homme en proie au problème total." Premiers pas faits vers la littérature engagée.

Deuxième mariage en septembre avec Alexandra Sienkiewicz.

1928: *Genève ou Moscou,* recueil d'articles politiques où il se penche sur l'avenir de l'Europe. "Il faut porter notre méditation au-delà du capitalisme et du communisme."

1931: *Le Feu follet,* derniers jours d'un drogué. Analyse aiguë de la décadence moderne. Sera porté à l'écran par Louis Malle en 1963.

1932: Part en tournée de conférences en Argentine. Y rencontre Borgès. Connaît un grand succès auprès de la jeunesse argentine sur le thème de la crise de la démocratie en Europe. Voyage dans d'autres pays de l'Amérique du Sud, probablement en Bolivie (ce qui est peu sûr, toutefois) en compagnie de l'ethnologue, Alfred Métraux.

1933: *Drôle de voyage,* l'odyssée sentimentale d'un coureur de dot, à la recherche d'une jeune fille "à croquer". "Se jeter dans le piège étroit d'une femme ou fuir, toujours fuir?"

1934: Fait la connaissance d'Otto Abetz en Allemagne, futur ambassadeur en France pendant l'occupation. *La Comédie de Charleroi,* recueil de contes et de nouvelles axés sur le thème de l'héroïsme et de la guerre. Obtient le prix de la Renaissance.

Socialisme fasciste, essais politiques où s'affirment ses croyances fascistes.

Le Chef, pièce en quatre actes, jouée cinq fois par les Pitoëff. L'action et le rêve dans un cadre révolutionnaire. "Je jette mon sang comme une semonce pour que renaissent des hommes libres."

Mort de son père, le 21 mai.

1935: Rencontre Béloukia, "la femme de (s)a vie". En septembre assiste en spectateur au congrès national-socialiste à Nuremberg. Fait ensuite un bref séjour à Moscou.

1936: *Béloukia,* fable "orientale". Affirmation de son rôle d'écrivain "engagé" et abandon du monde des femmes adultères. Le 28 juin: fondation du Parti Populaire Français par Jacques Doriot. Drieu y adhère aussitôt.

1937: *Rêveuse bourgeoisie,* roman "naturaliste" où se déroule le drame de sa propre jeunesse, déchirée entre l'adultère et les soucis d'argent.

1939: Démissionne du Parti Populaire Français. *Gilles,* le grand roman d'apprentissage, mutilé par la censure française qui lui trouve une attitude défaitiste. Une nouvelle édition, augmentée d'une préface, paraîtra sans coupures en 1942.

1940: Premier article paru dans *La Gerbe* d'Alphonse de Chateaubriant. S'engage définitivement dans la collaboration. *Notes pour comprendre le siècle,* essai sur l'avènement de l'homme totalitaire.

Est nommé directeur de la *N. R. F.* en décembre par Otto Abetz.

1943: *Chronique politique,* recueil d'une centaine d'articles sur l'évolution de la politique française et européenne depuis 1934.

L'Homme à Cheval

En novembre, voyage en Suisse mais refuse d'y rester, décidant de revenir à Paris et de se donner la mort "en temps utile".

1944: *Les Chiens de paille,* bilan de la collaboration. "Il faut sacrifier les autres et se sacrifier soi-même." Le 12 août: première tentative de suicide. Sauvé par hasard. Transporté d'urgence à l'hôpital américain de Neuilly où il tente de s'ouvrir les veines sans succès. Refuse de se réfugier en Suisse. Se cache à la campagne aux environs de Paris.

1945: Ecrit les *Mémoires de Dirk Raspe* qu'il laisse inachevés. Revient à Paris et se cache rue Ferdinand dans l'appartement de sa première femme. Campagne de presse attirant l'attention sur son cas.

Le 15 mars: mandat d'amener lancé contre lui, "journaliste en fuite". Se suicide le soir même au gaz et au gardénal. Son corps repose au cimetière de Neuilly à côté de ses arrières-grands-parents.

1961: Publication posthume de *Récit secret,* essai sur le suicide rédigé dans les derniers mois de l'année 1944.

1963: *Histoires déplaisantes,* où figure la nouvelle, "Journal d'un délicat", rédigée en 1944.

1964: *Sur les écrivains,* recueil d'articles littéraires et d'inédits réunis par les soins de Frédéric Grover.

1966: *Mémoires de Dirk Raspe,* avec une préface de Pierre Andreu; dernier des inédits à paraître.

APPENDICE

LA PREMIERE VERSION ANNULEE DE
"DONA CAMILLA BUSTAMENTE"

< > : rature dans le manuscrit

Par le docteur Belmez, j'étais entré dans la famille Oporto qui était fameuse à La Paz par le nombre de jolies filles qu'elle renfermait. Bien qu'âgé de quarante ans, il avait épousé une des plus jeunes des cinq soeurs. La particularité de ces cinq soeurs, c'est que quatre<d'entre elles> dernières ne vivaient que pour <la première d'entre elles> l'aînée qui resserrait avec avarice leur dévotion sur son coeur. Bien qu'elle fût la plus belle et la plus brillante, on s'étonnait d'une admiration aussi unanimement servile et aussi farouchement déréglée. Cela tenait peut-être à l'absence d'hommes dans la famille; en tous cas, Doña Sephora montrait une nature qui suffisait à tout expliquer. Je n'ai jamais vu une vanité aussi féroce. Au premier coup d'oeil, je m'étais senti prêt à brûler tout l'encens que cette vanité réclamait, car Sephora était fort belle.

157

Elle vivait avec sa mère et ses soeurs, après avoir été mariée et avoir tué son mari. Les Oporto était la famille la plus riche de la ville, ils descendaient de juifs portugais qui avaient renouvelé leur fortune avec les premiers conquérants, et Sephora riche et belle avait été âprement recherchée. Une fille, si déliée qu'elle soit ne peut faire un bon choix et, à l'étonnement de quelques-uns, Sephora avait jeté son dévolu sur un cavalier qui—conjoncture certes fallacieuse—semblait réunir les trois qualités idéales: beauté, intelligence et pauvreté. A l'usage, <la troisième qualité avait seule subsisté> ces avantages disparurent, car l'intelligence ne peut que péricliter chez un tel homme et la beauté s'épaissit au regard de qui n'y cherchait qu'un signe. Quant à la pauvreté Sephora l'avait détruite et en un rien de temps, elle n'eut devant elle qu'un bellafre qui se costumait de façon voyante et en fut fort vexé d'être percé à jour. Du reste, pour une raison ou pour une autre, il ne sut pas bien faire l'amour, si bien que Sephora qui ne songeait à maîtriser son impatience lui envoya à la tête un flambeau d'argent dont il mourut.

—J'avais bien dit que l'argent lui monterait à ("tête" omise dans le manuscrit), ricana le Père Florida qui, pour la frime, était le directeur de conscience de cette impertinente, laquelle avait appris à lire dans Voltaire et se faisait envoyer de Paris les oeuvres impies.

Le jet du flambeau d'argent passa pour un accident et Sephora, pendant quelque temps, ne s'occupa plus des hommes. Elle vivait enfermée avec ses soeurs, faisait de la musique, lisait des vers et s'ennuyait avec une monstrueuse emphase. Mais cela ne dura pas et elle devint la maîtresse d'un homme qui avait voyagé en Europe où il avait appris des grâces et des charmes. Cela avait duré très longtemps; mais cet homme, ayant eu le malheur d'assister à l'enterrement de la femme qu'il avait quittée pour Sephora, celle-ce ne lui pardonna pas et lui ferma sa porte.

Je fus invité à jouer de la guitare chez les soeurs Oporto et je fus ravi de me trouver parmi une telle profusion de beautés. Je ne savais à laquelle me vouer, mais selon l'usage je fus poussé avec des sourires amers et ardents vers Sephora. Sephora avait une grande passion pour la musique, une de ces passions qui peut tenir lieu de toutes les autres, qui se nourrit de toutes les autres. Après le triomphe de Jaime je n'avais plus que ma guitare. J'avais refusé avec horreur tout ce que le nouveau Protecteur m'avait offert et que d'ailleurs il avait oublié de m'offrir plus de deux autres fois. Sephora connaissait la musique allemande et italienne que je l'ignorais presque et son piano répandait pour moi des flots de connaissances merveilleuses. Moi, de mon côté, je lui révélai les secrets du chant indien que j'avais recueilli dans nos mon-tagnes et, ivres de surprise, nous nous trouvions maîtres de tout un mystère humain qui est fait du mélange incessant de ce qui semble nouveau et de ce qui semble ancien, de ce qui semble sauvage et de ce qui est dit ne l'être pas.

Je la désirais, dans une grande terreur, comme je n'avais pas désiré Conception. Je la désirais pour les trésors de son corps, de sa maison, de <son intelligence> sa science, pour ses soeurs et parce que je m'étais dépris de Jaime. Or, j'étais laid, mais sans doute la musique me prêtait-elle une (mot illisible dans le manuscrit) car Sephora se donna à moi. C'était un corps opulent et fin et une âme furieuse qui attendait de l'amour le même ravissement que de la musique. Et moi-même la musique me jetait dans l'amour avec des forces déchaînées et une imagination qui mettait dans chaque geste une toute-puissance d'infini.

La mort serait promptement venue consommer nos travaux, si la vie ne s'était pas soucié de déranger une carrière aussi uniforme et par sa grande somme de bonheur aussi fatale à ses vues. J'étais extrêmement jaloux, Sephora ne l'était pas moins, et de plus nous étions orgueilleux comme des démons.

Il faut dire aussi que je n'aime pas profondément les femmes, que la faiblesse de leur intelligence me gâte malencontreusement la source bienfaisante de leurs passions et que la théologie vient toujours me reprendre dans leurs bras. J'eus bientôt découvert que Sephora ne faisait que répéter tout ce qu'elle lisait dans les livres de Paris et qu'elle changeait d'idée comme de chemise. A cause de tout un fatras, je ne pouvais avoir son âme nue comme son corps nu et je finis par me lasser de ce corps qu'au reste je retrouverais tous les jours, dans un <perpétuel> constant état de dévotion que contrastait avec les insignifiants caprices de son esprit. Quant à la tendresse, j'étais trop jeune, trop roide, trop préoccupé pour en goûter l'incompréhensible douceur. Je voulais comprendre Sephora, au lieu de la ressentir seulement. Or, il n'y a rien à comprendre en une femme, pas plus que d'une touche de couleur ou un son isolé.

Sephora, qui avait le tort de se battre avec moi sur le terrain qui n'est pas celui de son sexe, n'en ressentait pas moins dans la vérité de son corps et de son coeur, mon absurde méprise. Je voyais bien qu'elle n'était pas toute vanité car sa souffrance était sincère et révélait un amour sérieux; mais les éclats qui étaient toujours ceux d'un entêtement de petite fille savante interrompaient chez moi les réponses de la pitié.

Il vint donc un moment où la beauté sensuelle de Sephora tomba elle-même en désuétude à mes yeux. Les beaux seins prenaient la forme de ses idées; ils perdaient leur substance sous mes doigts et retombaient comme les mamelles épuisées d'une vieille dévote. Je la négligeais et je courais les mauvais lieux où régnait un naturel à toute épreuve. Mais elle me poursuivait, et je ne savais comment me débarrasser de cette personne tour à tour geignarde et coléreuse.

Il me vint une idée. Elle était extrêmement jalouse de mon amitié avec Jaime. Bien que cette amitié fût bien assoupie, elle s'en exagérait l'importance. Au fond, il ne lui déplaisait pas que je fusse lié avec le Protecteur, encore qu'elle affectât un total mépris pour la politique. Peut-être même que cette illustre liaison avait eu un effet qui avait renforcé celui de ma guitare. Je dois avouer aussi que dans les derniers temps, pour trouver la clé des champs je lui contais qu'il fallait m'enfermer avec Jaime pour parler des affaires de l'Etat. Elle avait pris le parti de se moquer de ma vanité d'éminence grise et comme elle ne faisait rien qu'avec violence, elle allait jusqu'à me traiter d'artiste manqué, d'intrigant de couloir et de rat de budget. Ce qui me piquait un peu. L'idée me vint donc de la battre avec ses propres armes et de lui faire connaître Jaime.

Mais cela n'était pas une petite affaire. Pour le comprendre, il me faut dire quelques mots sur ce qui était advenu de ce bel homme. Après le meurtre de Don Benito, nous nous étions enfuis, craignant la fidélité de ses gardes. Mais ensuite, il n'avait pas été très difficile pour Jaime de rallier les débris de sa troupe et de foncer sur La Paz. Notre entrée avait été charmante, car le peuple était las de Don Benito et, une fois de plus, goûtait la nouveauté et la victoire. En un instant, l'opinion s'était établie que la victoire de Jaime était aussi une victoire du peuple. Mais de quel peuple? Et contre qui? C'est ce que le premier jour on n'avait pas besoin de savoir. En tous cas, le Docteur Belmez que je rencontrais dans la rue allait le proclamant partout et il avait à peine interrompu une harangue en plein vent pour m'inviter à lui rendre visite dans sa famille—ce qui m'avait valu la précieuse connaissance de Sephora.

Jaime avait fait une belle impression sur la foule par sa magnifique prestance à la tête du régiment d'Agreda (de ce qu'il en restait) et toutes les femmes étaient toquées de lui comme autrefois à Cochachamba (sic). Il entra dans le Palais du gouvernement et j'y entrai avec lui. Je me retrouvai ainsi dans la librairie et je considérai d'un regard perplexe et trouble le coin où Don Benito fixait ses regards. N'avait-il pas voulu un peu tout cela l'étrange homme? N'avait-il pas un peu arrangé sa propre perte et ne m'avait-il pas invité comme témoin de sa tentation d'être défait et délivré? Comme s'il craignait le retard des événements—retard toutefois assuré par son talent—n'avait-il pas éprouvé le besoin de me provoquer, de m'amener à faire de moi son ennemi, le seul ennemi qui pouvait vraiment le perdre, car le seul qui l'aimait?

Je rêvais à tout cela en regardant Jaime ouvrir la boîte à cigares. Il en offrit à tous ses officiers, si bien qu'il n'en resta pas pour moi. Alors, Jaime me donna le sien, ce qui me fit décidément regretter Don Benito en toute amertume, car qu'il ne m'eut pas offert un cigare avait été son geste le plus pudique.

Après cela Jaime avait pris des ministres et il avait commencé de gouverner. Et moi, j'avais repris ma guitare. Pourtant, avant de penser aux ministres, Jaime avait pensé à Conception, qu'il avait fait tirer du lieu où elle était enfermée. Et il l'avait établie dans une belle maison tout près du Palais. Elle <avait commencé> était couverte de bijoux et portait des robes extravagantes. Il croyait que sa victoire l'avait rendue folle d'amour et elle le croyait aussi. Mais il lui avait interdit de danser en public. Elle n'avait pu y tenir bientôt et invitait n'importe qui chez elle pour l'affoler de la hanche et lui montrer ses jambes. Jaime jurait, sacrait et laissait faire.

Jaime n'avait pas voulu que mentît la réputation qu'on lui avait faite et il avait pris quelques mesures en faveur du pauvre peuple. Il n'en avait pas fallu plus, en dehors du fait qu'il avait renversé l'homme du parti rouge, du parti des grands, pour que la bonne société lui fermât ses fenêtres et ses portes. On le tenait pour un Jacobin et les gens allaient se plaindre chez le Père Florida, qui hochait la tête.

C'est pourquoi il était difficile de décider Sephora à le rencontrer. Elle avait de vagues dispositions libérales. Une de ses soeurs était mariée au Docteur Belmez, mais les autres étaient mariées dans la bonne société, et à des rouges fieffés. Et bien qu'elle fût le scandale de cette société, elle en partageait les préjugés. Elle ne voulait point faire de peine à ses soeurs qui la défendaient auprès de leurs maris avec la capricieuse hauteur des Oporto. Je tâtai le terrain du côté de Jaime. Il savait mes relations avec la famille Oporto et s'en moquait, même amèrement.

Il faut dire d'ailleurs que depuis la nuit d'Aguadulce ses dispositions à mon égard, qui avaient longtemps fondées (sic) sur une indifférence amicale compliquée d'attachement superstitieux, s'étaient muées en une répulsion rancunière qui n'était pas bien différente de celle que j'éprouvais. La rancune était devenue méfiance, à la suite de mon refus répété de recevoir aucune gratification, aucune prébende. Le nouveau Protecteur y voyait non sans raison le soin traîtreux de ne pas m'attacher entièrement à sa fortune, car après le combat c'est dans le pillage et dans l'abus que se lient le mieux les vainqueurs et s'ils ne sont pas ensemble dans le mal comme dans le bien ni les amants ni les amis ne sont indissolublement noués.

Donc, Jaime voyait dans mon assiduité chez les Oporto mon désir d'avoir d'autres appuis que lui seul dans la société, et jusque chez ses ennemis. Pourtant, il me semblait que c'était le seul désir qui m'avait <guidé> conduit. <Et je vins même lui proposer de>

Je pensai bien faire tomber tout son soupçon quand je vins lui proposer d'entrer en relations avec la personne la plus influente de cette famille et qui menait toutes les autres.

—Si tu te faisais une amie de Sephora, ce serait d'un grand effet chez les grands. Sûrement tu lui plairas et le bien qu'elle dira de toi en imposera à tes ennemis.

—Mes ennemis, mes ennemis. Pourquoi vois-tu mes ennemis?

—Il faut te faire des amis parmi tes ennemis.

—Je n'ai besoin de personne. L'armée et le peuple me suffisent.

—L'armée et le peuple détestent les grands. Mais ils sont toujours travaillés et menés par les agents déguisés que les grands répandent dans leurs rangs. Ce sont les grands qui ont toujours le dernier mot, tu sais bien.

—Ils n'ont pu défendre Ramirez qui était leur homme.

—Ils ont jugé que Ramirez était usé et ils t'ont laissé faire. Soit parce qu'ils n'avaient personne d'autre sous la main, soit parce qu'ils voulaient laisser au peuple et à l'armée un peu de licence pendant quelques mois. Mais bientôt ils voudront savoir si tu es avec eux ou contre eux.

Pendant que je parlais ainsi, je repensais au Père Florida et je soyais clairement que c'était lui qui avait mené ce jeu des grands.

—Et qui te dit que je ne prendrai pas définitivement parti contre les grands.

—Comment?

—Je décréterai l'expropriation de leurs terres, je les distribuerai aux Cholos.

Les Cholos sont les pauvres paysans indiens.

—Auparavant tu seras assassiné. Ou bien les grands du Pérou et du Chili viendront au secours de leurs semblables, sous un prétexte quelconque. Tu seras écrasé par une coalition, à propos de je ne sais quelle querelle de frontières.

—Et si je les massacre tous en même temps que je les spolie.

—Tu seras seul dans toute l'Amérique du Sud et les riches de toute la terre te mettront au banc de l'humanité.

J'étais effrayé de tout ce que je découvrais au cours de mes paroles et des investissements inéluctables que préparait le destin autour du beau cavalier qui chargeait avec une innocence si superbe contre les canons de Don Ramirez (sic) à Aguadulce. J'étais aussi effrayé que ce fût moi qui lui transmisse une belle révélation et qu'il ne pourrait voir en moi qu'un complice sournois de toute cette menace de l'univers. Aussi je me hâtai de composer une contre-partie dans son esprit.

—Jaime, fais-toi des amis parmi tes ennemis, ce sera en tous cas une bonne manière de connaître leurs intentions et de préparer les tiennes. Sephora t'apprendra beaucoup de choses en tout genre. Les femmes ont été pour toi dans les premiers temps. Mais elles t'en voudront que tu ne les regardes même pas.

—C'est contre Conchita que tu dis cela.

—Tu peux aimer Conchita et charmer les autres.

—Bah.

Ce fut ce jour-là que je fus frappé pour la première fois de l'altération de l'humeur de notre Jaime, depuis son arrivée au pouvoir. Il ne s'agissait plus de coups de sabre et le beau cavalier s'alarmait et s'assombrissait devant une difficulté universelle impalpable et insidieuse. Il rêvait dangeureusement d'en revenir au sabre.

Comme Sephora m'importunait de plus en plus, cela me décida plus qu'autre chose à brusquer mon action et, une nuit, ayant appris que Conception était malade, j'accourus au Palais et je décidai Jaime à venir chez Sephora que je n'avais même pas prévenue.

Elle me jeta un regard de rage comme si elle devinait le fin mot de mon projet qui, après tout, était de la jeter dans les bras de Jaime; mais elle reçut fort bien celui-ci, car elle était une grande coquette à ses moments perdus et que la beauté et le pouvoir de Jaime ne pouvaient pas la laisser indifférente. Fort de son amour pour Conception et de sa méfiance à l'égard des grands, Jaime se montra supérieur; mais la beauté de Sephora empêcha que cette supériorité ne se manifestât de façon trop brutale.

Après tout, j'ignorais si Jaime savait que j'étais l'amant de la belle Oporto et je la lui présentai comme une amie à qui me liait seulement la musique. Mais c'était mal juger du caractère ombrageux et irascible de Sephora, laquelle à chacune de mes paroles un peu trop doucereuses me jetait des regards furieux.

Jaime ne pouvait que les remarquer et comme elle il s'agaça de mon affection. Cela les rapprocha tous deux contre moi, et je m'en félicitai.

Sachant que Sephora était disposée à prendre le contre-pied de tout ce que je dirais, j'insinuai:

—Vous ne trouvez pas que Jaime, pour gouverner plus aisément devrait s'appuyer sur toutes les classes à la fois et non pas seulement sur le peuple.

Jaime fronça les sourcils, craignant que Sephora ne vît dans sa visite une ouverture politique, mais déjà la folle enfant tombait dans mon piège et s'écriait avec pétulance.

—Pas du tout. Je trouve très généreuse l'attitude de votre ami.

Par esprit de caste elle ne pouvait se résigner à l'appeler Don Jaime ou Son Excellence.

—Il est vrai que Sephora, vous aimez le peuple, dis-je en exagérant la nuance de dédain.

—Mais ou, renchérit-elle. J'aime nos Indiens, je sais bien que toute notre vie vient des Indiens.

C'était une de ses marottes. Depuis que je lui avais fait connaître les chants indiens, elle s'était jetée dans l'idée que le sang espagnol n'était rien à la surface de l'Amérique et qu'il fallait faire revivre l'esprit des Incas. Jaime fut surpris qu'elle osât une opinion aussi scandaleuse au regard des siens. Mais il se méfia, car le bruit courait que lui aussi bien que Conception avaient du sang indien. (Et d'ailleurs, qui n'en avait pas en Bolivie sauf dans quelques hautes familles. Eux, les Oporto avaient du sang juif. Et moi, si je n'avais que du sang espagnol, c'était ma principale faiblesse) Jaime craignait une allusion lointainement malveillante.

—Indiens ou non indiens, je veux que le peuple vive et non pas qu'il meure sous les exactions. Il faut lui redonner l'espoir.

—Auriez-vous vraiment la force de faire cela?

Il s'ensuivit un dialogue où s'emportat Sephora, entraînant un peu Jaime. Quand je sentis qu'il donnait des signes de fatigue ou d'ennui, je pris ma guitare et je mêlai les chants indiens et les chants militaires, ceux qui lui réjouissaient toujours le coeur. Ils se séparèrent en assez bons termes. Mais comme je m'en allais avec lui, Sephora me retint pour rendre ostensibles nos amours. Quand nous fûmes seuls, elle commença une scène où elle me reprochait d'avoir honte d'elle. Pourtant sa vanité avait été flattée par la relative attention de Jaime et elle souriait à demi au milieu de son courroux.

Du côté de Jaime, je compris le lendemain qu'il avait été à demi conquis et je pus bien augurer de cette première rencontre. Jaime aimait la musique, ce qui en autorisait d'autres. Je n'eus de cesse qu'elles eussent lieu.

Nous y prenions goût tous les trois, et comment n'en aurait-il pas été ainsi? Jaime et Sephora étaient beaux et ils représentaient les plus belles forces de la Bolivie. Si Jaime était fort ignorant, il avait de l'appétit pour beaucoup de choses encore inconnus de lui, et l'intuition suivait partout de près son appétit. Cependant, il avait devant les mots qui dépassent les idées et encore plus les actes cette pudeur que j'ai toujours admirée chez les hommes de l'action. Cela n'était pas certes de Sephora et je craignais toujours qu'elle ne le choquasse (sic) outre mesure comme elle me choquait moi-même par cet abus des mots où se jettent les femmes au cerveau échauffé. Je dus constater que devant Jaime elle se tenait mieux que devant moi, car il lui imposait.

Et puis, nous étions pris tous les trois par le respect devant la réussite de notre réunion. Jaime se laissait aller peu à peu à satisfaire la curiosité qui lui venait pour les moeurs des grands, parmi lesquels sont quelques raffinés dont la découverte déconcerte et charme ceux qui détestent les grands. Sephora de son côté s'ouvrait à un monde inconnu, mais qui pourtant était en elle, car les livres et les mots n'étaient que des jouets dans ses mains d'enfant gâtée par son fond de passion inextinguible elle rejoignait Jaime (sic).

Quant à moi, je trouvais un bonheur imprévu (mais ne l'avais-je pas un peu cherché?) à voir ensemble les deux êtres qui avaient soulevé mon amitié sensuelle pour la vie, au moins sensuelle.

Je me rappelle ce salon qui avait déjà enfermé mes plaisirs avec Sephora et qui maintenant m'offrait une joie d'une espèce plus rare, inattendue. Ma guitare entre les mains, que je touchais de temps à autre pour soutenir d'un accord un élan de la conversation ou caresser un silence, je contemplais les deux élus de beauté. En ces jours-là, je ne voyais que leur beauté et j'oubliais l'éloignement que j'avais éprouvé pour l'un et l'autre. Ou plutôt, un peu détachés (sic) de l'un et de l'autre, je pouvais mieux jouir d'eux, selon ma nature amoureuse de la retraite et de la pénombre.

Peu à peu, Sophora m'oubliait et s'absorbait dans Jaime. . Elle était encore bien loin de ce moment où son élément impérieux sallirait et où elle voudrait l'absorber. Quant à Jaime, il éprouvait un délassement indéniable. L'intérêt exprès que lui portait Sephora le changeait des rebuffades de Conception et devait bien être quelque peu sensible à la beauté de Sephora.

Toutefois, celle-ci avait des retours d'humeur; elle me regardait soudain par-dessous et me montrait par des mots brefs qu'elle devinait à demi mon jeu. D'autant plus que je me laissais aller et ne lui faisais plus du tout l'amour. Elle ne me poursuivait plus, mais cela la préparait de se sentir délaissée. Si bien que je crus bon de feindre un peu de jalousie; aussitôt elle vibra et se montra prête à m'accueillir. J'arrêtai mon jeu et trouvant que les circonstances devenaient difficiles je prétextai un besoin.

II

J'avais été invité par le Père Florida dans un petit ermitage de la montagne où il passait les jours les plus chauds. C'était sur une croupe isolée et abrupte encore une terrasse fleurie comme au séminaire de La Paz. Mais ici la profusion des fleurs était bien plus grande et dans un petit espace elle était monstrueuse, furieuse, démoniaque. Et tandis qu'on faisait les cent pas dans ce petit Eden où l'exclusivité végétarienne s'imposait comme une intention étrange et maligne, on pouvait contempler une immense étendue de terre comme un abîme. Le pays de Bolivie apparaissait au Père Florida comme une chose de vertige et de lointain, perdue dans une stupide et indéchiffrable immobilité.

J'étais curieux de revoir le Père Florida que j'avais fort négligé depuis l'avènement de Jaime et que j'avais même évité. Il m'avait plusieurs fois appelé chez lui, puis avais semblé y renoncer (sic).

Je fus heureux de voir qu'aucun prêtraillon ne hantait le lieu; sans doute avait-il deviné que la fade odeur d'un seul m'aurait fait fuir en quelques heures.

Lui n'avait pas cette odeur qui avait fait pour moi du séminaire un lieu intolérable. Il se lavait, se parfumait discrètement et ses mains exhalaient la senteur de la terre et des fleurs. Etait-il chaste? Sans doute, puisque j'éprouvais malgré tout auprès de lui ce mélange de répulsion et de terreur que ne donnent les hommes privés de femmes, alors que pourtant l'ascèse me paraît de quelque manière une entreprise capitale. Mais ce n'était pas seulement la chasteté, réelle ou prétendue, qui m'inquiétait en lui.

Il vint vers moi avec son oeil énorme, sombre, (mot illisible dans le manuscrit) de pointes de feu qu'il portait dans une bourse de chair bistrée et frippée. L'autre oeil, on ne le voyait pas, car il s'avançait toujours vers vous presque de profil, jetant en avant sa main droite comme pour vous écarter.

De sa voix féminine, aux inflexions maniérées, au fond de laquelle dormait une sainteté cachottière, il servit aussitôt sa curiosité. Il avait de ces brusques attaques:

—Vous devez savoir quelque chose sur la mort de Don Benito?

La lourde paupière se soulevait, dégaînait un seul regard en coup de poignard et retombait. Il n'avait pu savoir la vérité, car Jaime, moi et Fernandez, au retour, dans un ravin nous avions tué tous les hommes qui nous avaient accompagnés. Fernandez n'était pas homme à parler, il y avait en lui un amour du meurtre trop profond, une passion orgueilleuse du secret qu'il savourerait jusqu'à la fin de ses jours et un besoin farouche d'être lié dans le mal—comme on dit—à quelqu'un de plus fort que lui, quelqu'un qui réalisait cette force dont le désir le possédait. Je pensais que Fernandez était mon atroce caricature.

On pourrait dire que c'est un accident qui a faussé le jeu des forces. Mais je jeu des forces se fait d'une multitude d'accidents et d'incidents. Après tout, le Protecteur, en tuant le colonel des dragons, avait eu une impulsion généreuse qui méritait compensation.

Je réfléchissais que si Florida était énigme pour moi j'étais énigme pour lui. J'attaquais à mon tour:

—Que pensez-vous, mon Père, du gouvernement du Protecteur?

—Il est trop tôt pour en juger.

—Mais encore?

—Il s'occupe beaucoup des femmes.

—Oh, d'une seule!

—Non, de deux.

Certes je savais que le Père Florida savait toujours tout. Mais cela me déplaisait qu'il fût le témoin invisible de notre charmant trio. Cela faisait une obscène présence. Un frémissement de haine passa dans mes reins.

—Pourquoi ne soutiendriez-vous pas sérieusement Jaime? demandai-je pourtant d'une voix magnanime. Une véritable stabilité est nécessaire après tant d'années de guerre civile, et non pas cette stabilité qui est faite d'oscillations incessantes. Et puis . . .

—Et puis?

Je n'étais pas un grand méditatif, ou si je l'étais, je ne m'en doutais guère et le résultat de mes cogitations n'affleurait qu'avec une parole venue je ne savais d'où.

—Et puis, vous êtes jésuite. Les Jésuites au Paraguay ont peut-être rêvé de réparer le mal fait aux Indiens par la conquête. Il y a fort peu d'Espangols en Bolivie, dont le petit nombre est rongé par le sang indien. L'Eglise accepte le fait accompli.

—Mais non le fait en voie d'accomplissement.

—C'est vrai.

Je m'arrêtai. Une légère sueur me vint. N'avais-je pas en un instant découvert une pensée qui pouvait devenir dans les mains de Père une arme terrible contre Jaime?

169

Le Père Florida s'arrêtait devant une rose. Geste qui avait souvent une signification.

—Est-ce cette utopie la vraie pensée de votre Jaime?

J'étais malléable comme une cire amoureuse de tout pouce rencontré. Aussitôt, je doutai, avec soulagement, que le relèvement des Indiens fût la pensée de Jaime. Mais alors, qu'était-elle? En avait-il une, en dehors de moi? En avait-il aucune? En avais-je vraiment moi-même? N'étions-nous pas partis dans l'aventure en toute innocence? Mais l'action se pose comme une pensée, comme la seule pensée. Toutes les pensées dérivent de cette pensée.

Je regardais la petite terrasse suspendue sur le vide, chargée de fleurs. La main de l'homme avait instauré cette terrasse et les fleurs étaient venues par surcroît. "Au commencement était le Verbe et rien de ce qui a été fait n'a été fait sans lui."

—Quelle serait selon vous la vraie pensée de Jaime? demandai-je profitant de mon moment de candeur.

—Je vous le demande, mais vous ne me le direz pas.

—En tous cas, quelle que soit cette pensée, c'est la seule qui soit en Bolivie en ce moment. Je vous en défie d'en trouver une autre.

J'avais dit cela avec un défi un peu vif. J'ajoutai:

—Je parle de pensée immédiate. Car, certes, il y a la vôtre et celle du docteur Belmez. Mais ce sont des pensées à retardement.

—Certes, Felipe, la vôtre est directe.

Il repensait à la mort de Don Benito, mais je ne bronchai pas. La mort de Don Benito était devenue, dans l'instant même de son accomplissement, un acte prodigieusement et indifférent (sic). Jamais je n'ai connu ce sentiment maniaque qu'on appelle le remords. Et en dépit de toute l'apparence, je ne crois pas satisfaire à ce sentiment, en écrivant aujourd'hui ce récit.

—Quoi qu'il en soit, mon Père, n'aurez-vous pas encore quelque charité pour Don Jaime Torrijos? Et ne voudrez-vous pas lui assurer vos lumières? Les grands n'ont pas encore pris parti contre eux. C'est ce que je dis souvent à Doña Sephora.

—Vous êtes vous-même, mon fils, un grand pécheur. Ne vous confessez-vous plus jamais?

Mon premier mouvement fut de ricaner à part moi. Cette idée que je pourrais me confesser et conter au Père Florida ou à quelqu'un de ses semblables mes amours, mes meurtres et mes idées—Mais l'instant d'après je repensais au sublime du sacrement, à cette seule issue ouverte à l'homme vers l'homme. Quel risque merveilleux c'eût été là de tout raconter au Père Florida. Mais ne savait-il pas tout? Et que m'aurait-il appris sur lui-même en m'écoutant? Je connaissais sa foi, sa foi absolue qui rendait seule supportable ses cruelles petitesses.

En tous cas, sur le terrain politique j'avais joué cartes sur table une seconde fois et avouer mon envie que je croyais sincère—de voir Jaime se concilier les grands. En échange, je ne voulais pas qu'il se dérobât sur ce terrain.

—Mes péchés à part, ne conseillerez-vous pas aux grands de prendre en considération la bonne volonté de Don Jaime?

—Mais il a laissé crier sur les toits qu'il voulait défendre la cause du peuple.

—Est-ce que ces deux causes, celle de nos meilleures familles et celle de toute la nation ne se concilient pas dans votre esprit?

—Oui, mais vous avez dit que je suis un esprit à retardement.

—Il faudra que Jaime sache à quoi s'en tenir.

Après cela, nous ne nous souciâmes plus que des fleurs, des belles lignes que faisait la Bolivie sous le soleil couchant.

—Voyez ce pays de terre et de sang, Père Florida, voyez ces maisons posées parmi les déserts, voyez cette puissante indifférence, cette inertie passionnée.

—Voyez ces fleurs.

—A douze mille pieds au-dessus de la mer, ce ramassis d'indiens et d'Espagnols, profondément occupés par la paresse. O merveilleuse paresse qui fait fi des dieux et des intelligences. Comme j'aime cette opacité des hommes, elle résonne sourdement comme le bois de ma guitare. Et pourtant la puissance de chaque homme est égale à la puissance du monde entier.

—Peut-être est cela que St Jean voulait dire par ces paroles: "vous êtes des dieux."

Les mains du Père Florida déchiraient avec leurs doigts éperdus les grosses fleurs au sein gonflé.

III

En revenant à La Paz, je voulais voir le Docteur Belmez pour comparer ses idées d'habitude plus ouvertes, au moins apparemment, avec celles si inquiétantes dans leur réserve du Père Florida. Mais certains incidents vinrent à la traverse.

J'avais tout à fait négligé Conception depuis son retour à La Paz et je supposais que Jaime finissait par la négliger aussi. Le fait est qu'elle avait été fort malade. Or, une nuit, comme j'arrivais fort tard chez Sephora, j'entendis des cris violents dans la maison, parmi lesquels j'eus bientôt fait de distinguer le terrible contralto de la danseuse. Quand j'entrai dans le salon, celle-ci qui était aux prises avec Jaime lequel la retenait à pleins bras répandant sur Sephora, blanche et raidie, la guirlande de splendides ordures avec laquelle elle jouait du matin au soir tout au long de la vie pour s'entretenir la main.

—Fille de truie, suceuse de Judas, enculée par le diable, gouine de vieille, rebut de bordel, gobeuse de foutu, je t'apprendrai à vouloir me prendre mon amant. Je voudrais bien te faire l'amour avec ton con d'ânesse.

Mon malheur ayant été d'entrer à ce moment, l'enragée se retourna contre moi.

—Ah, voilà le maquereau de madame, voilà celui qui touche des deux mains.

Je restai un moment stupide, enfin Jaime me fit un signe et faisant un détour je vins derrière elle et lui mit mon mouchoir en bâillon. Elle se déballait comme un serpent et tout son génie de danseuse ressortait dans les surprenantes convulsions dont elle déconcertait et énervait notre double étreinte. Enfin, elle finit par s'épuiser, mais son dernier défi à Sephora fut que son corsage avait éclaté et agitant sa superbe gueule ressortie et roulant des yeux où éclatait un blanc d'agrément elle les indiquait du menton à sa rivale pour la provoquer à une comparaison qui ne pouvait être que son triomphe. Hélas, ce que son menton prenait à témoin était admirable et je craignis que le destin de Jaime ne fût à jamais collée comme la limaille aux deux cornes rigides de cet aimant façonné par toutes les sorcières de la création qui haïssent l'homme. Le plus difficile était de la ramener chez elle. Les voitures étaient à peu près inconnues à La Paz et nous n'y songeâmes pas. Un homme attendait dehors avec le cheval de Jaime qui se fit aider de lui pour la mettre en travers de sa selle— une fois de plus. Jaime était parti sans mot dire à Sephora que je vins retrouver.

Elle était humiliée jusqu'à l'os et haïssait Jaime et moi-même plus que Conception. Avec les mots crus en moins, elle fut aussi dévergondée que Conception dans ses propos.

—Pourquoi as-tu amené cet homme chez moi, je ne le voulais pas. C'est un vaurien qui est dans la bassesse jusqu'au cou et qui ne peut que salir ce qu'il ose approcher. La Bolivie est dans de beaux draps. Cette fille a déjà ameuté tout le pays. Je ne pourrais plus jamais sortir dans la rue. Je n'admets pas que les gens de rien puissent lever le regard jusqu'à moi. Tu m'as trahie d'une façon infâme, tu m'as jetée dans un piège dégoûtant.

Elle disait la vérité et je me trouvais l'âme bien noire. Mon coeur s'était rempli en un instant de la plus sale amertume et le lendemain je manquai crever dans mon fiel quand je découvris que c'était un des prêtraillons du Père Florida qui, confesseur de la vieille maquerelle de Conception, avait amorcé le tonneau de poudre.

Je me gardai bien d'aller chez le Père Florida pour y faire un esclandre, mais je me jurai de me venger et aussi de tirer des conclusions sur sa position politique. Impossible d'en parler à Jaime, car il avait été entièrement reconquis par Conception, refusa de me recevoir et ne mit plus les pieds chez Sephora.

Dès lors, je vis avec horreur qu'il était gravement brouillé avec le parti rouge et que les grands considéraient qu'ils avaient tous été insultés dans la personne de Sephora. Et, en effet, celle-ci qui était tenue <discrètement> à l'écart depuis longtemps, avec toutes les précautions qu'exigeait (sic) la puissance et la richesse de sa famille, était de nouveau très enfourée. Elle se laissait d'ailleurs cajoler par tout le monde.

Je me rendis enfin chez le Docteur Belmez. Il était très fier de son alliance avec la famille Oporto, aussi afficha-t-il de ne pouvoir faire autrement que de ressentir l'insulte qui avait été faite à Sephora. Car l'histoire s'était répandue en quelques heures par les soins des domestiques de Sephora et de ses soeurs qui écoutaient aux portes, ou ce qui est mieux devinaient toujours les mouvements de leur aînée, aussi bien que par les hurlements de Sephora et de sa maquerelle dans les oreilles du cuisinier, du coiffeur, des marchands. Le même peuple <aussi bien que l'aristocratie> affirmait gravement comme l'ayant vu de ses yeux que Conception avait trouvé Jaime tout nu dans les bras de Sephora toute nue et que Jaime m'avait donné beaucoup d'argent pour arriver à cette fin. Dans l'aristocratie, on ignorait ou l'on niait ces extrémités et on assurait que Jaime importunait depuis quelque temps Sephora de ses supplications ou de ses menaces et que c'était moi qui par jalousie avait lancé Conception dans la bataille. Je reconnaissais là la langue du Père Florida et le vouais à tous les supplices.

Le Docteur Belmez me considérait avec une curiosité assez indulgente où entrait quelque peu de complicité érotique. Il avait toujours encouragé la faveur dont je jouissais dans la famille, ayant gardé des vues sur moi. Chaque fois que je le rencontrais, je retrouvais son regard de concupiscence pour mes secrets. Il mourrait d'inanition et voulait se mourir de tout ce dont j'étais capable à l'égard de Jaime.

Toutfois, je ne comprenais rien aux rapports que Jaime et lui pouvaient avoir. Jaime cherchait les suffrages du populaire, or les maçons prétendaient tenir cette carte en main et deux ou trois des ministres de Jaime étaient maçons. Mais pourtant Belmez semblait effrayé de l'audace de certains gestes de Jaime et ne semblait pas hostile aux tentatives de rapprochement avec les grands.

—Tout cela est bien ennuyeux, me répéta-t-il plusieurs fois de suite avec son air de sacristain jouisseur et inquiet.

—Bah, ma foi, Conchita a du sang, que voulez-vous? C'est la sève populaire que vous appréciez.

—Oui, certes; oui, certes.

—Peut-on reprocher à Jaime d'aimer le peuple dans cette incarnation superbe et irrépressible? Il est du peuple et c'est lui-même qu'il retrouve dans Conception.

—Oui, mais alors, cher Felipe, pourquoi l'avez-vous poussé vers Sephora.

—Parce qu'il est Protecteur de la Bolivie et qu'il doit connaître et pénétrer toutes les parties du peuple. Ce sont les femmes qui sont le fond d'un peuple. S'il saisit à la fois Sephora et Conception, il embrasse toute cette nation dans sa disparate et son unité.

—Très intéressant, certes. Ah, il faut que vous soyez des nôtres.

—Bah, je ne puis connaître d'autre initiation que celle de ma guitare.

—Enfin, je crois que Jaime comprend mieux que vous l'importance de notre ordre.

Je me demandai si Jaime n'avait pas payé de son entrée dans la maçonnerie son accession au pouvoir. Cela pouvait expliquer l'estrangement (sic) du Père Florida. Un frisson de gêne me parcourut. Et sans doute le Père Florida avait interprêté la liaison que j'avais faite entre Jaime et Sephora comme une manoeuvre maçonnique, car les Oporto comme Juifs portugais étaient sûrement cabbalistes. Sans doute me prenait-il moi-même comme un maçon. Et si je n'étais pas maçon, étant fâché avec les Jésuites, je ne pèserais pas lourd. Bah, je voulais rester fidèle à ma seule guitare.

Je repris brusquement:

—Vous voulez que Jaime s'appuie sur le peuple.

—Certes, certes.

—Eh bien, le peuple est indien, il faut donc que Jaime, pour durablement et profondément intéresser le peuple, délie le nom indien de la subordination et de l'humiliation où il est.

Je vis le regard du Docteur Belmez vaciller. Plus tard, ayant peur, il me détesta de lui faire peur.

—Eh, que diable, vous voilà tout effrayé. Si l'on veut parler aux Indiens, aux Cholos qui sont des indiens, il faut pourtant leur parler indien.

—Mon jeune ami, voilà qui est tout à fait dangereux. Il ne faut pas aller trop vite en besogne, il y a un temps pour tout.

J'eus un mot imprudent.

—Jaime est là pour bousculer le temps.

Je sentis le même espace s'établir entre le Docteur Belmez et moi qu'entre le Père Florida et moi. Une solitude enserrait Jaime. Je m'acharnai :

—Vous êtes maçon. Vous croyez donc que la révélation est le partage de toutes les religions et non pas de la seule romaine. Or, dans la Bolvie comme au Pérou, il y a eu une grande religion, celle des Incas, qui a possédé tous les trésors de l'esprit et des trésors sans doute plus profondément précieux que la religion de Rome qui a perdu ses sources. Il y a donc par là un chemin merveilleux pour renouer avec la tradition de cette terre ruinée et de nouer à cette tradition ce mouvement nouveau de socialisme qui s'étend en Europe et qui finira par atteindre notre continent.

—Il faudrait que vous veniez expliquer tout cela à nos pères. Eux, de leur côté. . .

—Eux me mettront sous le boisseau comme le voudrait faire aussi le Père Florida.

—Craignez les chemins de la solitude.

. . . .

Jaime était maintenant fou de Conception; il ne s'était écarté d'elle un instant que pour retomber tout d'une pièce dans ses rets. Après les cris, elle avait usé des larmes et elle lui avait montré l'image nouvelle et bien plus captivante d'une maîtresse trahie, d'une victime souffrante. Il l'avait suppliée pour qu'elle lui pardonnât d'avoir voulu connaître une autre beauté que la sienne, autre chose que sa sauvagerie et sa rudesse inexorables, et au-delà de ses danses d'avoir osé approcher la musique.

Elle exigea aussitôt ce qu'il ne lui avait pas permis depuis qu'il était au pouvoir, de danser en public et comme une troupe de Zarzurlas espagnoles était de passage en Bolivie il me fit venir et me chargea de leur enjoindre de l'introduire au milieu de leurs spectacles. Elle-même m'appela et après m'avoir fait des reproches amers qu'elle ne poussa pas pourtant jusqu'à l'injure, elle s'amadoua soudain et me pria de l'accompagner de nouveau.

Qu'elle parut en public après son esclandre chez Sephora était un défi et tout était à craindre de la part des grands qui remplirait (sic) le théâtre; je le dis à Jaime et à Conception, mais ils étaient ivres et emportés par cette volonté de risque et de défi qui pour un couple lié par de longues amours est un nécessaire renouvellement de la volupté. Après la saison du secret, que ceux-ci avaient d'ailleurs négligé, vient la saison de la pavane publique.

Jaime m'inquiétait par la tension de son vouloir et comme, allant avec humilité au fond des choses, je lui reprochai de ne s'être jamais excusé auprès de Sephora et d'avoir sans raison envenimé la rancune de celle-ci, il s'écria:

—Je suis un homme du peuple et un cavalier et je hais toutes les perfides gracieusetés de ces dames de toute volée. Elles verront ce que tout cela pèse dans ma main.

La verve de son amour ne le détournait pas des affaires, mais au contraire il s'acquittait de son office avec une fièvre inattendue et surtout de l'armée où il jouissait d'une faveur extraordinaire. Les cavaliers d'Agreda qui étaient maintenant en garnison à La Paz à la place des dragons se rengorgeaient plus qu'à l'ordinaire et parlaient d'une prochaine guerre où ils feraient merveille. Or, Jaime ne m'avait jamais parlé de pareils projets. Quelle guerre pouvions-nous faire, si ce n'est celle dont rêvaient toujours les Boliviens: s'ouvrir un chemin vers le Pacifique à travers le Chili? Or, si cela pouvait profiter à tout le peuple, cela serait d'abord utile aux grands qui écouleraient à meilleur compte et sans plus payer les douanes chiliennes ou péruviennes les fruits de leurs terres.

La première représentation de la troupe espagnole arriva et une curiosité extraordinaire attira au théâtre toute la société de La Paz. Jaime parut de bonne heure dans la loge du gouvernement et je remarquai que les grandes familles se levèrent de mauvaise grâce à son entrée ce qui fit frémir les officiers d'Agreda qui étaient là au grand complet. Je ne songeai pas un instant que Sephora pût être là et je fus stupéfait quand, à travers un trou du rideau, je l'aperçus qui entrait dans la loge où étaient déjà ses soeurs. Je ne doutai plus du houvari.

Conception en fut informée, mais cela ne fit qu'accroître l'appétit de succès qui la dévorait et qui lui donnait une assurance incroyable.

Je croyais la connaître, mais je l'ignorais comme j'ignorais Jaime. Quel mépris nous avons pour ceux qui nous intéresse puisque nous les meconnaissons toujours, les ayant façonnées une fois pour toutes à notre caprice.

Conception entra sur la scène et, tandis que je me glissai dans mon coin, je vis qu'elle tenait quelque chose à la main. Elle fut accueillie par un silence complet des loges et une grande clameur de la galerie et du parterre où les cavaliers lançaient leurs chapeaux en l'air. Elle fit la révérence et puis s'avança de façon ostensible vers le côté où était la loge des Oporto. Alors, on vit ce qu'elle dans la main (sic), c'était un masque qu'elle mit avec une ironie altière.

Tout le monde fut stupéfait de ce trait. Mais avant qu'on eût eu le temps de se remettre et de le commenter, elle me fit signe et commença de danser. Elle dansa comme elle n'avait jamais fait. Or, nos gens raffolent de la danse et, au bout d'un moment, les projets qu'on avait contre elle furent oubliées et bientôt les applaudissements des grands furent aussi forts que ceux du peuple et de l'armée.

A la fin, sûre de son monde, quand elle eut achevé, elle arracha son masque, le piétina sous son talon vainqueur et, pantelante de joie, toute baignée d'une sueur suprême, elle alla faire une révérence qui était le plus pur abandon d'amour vers Jaime. Lequel, blanc de son plus amer plaisir, lui jeta son gant de cavalier.

Je n'osai jamais regarder Sephora, mais on me dit qu'elle était restée tout le temps admirablement immobile et calme, n'applaudissant pas.

Dans la coulisse, je dis à Conception:

—Je ne savais pas, je l'avoue, que vous saviez aussi bien arranger les choses que les déranger.

—Guitariste, une chose peut me plaire comme l'autre. Il y a plusieurs manières d'être la plus forte.

                              IV

Après cela, Jaime fit la guerre au Chili. Il entraîna les grands et le peuple dans cette entreprise qui était chère à tous, qui faisait peur à tous et qui devait confondre celui qui s'en chargeait. Jaime perdit la guerre; en dépit de son courage et de son talent, il ne peut surmonter la difficulté que souleva l'alliance du Pérou avec le Chili. Je n'ai pas envie de raconter ces campagnes bien que j'y aie pris part, quelque peu, et qu'elles aient fait rager des journées de . . . (mot illisible dans le manuscrit) misère. <Pendant tout ce temps je pensais> A mesure que les événements tournaient mal je tremblai pour Jaime et je pensai que venait sa dernière heure. Mais il n'en fut rien. Le peuple aima Jaime davantage pour le sang qu'il avait versé et cet amour le protégea contre la mauvaise foi des grands qui se retournèrent contre le vaincu.

Comme ils étaient lâches et que pour le moment ils n'osaient conspirer, ils s'en prirent à Conception qui était toujours semblait-il au centre de la vie de Jaime <Un soir qu'elle dansait au théâtre on la siffla et on la traita de putain> Elle avait cessé de danser depuis la guerre, mais elle paraissait au Palais. <dans les réceptions> Les grands dirent qu'ils n'y viendraient plus de peur de l'y rencontrer.

Or, ils reçurent tous une invitation pour une grande réception. Ils devaient venir avec leurs femmes. Le bruit courut que quiconque se déroberait ou n'amènerait pas sa femme serait traité comme un ennemi par le Protecteur.

LA PREMIERE VERSION ANNULÉE DE "LA REVOLTE DES INDIENS"

< > : passage raturé dans le manuscrit

J'étais dévoré par la vermine. Plus que le terrible tourment moral qui me tenait, je dois avouer que je me rappelle la vermine. Je ne suis pas de ceux qui oublient la misère du corps pour ne plus voir dans leur vie que l'histoire de leur âme. L'histoire d'une âme est en même temps l'histoire d'un corps. Nous ne connaissons notre âme que par notre corps: cela est vrai pour les héros comme pour les saints, pour les hommes extraordinaires comme pour les hommes ordinaires, dont je suis.

J'étais retourné aux Indiens, mais pour des raisons toutes différentes de celles d'autrefois. Comme auparavant, je n'étais jamais venu dans cette région de. . . (laissé en blanc dans le manuscrit), je pouvais y rôder aisément comme un mendiant inconnu, riche seulement de sa guitare. Mais un mendiant est couvert de vermines. Je recherchais passionnément quelque chose, qui n'était pas facile à trouver.

Je m'étais fait quelques amis parmi les indiens. On ne peut pas dire: amis quand on est si atrocement séparé par les siècles d'une misère insondable et incompréhensible; on peut dire: amis quand des actes modestes et difficiles ont établi la confiance au jour le jour.

Je finis par m'établir chez un vieil indien du nom de. . . (en blanc). Il me semblait bien que chez lui j'étais à un point secret d'où je pouvais prendre les dernières vues, les plus et les plus subtiles sur les événements qui désolaient la province de . . . (en blanc). Il m'avait fallu toutes ces semaines pour entrer dans sa confiance et un peu dans sa confidence, et cela s'était fait de loin plutôt que de près. Mais enfin, le moment était venu où j'avais pu m'installer chez lui.

—Tout le monde trompe les Indiens, murmurait le vieil édenté dont le sexe . . . (mot illisible dans le manuscrit) n'est la race était enfoui sous les effondrements de l'âge.

—Non, il y a des hommes qui ne veulent plus tromper les Indiens.

—Il y a toujours eu des hommes pour nous dire cela et c'était les plus trompeurs. Ils ont sur les mains plus de sang indien que les autres.

—Pour qui dis-tu cela?

—Je sais.

—Tu ne dis pas cela pour Tête de Cheval, j'en suis sûr.

C'était le nom que les Indiens avaient donné à Jaime. L'Indien secouait la tête, obstiné au doute ou à feindre le doute.

—Tu as vu les lettres que le gouverneur recevait de Tête de Cheval.

—Je ne sais pas lire.

—Mais je te les ai fait lire par ton propre fils.

Ce dialogue se répétait tous les jours.

—Tu sais donc que le gouverneur a désobéi aux ordres et qu'il a fait même le contraire de ces ordres. Nous savons qu'il a reçu des gens qui sont venus lui donner des mauvais conseils. Ce sont les mêmes sûrement qui ensuite ont poussé les Indiens à la révolte. Ils ont fait prendre des mesures révoltantes et ensuite il ont révolté les Indiens.

—Les Indiens sont très malheureux, tout le monde les trompe.

—Mais puisque nous voulons attraper et punir ceux qui les ont trompés dans cette circonstance. Tu peux nous aider, tu sais qui sont ces hommes.

—Je ne sais rien.

—Tu sais tout.

—Ils se vengent et feront couler le sang indien.

—Ils ne peuvent pas le faire couler plus qu'ils ne coulent (sic) en ce moment.

Le sang indien coulait. Toute la province était à feu et à sang. Contre les exactions du gouverneur, les Cholos s'étaient révoltés et ils avaient tout brûlé et incendié. La colère des Indiens quand elle éclatait était atroce, démente, révélant un abîme de désespoir, de haine et aussi de cruauté native. Il y avait certes leur religion du sang répandu à flots.

Je me consumais dans la rage à chaque minute, pensant à chaque minute à ce drame qui s'était abattu sur Jaime, quelques mois après l'aventure avec Camilla. Il achevait ses préparatifs pour la guerre contre le Chili, sa popularité avait refondé, un même commun amour pour lui pressait toutes les classes et tout avait été interrompu. J'avais senti contre lui une haine subtile. Etait-ce le Père Florida? Certes, mais n'était-ce que lui? Je refrénais mon envie violente mais sotte d'aller trancher la gorge de cet homme qui m'avait jeté des regards impardonnables. Il n'était pas seul et il fallait le saisir dans tous ses noeuds et sur le fait. C'était pourquoi je m'étais fait mendiant vermineux et que je m'usais sur ce vieux sorcier.

—Ecoute, veux-tu arrêter la mort de ta race. Si tu ne dis rien, Tête de Cheval ne pourra arrêter les répressions. Il vient de me faire dire que ne trouvant personne à qui parler, il allait faire brûler tous les villages du district de . . . (en blanc).

Voilà où il fallait en venir. Depuis des jours la douceur n'opérait aucunement sur l'esprit buté et acharné à nourrir son désespoir d'un nouveau désespoir. Pour sauver ces gens, il n'était encore que la menace.

—Tu sais que Tête de Cheval tient toujours sa parole.

Il l'avait tenue, atrocement. Jaime, en dépit de son chagrin à faire le contraire de ce qu'il avait rêvé, s'était montré impitoyable dans la répression. Et pourtant il savait que faisant cela, il accomplissait la volonté de ses ennemis.

Je n'avais encore jamais parlé sur ce ton au vieux sorcier, qui tenait sous son influence secrète la principale tribu de la province. Je sentis que ma nouvelle menace portait et qu'il fallait agir dans ce sens. Jaime prévenu fit une proclamation annonçant pour une date proche l'incendie des villages. Alors le vieux me dit un nom. Frémissant d'aise, je résolus d'agir seul car j'avais été vexé par mon retard dans l'affaire de San Pablo del Desierto. Cette fois-ci ce serait moi qui apporterai la protection décisive au . . . Protecteur, à notre Jaime.

Je me transportai dans une certaine petite ville et je rôdai quelque temps autour de celui qui allait être ma proie. Ma volonté d'agir seul accroissait la difficulté mais j'y trouvai un plaisir furtif, un assouvissement à ma longue rage.

Entrer la nuit chez un homme, se rendre maître de sa maison, de sa solitude, retouner son âme par la peur, voilà qui n'est commode que dans les romans. Mais la maison défend son homme: les portes, les fenêtres ont des nerfs vigilants. Il y a toujours une femme ou un chien. L'homme que je voulais était un débauché qui avait femme et enfants mais passait une partie de sa nuit chez une vieille putain. Je vais chez elle, l'endormis avec une drogue et le reçus à sa place.

Cet homme qui venait oublier son souci et sa peur, les trouva terriblement resserré dans la petite gueule noire d'un pistolet. Je le fis boire au même verre que la putain, le ficelai, le hissai—péniblement—sur mon cheval et je galopais deux nuits de suite pour rejoindre Jaime.

L'homme fut torturé et parla. Ce qu'il avoua me fit repartir pour La Paz. Une nuit je me présentais à la haute maison des Bustamente. Je demandai Camilla, ce qui n'était pas nécessaire pour ma mission. Elle me reçut. Je revis encore une fois le grand salon de musique où je n'avais pas mis les pieds depuis la catastrophe. Elle était avec Florida, et aussi avec le jeune Luis qui était décidément devenu un familier de la maison.

Camilla était toujours belle. Je me demandais à quoi servait sa beauté. Ou plutôt quel sens elle avait. Ce que j'avais appris lors de la torture de l'homme enlevé par moi était certes une réponse à cette question. Mais c'était une réponse qui me révoltait et que je ne pouvais croire définitive. Je ne savais pourquoi je la revoyais: tout était dit. Mais quand tout est dit, il semble que rien n'est dit, que tout est à recommencer.

Que pensait de moi Camilla? Que pensait-elle? Elle avait pour moi de la rancune, de la soufrance (sic), de la haine et elle trouvait plaisir à me revoir. Je lui avais fait le don de sa vie, don amer, irrémédiable. Ah, tout était-il donc révolu?

Oui, nous en étions sûrs et nous ne pouvions le croire.

—Ah, Camilla, pourquoi?

—Oui, Felipe, pourquoi? Et pourtant, cela est ainsi.

—Il est impossible de parler. Seule, la musique parle parce qu'elle ne dit rien.

—Elle dit tout.

—Elle ne dit rien. Il n'y a rien à dire. Et pourtant?

—Oui, pourtant.

Florida et Luis nous regardaient avec leurs yeux aigus.

—L'amour est impossible, seule l'action est possible, continuai-je. Faire quelque chose, qu'il soit dit que quelque chose a été fait à la surface de la terre.

—L'amour. . .

185

—L'amour a été.

—S'il a été, il est encore.

—Seul, Bach peut être joué éternellement.

—Rien ne restera de Jaime que mon amour pour lui.

—Sordide restriction, vaine restriction. Jaime est dans les hommes qui l'aiment bien plus que dans la femme qui l'aime et qui <a voulu> n'a pu imaginer que de le tuer.

—Mais vous, les hommes qui l'aimez, qu'en faites-vous, que pouvez-vous en faire? Un tyran, un monstre, quelque chose de surhumain qui finalement n'est qu'inhumain.

—Rien de ce qui est humain n'est inhumain et c'est en vain que les hommes se jettent à la tête cette injure impossible. Ah Camilla, ce n'est pas nous Boliviens qui pouvons parler d'inhumain. Nous vivons à six mille mêtres au-dessus des autres hommes, dans la raréfaction, dans une exaltation qui est une exhaustion. Qu'y pouvons-nous?

—Jaime veut que nous descendions vers les basses terres.

—Il veut refaire l'empire inca qui réunissaient (sic) les hautes et les basses terres, l'humain et le surhumain, tout l'humain. C'est lui, le sage.

—Il cherche la sagesse par les chemins de la folie.

—Les sages sont fous.

Ce dialogue fait de soupirs se poursuivait lentement, par à-coups et les silences en faisaient l'essentiel. J'en voulais à Camilla, je voulais rejeter sur elle le poids de la fatalité comme sa faute personnelle.

—Vous avez été mesquine, Camilla, m'écrirai-je. Manuel, ce n'était pas digne de vous. Quelle piètre vengeance. Et tous ces jeunes riches sont grotesques. Vous avez vu comme ils ont tremblé devant notre Jaime. Quand je dis: *notre,* je veux dire le Jaime des cavaliers d'Agreda, le chef des cavaliers, le chef des hommes-chevaux, Tête de Cheval.

—Tout cela vous ressemble, pauvre petit musicien sans muscles.

—Je suis laid et j'aime la beauté chez les autres: cela est rare.

—Vous n'aimez pas ma beauté.

—J'aime la beauté des hommes, d'abord, la beauté des hommes loin des femmes, la beauté des hommes-chevaux.

—Seriez-vous inverti?

—Chienne, je te ferai un enfant pour te punir qui aura quatre sabots, une crinière et une queue faites avec tes cheveux de femme. . . Tout cela ne justifie pas Manuelito.

—En m'humiliant, j'ai humilié Jaime: il m'avait réduit à cela.

—Vous êtes revenue à votre monde, à votre petit monde de femme riche qui a besoin d'un homme qui soit une poupée.

—Une poupée pleine de sang est un homme, rêva soudain Florida.

Camilla, entendant cela, se redressa dans son fauteuil où elle était renversée.

—Que dis-tu, méchante fille?

—Rien.

Dans l'ombre Luis flattait la main de Florida. Camilla regarda cela et ricana.

Je repris, cherchant à épuiser toute mon amertume:

—Quand au Palais vous vous êtes écriée: "Le peuple n'est pas à sa place dans un palais," je suis vraiment tombé des nues. Cela encore, c'était le retour aux réflexes les plus stupides d'une femme du monde. Et vous vous vantiez d'être libérale.

—Je voulais dire qu'un homme du peuple dans un palais devient un tyran.

—Vous croyez que Don Benito n'était pas un tyran? Et pendant deux siècles tous les vice-rois espagnols?

—Un vieux pouvoir est toujours un pouvoir libéral.

—Pour vous, pas pour nous.

—Qui, vous?

—Nous qui sortons du peuple, qui sentons les Indiens.

—Les Indiens, vous les massacrez.

Ici, je bondis sur mes pieds en hurlant.

—Chienne, c'est vous, ce sont les vôtres qui avez soulevé les Indiens pour que nous soyons contraints de les massacrer. C'est ce que nous ne vous pardonnerons jamais.

Je m'arrêtai, me mordant la lèvre, j'en avais trop dit: Florida m'observait d'un regard perçant.

—Qu'est-ce que cela veut dire? demanda Camilla d'un air innocent.

J'essayai de détourner la conversation; je n'avais que l'embarras du choix.

—Vous vouliez donc que des hommes comme Manuel tuent un homme comme Jaime.

—J'aime Jaime, je ne pouvais supporter d'être séparée de lui. Sa mort me l'aurait rendu.

—Oui, mais il y a son oeuvre.

—Je ne crois pas à son oeuvre.

—Vous croyez à Bach. Un empire inca serait aussi beau que la Brandebourgeoise.

—Pouah!

—Vous êtes un bas bleu qui ignorez la loi des hommes. . . et des vraies femmes, la loi qui est de tracer des actes à la surface de la terre, de sculpter des empires. Il n'est de grandes musiques que dans les entrailles d'un peuple guerrier.

—Bach et Goethe vivaient à la cour de petits princes impuissants.

—Il vivait (sic) au temps du Grand Electeur qui faisait la Prusse.

—Bah, Napoléon III battra Bismarck.

—Napoléon III n'est pas assez dur.

Il faut vous dire que nous étions en 1868. Sentant que la discussion devenait bouilli pour les chats, nous nous tûmes longuement. Plus tard, Camilla gémit:

—Ce n'est pas ma faute s'il n'a pas voulu de moi.

—C'est votre faute. Il fallait vous soumettre.

—Je le voulais.

—Mais vous ne l'aviez pas fait, vous ne l'avez pas encore fait. Mais vous ne pouvez le faire. Vous ne pouvez reconnaître la loi des hommes, n'être qu'une femme qui fait des enfants pour que plus tard ils soient tués dans les guerres et dans les révolutions. Le sacrifice du sang au soleil, qui est l'antique religion de nos Indiens.

—Le sacrifice du Christ . . .

—Le sacrifice du Christ ne peut être compris dans sa plénitude cosmique que par quelques intiés touchés du Saint-Esprit. Pour la foule, c'est une ridicule petite opération morale qui les délivre de la peur, de la peur sociale d'avoir volé et forniqué, non pas même de la peur d'être au milieu de l'indicible univers.

De nouveau trop de paroles, de nouveau silence.

Pour finir je lançai mon grand soupir:

—Ah comme Jaime est seul au milieu des villages qui brûlent.

—Qu'il brûle.

—Non . . . Pourquoi n'allez-vous pas le rejoindre, Camilla?

Elle me jeta un étrange regard où plutôt que du regret il y avait de la . . . (mot illisible dans le manuscrit). Ce regard se doubla d'un mince sourire de Florida. Je me demandai soudain ce qui s'était passé à San Pablo des Desierto entre Camilla et Jaime. Ils étaient demeurés longtemps enfermés. Peut-être depuis deux heures donnais-je des coups d'épée dans l'eau. <c'était un peu mon habitude> Mais, après tout, ce n'était pas pour tous ces commentaires tardifs que j'étais venu à La Paz.

II

Le Père Florida avait un petit ermitage: nulle part ne pouvait mieux se saisir ce luxe essentiel qui est le privilège de ces . . . (mot illisible) raffinés que sont les personnes affiliées à l'ascétisme et à la mystique. Il était situé sur un petit promontoire qui se détachait d'une chaîne de hautes montagnes et surplombait la vallée où est La Paz laquelle par un côté penche vers des abîmes inférieurs. En sorte que la petite terrasse gonflée de fleurs où venait rôder parfois le Père Florida et où il oubliait volontiers la petite plateforme du séminaire, était bien au-dessus du balcon de Camilla.

C'était là que la rencontre de quatre personnes avait été décidée. J'arrivai le premier à ce rendez-vous où seulement deux personnes sur quatre se trouveraient volontiers. Tandis que je grimpais avec ma mule le long du sentier abrupt, le Père avait dû me voir, car je le trouvai sur le seuil de la porte, grand, noir, avec ses yeux à crever. C'était une journée de printemps idéale, c'est-à-dire que dans l'air pur, sans aucune épaisseur, les idées étaient des images et les images des idées. C'est chez nous et peut-être au Thibet (sic) qu'on comprend ce que Platon a voulu dire et que l'abstraction n'est que cette essence des figures terrestres apparaissent sous leur vrai jour, le jour pur, en plein ciel. La terre est en plein ciel.

Je pénétrais dans cet étroit réduit, sur cette aire étroite où il y avait tout juste la place pour deux ou trois chambres dans la chaux et quelques touffes de fleurs sauvages. La peau ravagée d'intellectualisme du Jésuite montrait dans ce lieu épuré et embaumé sa légère fleur mystique et ses yeux fous d'intelligence et de diabolisme était comme des charbons brûlant au fond d'un océan. Usuels effets d'enfer.

—Vous ne m'attendiez pas, mon Père.

—Je vous attends toujours.

—Quand vous êtes dans ce repaire divin, comment pouvez-vous redescendre sur la terre.

—Voulez-vous boire? J'ai fait remonter de la terre un peu de vin.

—Plus tard. Je connais un peu ces hauts et ces bas.

—J'espère que vous ne les ignorez pas.

—Ils étaient familiers des hommes, ici et ailleurs, avant la venue du christianisme. Les Incas se . . . (mot illisible) à l'extrême de la terre pour sacrifier au Soleil.

—C'était se donner beaucoup de mal pour un si petit luminaire.

—Bah, le Christ est bien dans un petit rond de pain.

—Je crains que vous ne jouiez sur les mots.

—Non, un payen (sic) et un catholique devrait (sic) toujours s'entendre. Le catholique croit à la présence réelle dans les deux espèces. Un inca croyait à la présence réelle dans cette grande bougie qui est au centre de notre petit système et aussi dans le sang fumant devant le soleil. Vous avez eu tort de faire abjurer Galilée et de massacrer les Incas. Vous avez décrit ici dans la matière et dans la chair la plus vraie spiritualité comme au même moment les protestants faisaient en Europe dans vos églises.

—L'Eglise ne peut ni ne doit transcender à tout instant tout ce qui est humain.

—Alors qu'elle comprenne qu'il en est de même, et encore bien plus, pour l'Etat.

—Elle ne transcenderait plus du tout si elle n'accusait sans cesse l'Etat.

—Bien répondre. Mais laissez-moi regarder.

Un large morceau de la Bolivie s'étendait devant moi: du point de vue où j'étais le haut pays de La Paz s'étendait très bas et très plat, miroitant tour à tour comme un plat d'argent ou de vermeil sur lequel étaient posées quelques villes comme de vieux cadeaux à jamais offerts. A qui? La terre échange des cadeaux avec le ciel. Ces cadeaux étaient comme des cadeaux heureusement vieillis au jour, tout crapulés par les neiges et les soleils.

—Il est dangereux et hardi de regarder de si haut une patrie, déclarai-je.

—En effet, cela peut être le point de vue de Satan.

—Il y a aussi le Sermon sur la Montagne.

—. . . Qui a détruit l'empire romain? fluta Florida.

—Bah, si les "Barbares" n'étaient pas arrivés, l'empire avait avalé (sic) le Sermon et l'avait bien captieusement assimilé. Et les "Barbares" firent de ce sermon une nouvelle assimilation non moins surprenante.

—Où voulez-vous en venir?

—A ceci que l'opposition entre le ciel et la terre est sans poésie, que le divin est dans la terre aussi bien que dans le ciel et que du même mouvement il engendre les empires et les églises.

—Votre esprit est tombé dans la confusion.

—Nous reparlerons tout à l'heure de la confusion.

—Ah oui! Ah, je comprends.

Un petit cortège de mules sautillait sur le chemin où il m'avait vu tout à l'heure. Il le scrutait avec cette curiosité qui devait être toujours chez lui plus forte que la peur.

—Que comprenez-vous?

—Je vois des armes.

—Bah, il y a bien des hallebardes dans les églises.

—. . . Et je vois? Oh, vous m'avez réservé une visite illustre: le Protecteur.

Un quart d'heure plus tard, étaient assis sur la terrasse Jaime, Florida, moi et le Docteur Belmez. Celui-ci n'avait point l'air satisfait du tout, car il avait été convoqué de force à ce rare colloque. Certes, le Père Florida prenait mieux que lui l'aventure.

Jaime avait encore changé depuis la révolte des Indiens: toute trace de jeunesse avait disparu, il me semblait la vie même façonnée à la vie.

Il regarda sans aucune aménité Florida et Belmez, et commença:

—Voici le premier conseil des ministres que je tiens depuis que je suis au pouvoir.

Il n'y avait pas d'ironie dans sa voix, aucun jeu. Et pourtant je voyais dans le mouvement de ses muscles une sorte de raillerie et de gaieté supérieure.

—Vous devriez, vous Florida et vous Belmez être mes ministres puisque vous représentez les deux forces réelles dans ce pays: l'Eglise et la maçonnerie. Mais vous n'êtes pas mes ministres, vous êtes mes ennemis. Ennemis entre vous, vous êtes ensemble ennemis contre moi.

Je sais tout. Florida, vous étiez derrière le ridicule complot de Manuel Bustamente et de ses amis, le complot des grands, et vous, Docteur Belmez, vous étiez derrière la révolte du peuple.

Sa voix était devenue très dure. Belmez était blême.

—Excellence, on vous a tout à fait trompé. Je ne comprends pas. Je suis victime d'une machination monstrueuse.

—Vos agents sur le lieu de la révolte ont été arrêtés, ils ont avoué et ils vous ont tous accusés. Jetez un coup d'oeil sur cette petite liste.

Jaime jeta négligemment un carré de papier à Belmez qui suait à grosses gouttes.

—Chacun de vous a donc travaillé contre moi dans sa partie: le Jésuite chez les grands, le maçon dans le peuple. Mais ce n'est là qu'apparence. En fait le Jésuite travaille aussi dans le peuple puisqu'il a trempé comme le maçon dans la révolte indienne et le maçon par la famille Bustamente atteint les grands.

Le Père Florida montrait un visage comme la montagne voisine, neige étincelant au soleil. Belmez était dans la confusion et la rage.

—Tout cela est faux, machination insensée. Je ne puis concevoir que de pareilles pensées, Excellence, soient accueillies par vous.

—Je ne les accueille pas, elles s'imposent à moi. Mais ce n'est pas fini: il y en a d'autres. Pourquoi votre secte a-t-elle agi ainsi, Belmez? Pour défendre les grands, leur richesse et leur pouvoir. Aussi bien que Florida, vous avez ressenti le danger que je faisais courir à la grande propriété et à sa toute puissance et vous avez résolu, selon une rancune fort ancienne chez les vôtres, à me frapper au sein de ma force, dans l'amour du peuple, vous avez fait agir pendant plusieurs mois de telle façon le gouverneur de la province de . . . (en blanc) que les Indiens, exaspérés et harassés, ont dû se soulever, se soulever contre mon gouvernement en qui d'aucuns songeaient qu'ils devaient mettre au contraire tous leurs espoirs. La parfaite perfidie de votre détour, c'était de m'obliger, moi protecteur des Indiens à écraser les Indiens. Car la révolte était forte et vous saviez que je ne pourrais pas ne pas la réprimer selon mon esprit de décision et de rigueur. Mais je resterais à jamais le massacreur et le brûleur de villages. Dès lors, étant coupé du peuple, j'étais à la merci d'une nouvelle levée des grands. Votre double manueuvre était bien concertée.

—C'est la première fois de ma vie que je me trouve aussi près du Père Florida, râla Belmez. Je lui ai jamais parlé de ma vie (sic).

194

—Bien sûr, grogna Jaime. Il n'est pas besoin de se voir pour s'entendre et il n'est pas besoin de s'aimer pour s'aider. La Bolivie a connu déjà des dictateurs et elle en connaîtra d'autres. Les uns comme Don Benito s'appuyait sur Florida en ménageant Belmez, les autres sur Blemez en ménageant Florida. Je suis le premier qui soit l'ennemi de Belmez et de Florida.

Non point que je sois ennemi de vos institutions. Elles sont ce qu'elles sont, chacune étant bien incapable de corriger et de compléter l'autre. Je ne suis pas même ennemi de ce que ces deux institutions accompagnent et dissimulent: la damnation des grands.

Mais je suis l'ennemi de vos personnes: elles empiètent sur la mienne. Votre travail me servira d'abord, où je vous briserai. Comme premier serviteur de la nation, je ne puis admettre personne à mon rang. Or, vous avez usurpé ce rang. Vous avez prétendu me faire disparaître pour revenir au régime des marionnettes, pour pouvoir reprendre votre paisible et profitable querelle.

Mais moi je suis l'Etat, c'est-à-dire l'unité et l'interprète de la nation.

Jaime parlait avec violence, une violence non pas contenue mais naturelle, si naturelle qu'elle se mesurait d'elle-même. Il dominait les deux hommes avec une aisance délicieuse et sa pensée musculeuse se déployait avec le royal enjouement du caguar.

Florida le suivait avec une vive admiration qui venait doucement renforcer sa volonté de le perdre. Au fur et à mesure que Jaime parlait on avait vu apparaître sous les dehors les plus gracieusement conservés une passion aiguë chez Florida pour son autorité secrète. C'était chez lui un mouvement irrépressible et félin qui à chaque dérobade apparente du visage, yeux baissés, reprenait au fond de soi une force nouvelle et plus déclarée, yeux levés et ce regard prompt et nu comme une épée. Je ne savais quelles étaient les intentions de Jaime, mais il me paraissait évident qu'après une telle provocation des sentiments de Florida il ne restait plus qu'à le supprimer. La scène présente ne s'expliquait que comme une extorsion du testament sentimental de ce subtil propriétaire.

—Je vous ai laissé entendre, reprit Jaime, que je voulais maintenir le privilège des grands, leurs vastes propriétés leur droit de faire peu et de mépriser beaucoup. Je vous avouerai que je regrette de ne pouvoir le détruire et de ne pouvoir donner raison à votre crainte, Belmez, mais les temps ne sont pas mûrs. Avant de refaire l'empire des Incas dans son esprit, il faut le refaire dans sa base physique, il faut faire de la Bolivie, du Chili et du Pérou un seul Etat. Sans doute ne pourrai-je faire plus, mais au moins dois-je faire cela.

Pour faire cela, il me faut l'appui des grands et du peuple. C'est pourquoi je ne vous tuerai ni l'un ni l'autre, bien que vous soyez mes ennemis personnels. D'abord, ce ne serait pas détruire l'Eglise ni la maçonnerie. Et ensuite, il y a des gens qu'on ne tue pas.

Vous allez seulement me signer un petit papier par lequel vous reconnaissez avoir préparé en commun la révolte des Indiens et par lequel vous recommandez à tout venant de déposer les armes et à se soumettre à mon autorité.

Je vous reverrai, d'ailleurs, l'un et l'autre pour discuter de l'aide que vous m'apporterez dans ma guerre contre le Chili.

Vous pouvez prévenir le Chili, il l'est déjà. Et même le Pérou.''

Après ce discours, nous étions tous entièrement déprimés, à commencer ou à finir par Jaime. Nous ressentions la terrible déflation de l'Histoire. Nous regardions la table fixement, comme si nous y avions vu un jeu de cartes déchiquetées et dépareillées.

Jaime s'était levé, il ajouta pourtant encore un mot:

—Inutile de vous dire que de ma part cet entretien demeurera secret, de la part de Felipe aussi. Dès lors, je ne doute pas que personne jamais n'en entende parler, car je ne vous vois ni l'un ni l'autre divulguant cette idée de la collusion secrète de l'Eglise et de la maçonnerie. . . maintenant, je m'en vais. Docteur Belmez, demandez donc à Doña Camilla votre belle-soeur de vous prêter pour quelques temps (sic) une de ses estancias, San Pablo par exemple, en attendant que prennent fin les troubles de la province de . . . (en blanc). Et vous, Père, restez donc aussi quelques jours ici . . . Felipe, descends-tu avec moi?

J'hésitai à quitter le Père Florida. Cette indulgence de Jaime, pour politique qu'elle parût, était mortelle. Et j'avais une vengeance personnelle à exercer. Jaime sentit mon hésitation, . . . (mot illisible) et jeta un regard râbleur à Florida qui m'observait avec son oeil immense et fixe.

—Allons, viens Felipe, tu ne me feras pas croire quelles questions personnelles t'intéressent plus que moi et j'ai à te parler de l'avenir. Car, nous autres, nous sommes hommes d'avenir.

Nous nous en allâmes au pas des mules, mais elles devaient suivre la file indienne et la conversation fut impossible.

En bas de la pente, nous nous arrêtâmes dans un vallon solitaire où notre petite troupe campa autour d'un grand feu.

Jaime était rêveur. Allongé, mi-partie ombre mi-partie flamme il lança de temps à autre une parole:

—Je sais ce que tu vas me dire: tu ne comprends pas que je ne les ai pas tués. Mais on peut tuer Don Benito parce que c'est un ennemi intime, avec qui on est en communion de pensée et d'attitude dans la vie. On ne tue pas des chiens comme Belmez et Florida qui sont les domestiques d'une idée, qui n'en sont pas les protagonistes de ceux qui comme nous mettent leur poitrine en avant. Ces gens-là échappent toujours parce qu'ils sont démasqués. Il faut prendre parole au sang qu'on met sur ses mains.

Il reprit un peu plus tard:

—Sais-tu quel est le vrai noeud de nos ennemis? C'est Camilla. Sa famille est marane, ce sont des juifs portugais qui sont venus dans les pas des conquistadores. Ce n'est pas sans raison que son père, avant de mourir, avait marié une de ses soeurs avec Belmez. Un juif portugais, Graching de Pasquali, a joué un rôle capital dans la pensée maçonne.

Il oubliait que c'était moi qui lui avait expliqué ce dernier point.

—Camilla est inconsciente, d'ailleurs. Mais chez elle se fait tout naturellement cette rencontre entre les grands et leurs secrets protecteurs de droite et de gauche.

—Elle, tu ne la tueras pas non plus.

—Non, maintenant elle ne signifie plus rien: je couche avec elle.

SCÉNARIO INACHEVÉ DE *L'HOMME A CHEVAL*
(Date incertaine)

1—*Une place brûlée par le soleil.* Un homme avec une guitare dans un coin de la place à l'ombre d'une arcade. Un cavalier traverse lentement la place et s'arrête devant une auberge. L'homme à la guitare le suit.

2—*Du haut d'un escalier.* Felipe, le guitariste, considère une table où des jeunes officiers jouent aux cartes. Une femme les regarde jouer avec indifférence. Un des officiers, le cavalier de tout à l'heure, se lève, *c'est Jaime Torrijos;* il jette les cartes. Il a gagné, il s'ennuie. Il va vers la femme qui se détourne. Torrijos aperçoit le guitariste en haut et l'appelle.

3—*Le guitariste est descendu parmi les officiers.* Il chante une chanson en s'accompagnant. Il vante le régiment d'Agreda, le lieutenant Jaime Torrijos et la crainte que doit avoir le général Ramirez de la colère des cavaliers. Les officiers, fort excités, acclament Torrijos. Mais la femme, *Conchita,* se moque de lui et crie qu'il est incapable de faire un coup d'état. Pendant ce temps, on a pu apercevoir dans la galerie d'où est descendu le guitariste, un homme qui espionne.

4—*Jaime est sorti de l'auberge et passe à cheval dans une rue aux fenêtres fermées.* Il est suivi d'un espion, un jésuite. Une jalousie se soulève et un visage de femme apparaît. Torrijos le regarde distraitement. D'autres visages de jeunes femmes se succèdent, quand il passe.

5—*Dans la cour d'un quartier de cavalerie.* Le colonel du régiment d'Agreda annonce aux officiers que le général Ramirez, protecteur de la République, va venir passer l'inspection du régiment. Il demande à Torrijos d'un air très intéressé des nouvelles de Conchita.

6—*Dans le cabinet de travail du général Ramirez.* Le général est dans un fauteuil, de dos, fumant un cigare, le nez contre les livres de sa bibliothèque. Le jésuite, le Père Florida, qui espionnait Torrijos entre. On ne le voit pas. L'homme lui dénonce Torrijos sans le voir. Une main le renvoie. Une jeune femme entre, celle qui était derrière la jalousie, *Camilla Bustamente.* Elle s'approche du fauteuil avec un air indifférent. Le général se lève et se montre. Il jette son cigare. "Je ne te demandais que ton amitié, de venir ici qulquefois, de me laisser te regarder, et maintenant même plus ça." Elle dit seulement "Adieu" et s'en va. Le général rallume un cigare.

7—*Le colonel et les officiers* du régiment sont devant le général Ramirez, qui fait avancer Torrijos et lui déclare qu'il le nomme capitaine. Il fait allusion avec mépris à la conspiration.

8—*Felipe, le guitariste,* passe dans la rue aux jeunes femmes. La porte d'un jardin s'ouvre, on lui fait signe d'entrer. Il se trouve parmi les jeunes femmes qui l'entourent puis s'éloignent. Camilla reste et le présente à son beau-frère le Dr. Belmez qu'elle semble contraindre. *Le Docteur Belmez* assure Felipe que certaines personnes s'intéressent à Torrijos et sont prêtes à le soutenir contre Ramirez.

9—*L'intérieur d'une église.* Conchita prie près d'un confessionnal. Le confesseur est l'espion déjà vu, *Le Père Florida.* Il l'interroge sur le complot et lui dit que peut être on a des vues sur Torrijos. Il lui insinue que Torrijos fait la cour à Camilla Bustamente, une jeune veuve.

10—*Une soirée chez le Colonel.* Le colonel et les officiers entourent Conchita qui chante, accompagnée du guitariste. Le colonel est très empressé et Torrijos l'observe avec mécontentement. Entrée soudaine du général Ramirez. Avec une froide ironie, il feint de croire que les officiers et le colonel s'occupent plus de Conchita que d'un complot. Le docteur Belmez et le Père Florida sont là. Le général demande que Conchita danse. Elle est coquette avec le général et surtout avec le colonel. Jaime est furieux. Elle danse. Le colonel ne cache pas son désir. Ramirez observe ironiquement Torrijos, puis s'en va. C'est un homme qui fume sans cesse un long cigare. Quand il est parti, Torrijos déclare au colonel que le complot est découvert et qu'il faut agir sans retard. Le colonel hésite. Torrijos le somme de se décider. Intervention papelarde du Docteur Belmez et du Père Florida, qui craignent le coup d'état mais veulent en être s'il a lieu. Torrijos sert avec les jeunes officiers. Il veut emmener Conchita qui reste.

11—*Dans la rue, la nuit.* Torrijos se concerte avec les officiers. Il passe sous la fenêtre des jeunes femmes. Camilla est là, qui se penche et lui jette un éventail qui se brise sur le pavé.

12—*Felipe,* qui s'est éloigné seul de son côté, est arrêté par un inconnu qui l'emmène *chez le général Ramirez.* Celui-ci lui fait peur en lui parlant du complot qu'il connaît fort bien et en même temps paraît fort dégoûté du pouvoir et de la vie.

13—*Le guitariste est le matin dans la chambre de Torrijos et de Conchita* et lui dit que tout est perdu et qu'il doit s'enfuir. Jaime se moque de lui. Conchita accuse Felipe d'être aux gages de Camilla. Elle sort et Jaime interroge Felipe sur Camilla.

14—*Chez le colonel.* Il est aux pieds de Conchita. La fenêtre s'ouvre, Torrijos saute dans la chambre, tire un coup de pistolet sur le colonel et cravache Conchita. Il la fait enlever par ses hommes. Dehors, des chevaux attendent. On attache Conchita à cheval et l'on part. Torrijos ordonne au guitariste de rester pour espionner Ramirez.

15—*Un campement.* Torrijos interroge les émissaires. Il n'arrive pas à savoir où est le gros des forces de Ramirez. Il voudrait que Felipe le rejoigne.

16—*Felipe, le guitariste,* seul dans la nuit, escalade le mur d'un jardin. Il évite une sentinelle qui marche dans le jardin. Il arrive à la porte d'un cloître qu'il ouvre avec précaution. Il se glisse dans une chapelle où il épie le général, qui marche seul de long en large, fumant son cigare.

17—*Torrijos*, à cheval, entouré d'officiers, sur une crête en plein ciel, observe le pays montagneux et indique une vallée où il va lancer ses troupes.

18—*Le guitariste, toujours seul,* est sur le toit d'une église et s'approche du clocher. Dans le clocher, Ramirez explique à ses officiers que Jaime va lancer sa cavalerie dans la vallée et que là il va la détruire. Le guitaritse épouvanteé, descend en hâte du tout et saute sur un cheval.

19—*De la cavalerie vue de très haut* s'avance dans une vallée où brusquement éclate une embuscade. La chose est vue de très loin et reste confuse.

20—*Le guitariste,* le soir, au bord d'un chemin voit passer des cavaliers blessés. L'armée de Jaime est battue. Il leur demande où est Torrijos. Ils haussent les épaules. Torrijos arrive, suivi de quelques hommes. Felipe l'arrête; Torrijos l'écarte, mais Felipe insiste et l'adjure de ne pas renoncer. Il lui parle à l'écart. Ils partent tous ensemble au galop.

21—On se retrouve au pied du mur du jardin. Le guitariste et Torrijos retirent leurs bottes et escaladent le mur. Torrijos poignarde la sentinelle dans le jardin. Ils entrent dans la chapelle. Le général est devant l'autel, seul, et fumant son cigare et regarde un crucifix. Felipe et Torrijos s'approchent. Le général se retourne et les regarde dans l'ombre. Jaime s'avance brusquement en pleine lumière. Ramirez met la main à son pistolet, mais ne tire pas. Jaime le poignarde. Le guitariste regarde.

. . .

22—Jaime Torrijos dans *le cabinet de Ramirez.* Il est devenu protecteur de la République. On le voit de dos au balcon, saluant la foule et promettant la liberté aux Indiens. Il rentre dans la pièce, Felipe est là qui le regarde. Jaime retourne le fauteuil de Ramirez, toujours tourné vers les livres, prend un cigare dans la boîte de Ramirez, puis le rejette. Felipe lui parle de Camilla qui l'attend tous les soirs. "Pourquoi as-tu repris Conchita? Tu ne l'aimes plus? Ce n'est qu'une fille".

23—Felipe introduit la nuit Jaime dans *la maison des Busta-mente*. Tandis qu'ils passent dans une galerie, une porte s'en-tr'ouvre. Le Docteur Belmez les observe. Jaime entre dans *le salon de Camilla*.

24—*Le Docteur Belmez* avec des amis. Ces gros personnages sont mécontents de Jaime et craignent d'être ruinés par la libération des Indiens. Ils ont laissé tomber Ramirez qui était usé, mais ils briseront Jaime si celui-ci prend son rôle au sérieux. Le jeune cousin de Camilla, Manuelito est des plus ardents.

25—*Jaime dans le salon de Camilla. Elle est au piano.* Jaime s'enchante à sa beauté, mais il se méfie. Elle s'offre à lui, mais il recule et s'en va. *Le Docteur Belmez* entre et explique à Camilla qu'elle doit mettre la main sur Jaime pour le détourner de sa politique indienne.

26—*Chez Conchita. Une chambre en désordre.* Elle fume à moitié nue. Le Père Florida excite sa jalousie contre Camilla. Jaime arrive. Elle lui fait une scène.

27—Chez les Bustamente. Felipe croise dans la galerie *le Père Florida* qui sort de chez Camilla et qui entre chez le docteur Bel-mez. Felipe harangue *Camilla*. Elle doit être toute à Jaime et doit lui sacrifier sa famille et les intérêts de sa famille. Elle se dérobe en parlant de la liaison persistante de Jaime avec Con-chita. Felipe dénonce l'intrigue du Père Florida.

28—*Jaime chez Camilla.* Elle vient de se donner et elle parle de son mariage comme d'une chose faite: "Tu vas chasser Conchita. C'est une fille de rien, et une Indienne." Elle parle en aristocrate. Jaime se met en colère. Il est pour le peuple et est Indien. Il s'en va.

29—*Jaime donne une fête dans le palais du gouvernement.* L'aris-tocratie est obligée de venir. Camilla est là entourée de sa pa-renté. Son cousin, Manuelito lui parle contre Jaime. Jaime arrive accompagné d'Indiens, ce qui provoque la colère des aristocrates. Conchita apparaît et danse. Jaime ensuite la présente de force aux aristocrates et même à Camilla. Camilla, furieuse, tourne le dos et s'en va avec Manuelito.

．　．　．　．

30—*Jaime dans son cabinet avec Felipe.* La révolte des Indiens gronde. Les émissaires apportent des nouvelles du soulèvement. Jaime dit son chagrin d'être obligé de faire la guerre aux Indiens. Il reproche à Felipe de l'avoir jeté dans les bras de Camilla. Felipe défend Camilla.

31—*Felipe va chez les Bustamente.* Il interroge les soeurs qui avouent que Camilla a quitté la ville et s'est retirée dans une lointaine propriété. Felipe en sortant se cache, puis suit le Florida qui sort de chez Belmez. Il entre dans une église. Le Père Florida glisse un billet à un homme qui au moment de monter à cheval, est renversé par Felipe, lequel lui vole le papier. Cela prouve le complot où avec Belmez, le Père Florida, Manuelito, est Camilla.

32—*Chez Camilla, à la campagne.* Elle est au milieu des conjurés qui sont les jeunes aristocrates. Ils l'agacent par leur jactence. Elle leur parle de la force de Jaime et se dispute avec Manuelito. Elle reste seule et rêve à sa fenêtre. Elle entend la guitare de Felipe qui entre par la fenêtre. Felipe lui fait des reproches à froid. Elle lui demande si Jaime l'a oubliée. Il lui dit que oui, qu'il a oublié toutes les femmes. "Et Conchita?" Jaime l'a mise dans un couvent. Elle crie son amour pour Jaime. Felipe: "Sauvez-vous avec moi et venez lui demander pardon." L'orgueil la retient. Il prend une guitare sur une table et chante l'amour. Elle veut partir avec lui. Mais le Docteur Belmez entre. Il veut appeler les conjurés pour tuer Felipe, mais elle s'interpose, l'injurie et fait fuir Felipe. Belmez lui reparle de l'intérêt de sa famille. Elle lui répond que le seul homme véritable qu'elle connaît est Jaime.

33—*Felipe à cheval sur la route.* La nuit. Il voit venir une troupe de cavaliers. Il veut s'écarter, mais il est rejoint. *C'est Jaime.*

34—*Dans la maison de campagne de Camilla.* Grande animation. Les conjurés sont réunis dans un souper avant de partir en campagne contre Jaime.

35—Dehors, des hommes veillent aux portes. Des ombres surgissent et les attaquent.

36—*Jaime surgit au milieu du souper.* Seul, suivi de Felipe, il les tient en respect pendant que Felipe prend leurs armes. Jaime impose un duel immédiatement dans la salle même, à Manuelito. Camilla est partagée entre l'admiration amoureuse et la rage. Le duel a lieu. Jaime tue Manuelito. Tout le monde sort. Camilla reste seule en face de Jaime; auprès du cadavre de Manuelito.

37—*Felipe fait sortir tout le monde de la maison.* Il ouvre les portes, il trouve la chambre de Camilla, il ouvre le lit de Camilla, puis il revient avec un flambeau et frappe à la porte de la salle qu'il ouvre à deux battants. Jaime prend Camilla dans ses bras et la porte dans la chambre, sur le lit. Felipe referme les portes et se couche en travers de la chambre avec sa guitare, dont il joue en sourdine.

38—*Au matin, Jaime se lève du lit* et laisse Camilla endormie. Il vient à la porte et réveille Felipe. Ils s'en vont ensemble et montent à cheval. Les chevaux et les hommes valent mieux que les femmes.

39—*Paysage désertique.* Jaime et Felipe s'éloignent sur la route. Les cavaliers qui les suivent, chantent.

. . . .

Le scénario reproduit ci-dessus (abandonné par Drieu, en cours de rédaction, à la fin de la troisième partie du roman, "La Révolte des Indiens") fut exécuté à la demande de Jean Cocteau qui, à l'époque, manifestait un certain intérêt pour la réalisation cinématographique de *L'Homme à Cheval*. Bien que nous ignorions actuellement les motifs de cet abandon, il est toutefois permis de supposer que Drieu ait dû y renoncer soit en raison de la dissolution de sa situation personnelle qui le vouait à des oeuvres d'apologie et d'ascèse soit à cause de la conjoncture qui s'annonçait peu propice à la fabrication d'un film de cette envergure.

Quoi qu'il en soit, la valeur artistique du scénario (lequel n'était sans doute que la première ébauche d'un projet beaucoup plus vaste et détaillé) s'avère en tous points inférieure à celle du roman lui-même. A bien revoir le découpage en plans établi par Drieu, nous nous apercevons que l'accent dramatique du scénario tombe plus encore sur l'aspect exotique de l'action (danses indigènes, scènes de cabaret, enlèvements, charge de cavalerie, duel sanguinaire, etc.) que sur l'interdépendance de l'homme de rêve et de l'homme d'action—l'axe thématique de l'oeuvre primitive. Sous ce rapport, il convient de distinguer une autre déviation majeure au cadre romanesque—la diminution du rôle joué par le père Florida, relégué dans le scénario au rang d'un vulgaire espion à la solde du Protecteur Ramirez. A vrai dire, l'inimitié hargneuse mais fraternelle qui se déclare entre Felipe et Florida dans le roman n'aura qu'une importance épisodique une fois transposée sur le plan filmique.

Alors qu'il s'efforçait de favoriser, par le moyen de telles modifications, l'exposition visuelle au prix de l'ambiguïté du drame romanesque, Drieu a fini par enlever au récit sa cohérence interne sans lui imposer pour autant une autre dimension équivalente. Il se peut également que ce changement de perspective dépende, dans une large mesure, de la volonté de refondre l'intrigue de *L'Homme à Cheval* de façon à fixer l'attention du spectateur plus encore sur la croissance de Jaime Torrijos qu'il n'en était dans le roman proprement dit. En effet, ce désir "révisionniste" se manifeste dans le jugement suivant que Drieu porte sur la valeur de *L'Homme à Cheval* dans son journal intime: "Je vois très bien maintenant les défauts de "L'Homme à Cheval": le trop grand développement des intrigues par rapport à l'allure de petite épopée, un peu trop de didactisme à la fin, pas assez d'aspects de Jaime" (voir aussi, à ce propos, note 17, chapitre IV).

Tout bien considéré, il nous semble que la plupart des romans de Drieu se prêteront sans difficulté à l'adaptation cinématographique grâce à leur répartition en plans nettement dessinés ainsi qu'au caractère hautement graphique de la vision créatrice de Drieu. Là-dessus, il suffit de rappeler que le grand cinéaste, Louis Malle, a tiré un très beau film du *Feu follet* de même que l'acteur Alain Delon (d'après le frère de Drieu) s'est vivement intéressé, il y a quelques années, à la réalisation de *L'Homme à Cheval*—tâche, hélas! qu'il lui reste encore à accomplir. En tout cas, il nous paraît raisonnable de prévoir, d'ici peu, la naissance (dans certains milieux universitaires, du moins) d'une approche critique, consacrée aux aspects purement filmiques de l'oeuvre romanesque de Drieu, qui permettrait d'atteindre les vraies potentialités structurales et dramatiques de ses écrits.

BIBLIOGRAPHIE

I. Ouvrages consacrés entièrement ou en partie à Drieu:

Andreu, Pierre. *Drieu, témoin et visionnaire*. Paris: Grasset, 1952.

Frank, Bernard. *La Panoplie littéraire*. Paris: Julliard, 1958.

Grover, Frédéric. *Drieu la Rochelle and the Fiction of Testimony*. Berkeley: University of California Press, 1958.

—. *Drieu la Rochelle* (Bibliotheque idéale). Paris: Gallimard, 1962.

Kunnas, Tarmo. *Drieu la Rochelle, Céline, Brasillach et la tentation fasciste*. Paris: Les Sept Couleurs, 1972.

Mabire, Jean. *Drieu parmi nous*. Paris: La Table Ronde, 1963.

Pfeil, Alfred. *Die französische Kriegsgeneration und der Faschismus: Pierre Drieu la Rochelle als politischer Schriftsteller*. Marburg/Lahn, 1968 (These de doctorat).

Pompili, Bruno. *Pierre Drieu la Rochelle: Progette e delusione*. Ravenna: A. Longo, 1969.

Vandromme, Pol. *Drieu la Rochelle,* Paris: Editions universitaires, 1958.

II. Numéros spéciaux consacrés à Drieu:

Numéro spécial de *La Parisienne,* octobre 1955. Textes de Pierre Andreu, Jean Bernier, Jacques Chardonne, Lucien Combelle, Maurice Martin du Gard, Paul Morand, Michel Mourre, François Nourissier, Willy de Spens.

Défense de l'Occident, février-mars 1958. Textes de J.-M. Aimot, Pierre Andreu, Emmanuel Berl, Jean Bernier, J.-P. Bonnafous, P. Fieschi, Kléber Haedens, M. Jouhandeau, François Mauriac, Robert Poulet, Paul Sérant, Willy de Spens, Bernard Vorge.

III. Ouvrages et articles consultés:

Albérès, R.-M. *Portrait de notre héros.* Paris: Le Portulan, 1945.

Amouroux, Henri. *La Vie des Français sous l'occupation.* Tomes 1 et 2. Paris: Fayard, 1961.

Arendt, Hannah. *The Origins of Totalitarianism.* London: Allen & Unwin, Ltd., 1967.

Arland, Marcel. *Essais et nouveaux critiques.* Paris: Gallimard, 1952.

—. *La Grâce d'écrire.* Paris: Gallimard, 1955.

Aron, Raymond. *L'Homme contre les tyrans.* Paris: Gallimard, 1946.

Aron, Robert. *Histoire de Vichy.* Tomes 1 et 2. Paris: Artheme Fayard, 1967.

—. *Histoire de l'épuration.* Paris: Artheme Fayard, 1967.

Audiberti, Jacques. "A propos de *L'Homme à Cheval,*" *Nouvelle Revue Française* (juin 1943), 744-757.

Beaunier, André. *Au Service de la déesse.* Paris: Flammarion, 1923, pp. 229-245.

Beauvoir, Simone de. *La Force de l'âge.* Paris: Gallimard, 1960.

—. *Pour une morale de l'ambiguïté.* Paris: Gallimard, 1960.

BIBLIOGRAPHIE

Benda, Julien. *"Socialisme fasciste,* par Drieu la Rochelle," *Nouvelle Revue Française,* no. 256 (janvier 1936), 295.

Berl, Emmanuel. *Mort de la pensée bourgeoise.* Paris: Grasset, 1929.

—. *Présence des morts.* Paris: Gallimard, 1956.

Berlin, I. "Georges Sorel," *Times Literary Supplement,* 31 décembre 1971.

Boisdeffre, Pierre de. "Le Souvenir de Drieu la Rochelle," *Revue des Deux Mondes,* 15 janvier 1961, pp. 284-294.

—. "Drieu la Rochelle," *La Nouvelle Revue des Deux Mondes,* septembre 1973, pp. 590-602.

Boissard, J.-M. de. "Drieu la Rochelle et la guerre," *Défense de l'Occident,* no. 83 (juillet-août 1969), pp. 51-65; la suite dans no. 84 (septembre-octobre 1969), pp. 42-51.

Bonneville, Georges. *Prophètes et témoins de l'Europe.* Leyden, 1961.

Bony, Alain. "Drieu la Rochelle: 'Le Sang et l'encre'," *The Modern Languages Review,* LX, no. 3 (juillet 1965), 379-385.

Brasillach, Robert. *Portraits.* Paris: Plon, 1925.

—. *Les Quatre jeudis.* Paris: Les Sept Couleurs, 1951.

Brissaud, André. "Une Vie ratée mais une mort réussie," *La Table Ronde,* no. 58 (octobre 1952), 141-145.

Carré, Jean-Marie. *Les Ecrivains français et le mirage allemand.* Paris: Boivin, 1947.

Cervantes, Miguel de. *The Adventures of Don Quixote.* Traduit par J. M. Cohen. Baltimore: Penguin Books, 1964.

Chauveau, Paul. *Caractères.* Paris: Cahiers libres, 1933.

Clouard, Henri. *Histoire de la littérature française.* Paris: Albin Michel, 1949, pp. 309-311.

Corrigan, Beatrice. "Drieu la Rochelle: Study of a Collaborator," *University of Toronto Quarterly,* XIV (janvier 1945), 199-205.

Cotta, Michèle. *La Collaboration.* Paris: Armand Colin, 1964.

Crémieux, Benjamin. *XXe siècle (Première série).* Paris: Gallimard, 1924, pp. 222-232.

—. *Inquiétude et reconstruction.* Paris: Corrèa, 1931.

d'Arlach, Tomas O'Connor. *El General Melgarejo: hechos y dichos de este hombre célebre.* La Paz: Gonzales y Medina, 1913.

Dominique, Pierre. *Quatre hommes entre vingt: Montherlant, Morand, Cocteau, Drieu.* Paris: Le Divan, 1924.

Etiemble, René. *Littérature dégagée. Hygiène des Lettres (II).* Paris: Gallimard, 1955, pp. 188-198.

—. *Hygiène des Lettres (V). C'est le bouquet! (1940-1967).* Paris: Gallimard, 1967.

Fabre-Luce, Alfred. *Journal de la France: mars 1929-juillet 1940.* Paris: Imprimerie S. E. R., 1940.

—. *Journal: 1951.* Paris: Amiot-Dumont, 1951.

Flagothier, Francis. "Le Point de vue dans l'oeuvre romanesque de Pierre Drieu la Rochelle," *Revue des Langues Vivantes,* no. 2 (1968), pp. 170-183.

Gallagher, Douglas. "Drieu et Constant: une parenté," *Revue d'Histoire Littéraire de la France,* 73:666-675, 1973.

Girard, René. "F. Grover: *Drieu la Rochelle,*" *Modern Language Notes* (mai 1964), 333-336.

Girardet, Raoul. "Notes sur l'esprit d'un fascisme français, 1934-1939," *Revue Française de Science Politique,* juillet-septembre 1955, pp. 529-546.

Giron, Roger et Robert de Saint-Jean. *La Jeunesse littéraire devant la politique.* Paris: Les Cahiers libres, 1928.

Grenier, Jean. "Une Conversation avec Drieu la Rochelle," *La Nouvelle Nouvelle Revue Française,* septembre 1953, pp. 387-390.

Grover, Frédéric. "Céline et Drieu la Rochelle," *Cahiers de l'Herne,* no. 3 (1963), pp. 302-305.

—. "Malraux et Drieu la Rochelle," *Revue des Lettres Modernes,* 304-09: 61-93, 1972.

BIBLIOGRAPHIE

—. "Entretien entre André Malraux et Frédéric Grover sur Drieu la Rochelle," *Revue des Lettres Modernes,* 304-09: 149-160, 1972.

—. "Le Dernier roman de Drieu la Rochelle," *Critique,* 17e année, no. 228 (mai 1966), pp. 426-437.

Guéhenno, Jean. *Journal des années noires (1940-1944).* Paris: Gallimard, 1947.

Hamilton, Alastair. *The Appeal of Fascism.* London: Anthony Blond, 1971.

Hanrez, Marc. "Le Dernier Drieu," *French Review,* XLIII, Special Issue no. 1 (Winter, 1970), pp. 144-157.

Jouret, Jacques. "Quand Van Gogh inspirait Drieu la Rochelle," *Revue des Langues Vivantes,* XXXIX, no. 2 (1973), pp. 100-111.

Leal, R. B. "Drieu la Rochelle as Social Critic," *AUMLA (Journal of the Autralian Universities Language & Literature Association),* no. 33 (mai 1970), pp. 25-38.

Léautaud, Paul. *Journal littéraire.* Tomes XIII, XIV, XV. Paris: Mercure de France, 1962.

Lefèvre, Frédéric. "Une Heure avec Drieu la Rochelle, poète, essayiste, romancier," *Les Nouvelles Littéraires,* 2 janvier 1926.

—. *Une Heure avec . . . (4e série).* Paris: Gallimard, 1927, pp. 69-95.

—. "Une Heure avec Drieu la Rochelle," *Les Nouvelles Littéraires,* 15 mars 1930.

Malraux, André. *L'Espoir.* Paris: Gallimard, 1937.

Martin du Gard, Maurice. *Feux tournants.* Paris: Block, 1925.

—. *Les Mémorables.* Tome 1. Paris: Flammarion, 1957.

—. "Drieu et ses suicides," *Ecrits de Paris,* décembre 1951, pp. 56-70.

Massis, Henri. *Maurras et notre temps.* Paris: La Palatine, 1951.

Mauriac, François. "Drieu," *La Table Ronde,* no. 18 (juin 1949), 912-917.

Mohrt, Michel. "Statue équestre du dictateur," *Idées,* novembre 1943, pp. 233-236.

Morand, Jacqueline. "Drieu la Rochelle ou le don de l'inquiétude," *Revue politique et parlementaire*, septembre 1965, pp. 54-65.

Mounier, Emmanuel. "Gilles," *Esprit*, avril 1940, pp. 87-90.

Nietzsche, Friedrich. *Ainsi parlait Zarathoustra*. Traduit par Maurice Betz. Paris: Gallimard, 1947.

Nolte, Ernst. *Der Faschismus in seiner Epoche*. Munchen, 1963.

Ocampo, Victoria. "El Caso de Drieu la Rochelle," *Sur*, no. 180 (octobre 1949), pp. 7-27.

—. *Lawrence de Arabia y otros ensayos*. Madrid: Aguilar, 1951.

Paris, Robert. *Les Origines du fascisme*. Paris: Flammarion, 1968.

Paulhan, Jean. *De la paille et du grain*. Paris: Gallimard, 1948.

Picon, Gaëton. *Panorama de la nouvelle littérature française*. Paris: Gallimard, 1949.

Plumyène, Jean et Lasierra, Raymond. *Les Fascismes français*. Paris: Editions du Seuil, 1963.

Rabi. "Pour un portrait de Drieu la Rochelle," *Esprit*, janvier 1954, pp. 140-149.

Rebatet, Lucien. *Les Décombres*. Paris: Gallimard, 1942.

Reck, Rima Drell. "The Crisis of French Nationalism in the Twentieth Century." Dans: *The Cry of Home*, édité par H. Ernest Lewald. Knoxville: University of Tennessee Press, 1972.

Rémond, René. *La Droite en France*. Paris: Flammarion, 1954.

Rens, Jean-Guy. "Interférences: Drieu la Rochelle-Malraux," *Revue des Belles Lettres*, no. 3 (1968), pp. 44-51.

—. "Drieu la Rochelle ou la fatalité du suicide," *Défense de L'Occident*, no. 88 (mars 1970), pp. 43-51.

Rousseaux, André. *Ames et visages du XXe siècle*. Paris: Grasset, 1932.

—. "Le Désespor de Drieu la Rochelle," *Le Figaro Littéraire*, 24 mai 1952.

Sartre, Jean-Paul. *Situations II*. Paris: Gallimard, 1948, p. 227.

BIBLIOGRAPHIE

Sénart, Philippe. *Chemins critiques: D'Abellio à Sartre.* Paris: Plon, 1966.

—. "Drieu et la mort," *La Table Ronde,* no. 165 (octobre 1961), 105-108.

Sérant, Paul. *Le Romantisme fasciste.* Paris: Fasquelle, 1959.

Simon, Pierre-Henri. *Procès du héros: Montherlant, Drieu la Rochelle, Jean Prévost.* Paris: Editions du Seuil, 1950.

Soucy, Dr. Robert. "Le Fascisme de Drieu la Rochelle," *Revue d'Histoire de la 2e Guerre Mondiale,* no. 17 (avril 1967), pp. 61-84.

Spens, Willy de. "Une Essence d'ombre," *La Table Ronde,* juillet-août 1964, pp. 105-108.

Stansbury, Milton H. *French Novelists of Today.* Philadelphia: University of Pennsylvania Press, 1935, pp. 165-187.

Stendhal. *La Chartreuse de Parme.* Paris: Gallimard, 1972.

Thibaudet, Alfred. *Réflexions sur le roman.* Paris: Gallimard, 1938.

Thiébaut, Marcel. "Drieu la Rochelle,.. *Revue de Paris,* no. 59 (août 1952), pp. 148-158.

Tucker, William. "Fascism and Individualism: The Political Thought of Pierre Drieu la Rochelle," *The Journal of Politics,* February, 1965, pp. 153-177.

Turlais, Jean. "L'Homme à Cheval," *Les Cahiers Français,* no. 8 (30 octobre 1943), pp. 137-142.

Van den Bremt, Etienne. "L'Unité intérieure de Drieu la Rochelle," *Revue des Langues Vivantes,* 33e année, no. 3 (1967), pp. 252-266.

Vanderem, Fernand. "L'Homosexualité en littérature, enquête: Réponse de Drieu la Rochelle," *Marges,* avril 1926, pp. 242-244.

Wilgus, A. Curtis, ed. *South American Dictators.* New York: Russell & Russell, Inc., 1963.

Woolf, S. J., ed. *The Nature of Fascism.* New York: Random House, 1971.

TABLE DES MATIERES

Avant-propos. ix

Résumé de *L'Homme à Cheval* xiii

Liste des abréviations xxiii

Chapitre I: La Création de l'oeuvre .1

        A. La Genèse. 1

        B. L'Origine des personnages. 7

        C. Les Sources. 19

        D. L'Etude des variantes 30

            1. L'état des manuscrits.. 30

            2. Vers un style dépouillé. 32

            3. Deux versions annulées: deux tournants. . . .39

        Notes. 48

Chapitre II: Les Grands thèmes de l'oeuvre 59

        A. L'engagement 59

            1. Le rêve et l'action. 60

            2. La musique. 74

            3. La décadence 77

B. L'ascèse. 85

1. La misogynie 85

2. Le sacrifice. 94

Notes. 97

Chapitre III: Deux aspects du regard: éloignement et
domination 103

A. Premier aspect: le regard misogyne ou le
refus de soi 104

B. Second aspect: le regard plongeant ou la
perspective du maître 115

Notes. 131

Chapitre IV: L'accueil de la critique 137

Notes. 144

Conclusion 147

Appendice. 151

A. Chronologie littéraire et biographique 151

B. La Première version annulée de "Doña
Camilla Bustamente". 157

C. La Première version annulée de "La Révolte
des Indiens" 181

D. Scénario inachevé de *L'Homme à Cheval* 199

Bibliographie. 207